新时代大学生法治教育概论

主　编　李战国
副主编　党　玺　姚　荣
　　　　秦　强

全国百佳图书出版单位
—北京—

图书在版编目（CIP）数据

新时代大学生法治教育概论/李战国主编. —北京：知识产权出版社，2020.8（2023.8 重印）

ISBN 978-7-5130-7035-5

Ⅰ.①新… Ⅱ.①李… Ⅲ.①大学生—法制教育—研究—中国 Ⅳ.①G641.5 ②D920.4

中国版本图书馆 CIP 数据核字（2020）第 114777 号

内容提要

在全面依法治国的背景下，教育法治对于解决教育纠纷、调整教育法律关系、优化教育权益配置的重要性日益凸显。本书为根据党中央全面依法治国战略布局，结合我国教育法治建设尤其是法治教育的现状以及高校学生的学习生活实际，为大学生群体编写的专门教材，旨在普及法律知识，培养法治意识，提高法治素养，增强法治思维，提升法治能力，为全面推进依法治国提供观念基础和人才保障。全书共 12 章，理论与实务兼顾，结构体系完整，既有理论上的提炼，又对大学生群体在学习和生活中可能遇到的实际法律问题的深入解析，能够满足新时代高校学生普法、尊法、懂法、守法、用法的切实需要。

责任编辑：韩婷婷		责任校对：潘凤越	
封面设计：韩建文		责任印制：刘译文	

新时代大学生法治教育概论

李战国　主　编
党　玺　姚　荣　秦　强　副主编

出版发行：知识产权出版社有限责任公司	网　　址：http://www.ipph.cn
社　　址：北京市海淀区气象路 50 号院	邮　　编：100081
责编电话：010-82000860 转 8359	责编邮箱：176245578@qq.com
发行电话：010-82000860 转 8101/8102	发行传真：010-82000893/82005070/82000270
印　　刷：北京建宏印刷有限公司	经　　销：新华书店、各大网上书店及相关专业书店
开　　本：720mm×1000mm　1/16	印　　张：18.25
版　　次：2020 年 8 月第 1 版	印　　次：2023 年 8 月第 4 次印刷
字　　数：314 千字	定　　价：65.00 元
ISBN 978-7-5130-7035-5	

出版权专有　侵权必究
如有印装质量问题，本社负责调换。

编委会

主 编

李战国 中国计量大学党委办公室、学校办公室副主任,质量发展法治保障研究中心研究员,管理学博士,硕士生导师,中国教育战略学会教育法治专业委员会常务理事,上海对外经贸大学客座教授

副主编

党　玺 浙江理工大学法政学院副教授,法学博士,硕士生导师,浙江新湖律师事务所执业律师

姚　荣 华东师范大学教育学部副教授,管理学博士,硕士生导师

秦　强 全国宣传干部学院教研部副主任,法学博士,社会学博士后

委 员

刘坤轮 中国政法大学法学教育研究与评估中心副主任,副教授,法学博士,硕士生导师

李红勃 中国政法大学法治政府研究院教授,外交学院人权研究中心研究员,法学博士

姚文建 国家开放大学实验学院副研究员,教育学博士

祁占勇 陕西师范大学教育学院教授,博士生导师,教育学博士

管　华 西北政法大学行政法学院教授,教育部政策法规司–西北政法大学共建教育立法研究基地执行主任,法学博士,教育学博士后

徐楠轩 中国计量大学质量发展法治保障研究中心标准化法治研究所所长、研究员,法学院硕士生导师

姜晓妍 中国人民大学科研处,法学博士

法律法规名称一览表

（按照正文中出现先后排序）

全　称	简　称
《中华人民共和国宪法》	《宪法》
《中华人民共和国民族区域自治法》	《民族区域自治法》
《中华人民共和国刑法》	《刑法》
《中华人民共和国刑事诉讼法》	《刑事诉讼法》
《中华人民共和国民法通则》	《民法通则》
《中华人民共和国民事诉讼法（试行）》	《民事诉讼法（试行）》
《中华人民共和国婚姻法》	《婚姻法》
《中华人民共和国继承法》	《继承法》
《中华人民共和国经济合同法》	《经济合同法》
《中华人民共和国兵役法》	《兵役法》
《中华人民共和国治安管理处罚条例》	《治安管理处罚条例》
《中华人民共和国学位条例》	《学位条例》
《中华人民共和国公司登记管理条例》	《公司登记管理条例》
《中华人民共和国公司法》	《公司法》
《中华人民共和国精神卫生法》	《精神卫生法》
《中华人民共和国教育法》	《教育法》
《中华人民共和国高等教育法》	《高等教育法》
《中华人民共和国侵权责任法》	《侵权责任法》
《中华人民共和国治安管理处罚法》	《治安管理处罚法》
《中华人民共和国民事诉讼法》	《民事诉讼法》
《中华人民共和国国旗法》	《国旗法》
《中华人民共和国国徽法》	《国徽法》

续表

全 称	简 称
《中华人民共和国国家安全法》	《国家安全法》
《中华人民共和国惩治反革命条例》	《惩治反革命条例》
《中华人民共和国国防法》	《国防法》
《中华人民共和国保密法》	《保密法》
《中华人民共和国反间谍法》	《反间谍法》
《中华人民共和国反恐怖主义法》	《反恐怖主义法》
《中华人民共和国保守国家秘密法》	《保守国家秘密法》
《中华人民共和国突发事件应对法》	《突发事件应对法》
《中华人民共和国对外贸易法》	《对外贸易法》
《中华人民共和国反垄断法》	《反垄断法》
《中华人民共和国邮政法》	《邮政法》
《中华人民共和国核出口管制条例》	《核出口管制条例》
《中华人民共和国民法典》	《民法典》
《中华人民共和国人民调解法》	《人民调解法》
《中华人民共和国立法法》	《立法法》
《中华人民共和国法官法》	《法官法》
《中华人民共和国检察官法》	《检察官法》
《中华人民共和国义务教育法》	《义务教育法》
《中华人民共和国职业教育法》	《职业教育法》
《中华人民共和国国家通用语言文字法》	《国家通用语言文字法》
《中华人民共和国民办教育促进法》	《民办教育促进法》
《中华人民共和国学位条例暂行实施办法》	《学位条例暂行实施办法》
《中华人民共和国民办教育促进法实施条例》	《民办教育促进法实施条例》
《中华人民共和国行政复议法》	《行政复议法》
《中华人民共和国行政诉讼法》	《行政诉讼法》
《中华人民共和国政府信息公开条例》	《政府信息公开条例》
《中华人民共和国合伙企业法》	《合伙企业法》
《中华人民共和国企业法人登记管理条例》	《企业法人登记管理条例》
《中华人民共和国劳动法》	《劳动法》
《中华人民共和国劳动合同法》	《劳动合同法》

续表

全　称	简　称
《中华人民共和国社会保险法》	《社会保险法》
《中华人民共和国企业所得税法》	《企业所得税法》
《中华人民共和国增值税暂行条例》	《增值税暂行条例》
《中华人民共和国个人所得税法》	《个人所得税法》
《中华人民共和国税收征收管理法》	《税收征收管理法》
《中华人民共和国合伙企业登记管理办法》	《合伙企业登记管理办法》
《中华人民共和国个人独资企业法》	《个人独资企业法》
《中华人民共和国消费者权益保护法》	《消费者权益保护法》
《中华人民共和国仲裁法》	《仲裁法》
《中华人民共和国监狱法》	《监狱法》
《中华人民共和国律师法》	《律师法》

上编 法治理论

■ 绪　论 ··· 001

■ **第一章　法的基本知识** ·· 010
　第一节　法的概念与特征 / 010
　第二节　法的渊源 / 013
　第三节　法的效力 / 019

■ **第二章　中国特色社会主义法治** ·· 027
　第一节　法治的基本内涵 / 027
　第二节　新时代中国特色社会主义法治建设 / 030
　第三节　坚持中国特色社会主义法治道路的基本经验 / 036

■ **第三章　法治文化建设** ·· 043
　第一节　法治文化的内涵与特征 / 043
　第二节　大学生的法治观念 / 047
　第三节　开展法治文化教育 / 053
　第四节　法治教育与大学生心理健康 / 055

■ **第四章　社会主义核心价值观与法治建设** ··· 059
　第一节　社会主义核心价值观的内容 / 059

第二节　社会主义核心价值观融入法治建设 / 069
第三节　大学生如何践行社会主义核心价值观 / 076

第五章　国家总体安全观与法治建设 ······ 080
第一节　国家总体安全观的战略思想演变与发展 / 080
第二节　走中国特色总体国家安全道路 / 084
第三节　国家安全法治体系建设 / 086
第四节　践行国家总体安全观 / 092

| 下编　法治实践 |

第六章　大学生权利的内容与法律救济 ······ 095
第一节　大学生权利的内容 / 095
第二节　高校与大学生权利冲突的类型 / 099
第三节　大学生权利的法律救济 / 109

第七章　大学生在宪法方面的常见问题与解决对策 ······ 122
第一节　宪法概述 / 122
第二节　大学生的宪法权利 / 129
第三节　大学生的宪法义务 / 140
第四节　宪法基本制度 / 142

第八章　大学生在行政法方面的常见问题与解决对策 ······ 149
第一节　行政法的概念、原则与内容 / 149
第二节　行政法的救济途径 / 156
第三节　依法治校与学生的权利保障 / 157
第四节　大学生行政争议的相关案例与分析 / 161

第九章　大学生在民法方面的常见问题与解决对策 ······ 173
第一节　民事主体制度 / 173
第二节　民事权利制度 / 182
第三节　民事法律行为和代理制度 / 192
第四节　民事责任制度 / 199

■ **第十章 大学生在刑法方面的常见问题与解决对策** ····················· 205
  第一节 刑法与犯罪的概念 / 205
  第二节 犯罪的构成要件 / 210
  第三节 常见的刑事犯罪罪名及典型案例 / 217

■ **第十一章 大学生在商法、经济法方面的常见问题与解决对策** ········ 225
  第一节 商法、经济法的基本知识 / 225
  第二节 大学生在商法、经济法方面的常见问题与解决对策 / 229
  第三节 大学生商法、经济法相关案例与分析 / 241

■ **第十二章 大学生在诉讼法方面的常见问题与解决对策** ················ 251
  第一节 诉讼法的基本概念 / 251
  第二节 民事诉讼法 / 261
  第三节 刑事诉讼法 / 265
  第四节 行政诉讼法 / 270

■ **后 记** ··· 275

案例索引

案例 1-1	巫蛊诅咒案	017
案例 1-2	纳粹纽伦堡审判	018
案例 1-3	荷花号邮船管辖权	020
案例 1-4	境外犯罪管辖权	022
案例 2-1	"二战"后审判纳粹分子引发的法律与道德之争	039
案例 4-1	中国"蛟龙号"立功无数，为潜艇提供保障	061
案例 4-2	哈工程在省高校首设学生校务参事 5名学生受聘"参政议政"	063
案例 4-3	校园共享单车怎样加装"文明锁"	065
案例 4-4	"中国天眼"奠基人南仁东	068
案例 6-1	刘某诉北京大学不授予博士学位案	096
案例 6-2	高校教师"逼售图书"，教授为何变身推销员	098
案例 6-3	青岛考生诉教育部	100
案例 6-4	在校学生如厕摔成植物人	103
案例 6-5	首例在校生诉学校侵犯名誉权	103
案例 6-6	"早恋"学生诉母校侵犯隐私权	104
案例 6-7	湖南Z大收取捐资费	106
案例 6-8	因作弊被开除的5名学生诉学校侵犯受教育权	108
案例 6-9	培训内容成效不佳 社会人员大闹学校	115
案例 7-1	中国乙肝歧视第一案	130
案例 7-2	田某诉北京科技大学拒绝颁发毕业证、学位证案	137
案例 8-1	甘某诉暨南大学开除学籍案	162
案例 8-2	张某诉上海理工大学开除学籍处分决定案	163
案例 8-3	王某诉中国政法大学退学决定案	164
案例 8-4	何某某诉华中科技大学不授予学位案	165
案例 8-5	杨某某诉济南大学不履行授予学士学位法定职责案	166
案例 8-6	于某某诉北京大学学位撤销案	167

案例 8-7	林某某诉厦门大学博士生招录违规案	168
案例 8-8	徐某某诉清华大学博士招生案	169
案例 8-9	刘某某诉清华大学招生信息公开案	170
案例 8-10	林某某与同济大学招生信息公开案	171
案例 9-1	"神童"大学生的民事主体资格	176
案例 9-2	外国大学驻华代表处直接招生	180
案例 9-3	学费未缴清扣发毕业证	181
案例 9-4	同学冒名发邮件丧失留学机会	184
案例 9-5	校园贷法律问题	190
案例 9-6	荒唐的恋爱协议	195
案例 9-7	宿舍失火谁之过	201
案例 9-8	大学校园安全保障责任	203
案例 10-1	心生贪念犯大错	218
案例 10-2	为财甘愿做间谍	221
案例 10-3	因替考三人陷囹圄	223
案例 11-1	吃火锅压伤手指案	241
案例 11-2	银行大门夹断手指案	242
案例 11-3	大学生美容致伤案	243
案例 11-4	大学毕业生劳动争议纠纷案	245

上编　法治理论

绪　论

法治意识的提高和法律思维的形成是一项立体的工程，这一工程的完成进度在相当程度上要依赖于经济建设的成就。马克思主义经典理论告诉我们，物质决定意识，经济基础决定上层建筑，当社会经济生活水平发展到一定阶段，人们的物质生活水平得到较高程度满足之时，人们的权利意识就会随之增强，法治意识在整个社会中也会得到增强。但反过来，法治意识的增强和法律思维的形成又不仅仅是由物质层面所完全决定的，在一定程度上，一个社会对于大众法律教育和专业法律教育的重视和投入程度，直接决定着一个国家法治意识和法律思维的水平，因此，但凡法治程度较高的国家，一般都既重视专业法律教育，也重视大众法律教育。

我国专业的法律教育主要由高等院校法学院系来承担，培养适应各个法律职业群体的专业法律工作者群体。相较于专业的法律教育，公众层面的法治教育则由普法这一形式来承担，主要以政府为主导。目前，我国已经完成了六个五年普法计划的活动，第七个五年普法计划也即将完成。经过30多年的不懈努力，我国的普法取得了巨大的成绩，也为党的"十九大"后新时代社会主义普法工作奠定了良好的基础。

一、我国普法教育的历史回顾

1984年6月，司法部在辽宁省本溪市召开全国法制宣传教育工作现场会，提出用五年左右时间在全体公民中基本普及法律常识。1985年11月5日，中共中央、国务院转发了中宣部、司法部《关于向全体公民基本普及法律常识的五年规划》，同年11月22日，第六届全国代表大会常务委员会第十三次会议通过了《全国人民代表大会常务委员会关于在公民中基本普及法律常识的决议》，由此，国家主导的大众法治教育，正式以普法的形式走上历史舞台。

（一）"一五"普法（1986—1990年）

"一五"普法对象为工人、农（牧、渔）民、知识分子、干部、学生、军人、其他劳动者和城镇居民中一切有接受教育能力的公民。普法的主要内容为"十法一条例"，即《宪法》《民族区域自治法》《刑法》《刑事诉讼法》《民法通则》《民事诉讼法（试行）》《婚姻法》《继承法》《经济合同法》《兵役法》《治安管理处罚条例》。"一五"普法规划所要实现的基本目标为：通过普及法律常识教育，使全体公民增强法制观念，知法、守法，养成依法办事的习惯。

（二）"二五"普法（1991—1995年）

"二五"普法是在坚持改革开放、整顿市场经济秩序的情况下开展的全民普法活动。"二五"普法对象主要包括三类：一是县、团级以上各级领导干部，特别是党、政、军高级干部；二是执法人员，包括司法人员和行政执法人员；三是青少年，特别是大、中学校的在校生。"二五"普法的主要内容为：以宣传宪法为核心、以专业法为重点，在继续深入学习第一个普法五年教育的"十法一例"的基础上，要求县、团级以上领导干部除了学习掌握与自己主管的工作密切相关的法律知识，还要学习社会主义法制理论，学习宪法学理论，树立依法治国和依法办事的观念；各行各业的干部要熟悉本行业、本单位负责执行的以及与自身工作密切相关的法律知识；广大群众要基本了解同自己工作、生产和生活密切相关的法律常识。

（三）"三五"普法（1996—2000年）

1997年党的"十五大"报告首次提出了实行依法治国基本方略、建设社会主义法治国家。法制宣传教育作为我国厉行法治、依法治国的先导性、基础性工作，已成为关系到建设有中国特色社会主义的全局性大事。"三五"普法的对象是：工人、农（牧、渔）民、知识分子、干部、企业经营管理人员、学生、军人和个体劳动者以及其他一切有接受教育能力的公民。青少年是其中的重点对象。"三五"普法在内容上突出了对邓小平同志关于社会主义民主与法制建设思想的学习，继续开展宪法知识和与公民工作、生活密切相关的基本法律知识以及与维护社会稳定有关的法律知识教育，着重抓好社会主义市场经济法律知识的学习普及,并切实将法制教育与法制实践、社会实践相结合,学法用法相结合,全面推进各项事业的依法治理。"三五"普法的基本目标在于:通过在全体公民中继续深入进行以宪法、基本法律和社会主义市场经济法律知识为主要内容的宣传教育,进一步增强公民的法律意识和法制观念,不断提高各级干部依法办事、依法管理的水平和能力。

(四)"四五"普法(2001—2005年)

"四五"普法的一个显著特征,是提出要努力实现由增强全民法律意识向提高全民法律素质的转变,全面提高公民特别是领导干部的法律素质;要努力实现由注重依靠行政手段管理向注重运用法律手段管理的转变,不断提高社会的法律化管理水平,即"两个转变,两个提高"。"四五"普法的对象为各级领导干部、司法和行政执法人员、青少年、企业经营管理人员。"四五"普法的主要内容是继续学习邓小平同志关于社会主义民主与法制建设理论;宣传宪法和国家基本法律,学习宣传与公民工作、生活密切相关的基本法律知识以及与维护社会稳定有关的法律知识;宣传社会主义市场经济相关的法律法规,宣传保障和促进国家西部大开发、加入世界贸易组织、维护社会稳定等社会发展迫切要求的各项法律法规。"四五"普法的基本目标是努力实现由增强全民法律意识向提高全民法律素质的转变,实现由注重依靠行政手段管理向注重运用法律手段管理的转变,全方位推进各项事业的依法治理,为依法治国、建设社会主义法治国家奠定坚实的基础。

(五)"五五"普法(2006—2010年)

"五五"普法规划期间,正是中国社会改革进一步推进、全面建设惠及十几亿人的小康社会的时期,是协调改革、发展、稳定的关系,妥善处理各种社会矛盾,建设社会主义和谐社会的关键时期。"五五"普法的主要内容为:继续深入学习宪法,学习宣传与经济社会发展相关的法律法规,学习宣传与群众社会生产生活关系密切的法律法规,学习宣传与规范和整顿市场经济秩序相关的法律法规,学习宣传维护社会和谐稳定、促进社会公平正义的相关法律法规等。其中青少年是"五五"普法的重点对象。"五五"普法的主要目标,是通过深入扎实的法制宣传教育和法治实践,进一步提高全民法律意识和法律素质;进一步增强公务员社会主义法治理念,提高依法行政能力和水平;进一步增强各级政府和社会组织依法治理的自觉性,提高依法管理和服务社会的水平。

(六)"六五"普法(2011—2015年)

"六五"普法的主要内容是突出学习宣传宪法,深入学习宣传社会主义法治理念、中国特色社会主义法律体系和国家基本法律,深入学习宣传促进经济发展、保障和改善民生、社会管理的法律法规,加强反腐倡廉法制宣传教育,积极推进社会主义法治文化建设,继续深化"法律六进"主题活动,深入推进依法治理。"六五"普法的基本目标是通过深入扎实的法治宣传教育和法治实践,深入宣传宪法,广泛传播法律知识,进一步坚定法治建设的中国特色社会主义方向,提高全民法律意识和法律素质,提高全社会法治化管理水平,促进社会主义法治文化建设,推动形成自觉学法守法用法的社会环境。

(七)"七五"普法(2016—2020年)

2016年4月,中共中央、国务院转发了《中央宣传部、司法部关于在公民中开展法治宣传教育的第七个五年规划(2016—2020年)》,"七五"普法遵循坚持围绕中心,服务大局;坚持依靠群众,服务群众;坚持学用结合,普治并举;坚持分类指导,突出重点;坚持创新发展,注重实效的原则。主要任务包括:深入学习宣传习近平总书记关于全面依法治国的重要论述;突出学习宣传宪法;深入宣传中国特色社会主义法律体系;深入学习宣传党内法规;推进社会主义法治文化建设;推进多层次多领域依法治理;推进法治教育与道德教育相结合。"七五"普法的主要目标是,普法宣传教育机制进一步健全,法治宣传教育实效性进一步增强,依法治理进一步深化,全民法治观念和全体党员党章党规意识明显增强,全社会厉行法治的积极性和主动性明显提高,形成守法光荣、违法可耻的社会氛围。

"七五"普法的对象是一切有接受教育能力的公民,重点是领导干部和青少年。要求坚持从青少年抓起,切实把法治教育纳入国民教育体系,制定和实施青少年法治教育大纲,在中小学设立法治知识课程,确保在校学生都能得到基本法治知识教育;完善中小学法治课教材体系,编写法治教育教材、读本,地方可将其纳入地方课程义务教育免费教科书范围,在小学普及宪法基本常识,在中、高考中增加法治知识内容,使青少年从小树立宪法意识和国家意识;将法治教育纳入"中小学幼儿园教师国家级培训计划",加强法治课教师、分管法治教育副校长、法治辅导员培训;充分利用第二课堂和社会实践活动开展青少年法治教育,在开学第一课、毕业仪式中有机融入法治教育内容;加强对高等院校学生的法治教育,增强其法治观念和参与法治实践的能力;强化学校、家庭、社会"三位一体"的青少年法治教育格局,加强青少年法治教育实践基地建设和网络建设。

目前，司法部、全国普法办正在组织各地各部门开展"七五"普法总结验收工作，同时积极谋划"八五"普法，推动全民守法普法成为社会治理的法治基础。

二、我国普法教育的成就与问题

经过30多年七个普法规划的实施，我国大众层面的法治教育取得了令人瞩目的成就。我国有接受教育能力的公民都不同程度地受到了法治宣传教育，国家颁布的与公民生产生活密切相关的法律法规都得到了广泛宣传，以宪法为核心的法律知识得到广泛普及，全体公民的宪法观念和法律意识明显增强，全社会法治化管理水平进一步提高，法治宣传教育作为社会主义法治建设的重要基础工作，在服务经济社会发展、维护社会和谐稳定、促进依法治国基本方略实施和全面建设小康社会进程中发挥了重要作用。具体来说，我国普法成就主要表现在以下几个方面。

（一）以宪法为核心的中国特色法律体系得到有效宣传

从"一五"普法开始，我国的普法教育工作已经进行了30多年。这30多年来，虽然中国的法律制度不断变化，新的法律制度不断出现，但是，中国法律体系一个基本的特征却是恒定的，那就是以宪法为核心。随着中国特色社会主义法律体系的建成和日益完善，随着习近平新时代中国特色社会主义法治思想的日益丰富成熟，我国的普法宣传工作也会有新的主题、新的内容和新的方式，但是，以宪法为核心展开的法治宣传，作为普法工作的一条主线却是基本可以确定不变的。

（二）以关键对象为核心带动全面法治意识的增强

中国普法工作的一个重要经验就是，抓以干部和青少年为核心的关键对象，通过关键对象，带动全民守法，增强全民法治意识，提高法律素养。比如，"二五"普法重点对象就明确为县、团级以上各级领导干部，然后是执法人员和青少年，特别是大、中学校的在校生。"三五"普法的重点对象为县、处级以上领导干部、司法人员和行政执法人员、企业经营管理人员以及青少年。"四五"普法的关键对象为领导干部、公务员、青少年和企业经营管理人员。"五五"普法对象为领导干部、公务员、青少年、企业经营管理人员和农民，这里，首次将农民作为普法的重点对象。"六五"普法继续将领导干部、公务员、青少年、企业经营管理人员和农民作为重点对象。"七五"普法的主要对象为一切有接受教育能力的公民,重点是领导干部和青少年。

(三) 普法内容渐成体系

从内部视角来看,我国普法工作的历史演进过程中,变化最大的就是普法内容。普法首先要有法可普,有法可普的前提在于中国特色社会主义法律体系的日益健全和完善,而这恰恰是一个渐进的变迁过程。每一阶段普法活动的主题不同、侧重不同。例如,在上文中提到,"一五"普法强调以"十法一条例"为重点;"二五"普法强调以"宪法"为核心,以专业法为重点;"三五"普法强调抓好市场经济法律,每一阶段普法活动的侧重点有所不同,但每一阶段涉及的法律部门大体相同;"四五"普法强调学习宣传与公民工作、生活密切相关的基本法律知识以及与维护社会稳定有关的法律知识教育,宣传社会主义市场经济相关的法律法规,宣传保障和促进国家西部大开发、加入世界贸易组织、维护社会稳定等社会发展迫切要求的各项法律法规;"五五"普法的主要内容为,继续深入学习宪法,学习宣传与经济社会发展相关的法律法规,学习宣传与群众社会生产生活关系密切的法律法规,学习宣传与规范和整顿市场经济秩序相关的法律法规,学习宣传维护社会和谐稳定、促进社会公平正义的相关法律法规等;"六五"普法强调中国特色社会主义法律体系和国家基本法律,深入学习宣传促进经济发展、保障和改善民生、社会管理等方面的法律法规;"七五"普法主要内容为,深入学习宣传习近平总书记关于全面依法治国的重要论述,突出学习宣传宪法,深入宣传中国特色社会主义法律体系,深入学习宣传党内法规,推进社会主义法治文化建设,推进多层次多领域依法治理,推进法治教育与道德教育相结合。

(四) 普法方式与时俱进日益多样

早期的普法,就形式而言,相对比较单一,主要是以宣讲的方式进行,体验式、场景式的普法形式相对不多。随着我国社会经济水平的发展,现代科学技术,尤其是现代信息技术日益为我国普法工作所重视,普法网站、普法新媒体、普法 App 等全新的普法形式不断涌现。影像普法、案例普法、知识竞赛普法、征文普法、动漫普法、游戏普法等各种各样的普法形式不断涌现,打破了传统普法的宣讲模式,使普法活动更具有趣味性。目前,随着"互联网+"时代的到来,我国的普法工作也出现了技术化的趋势,微电影、微信、微博、微视频等崭新的普法形式随时随地都可以出现在公民活动的各种空间,普通民众也就能够更方便地学习法律知识,提高法律素质。

总体而言,我国普法教育在取得巨大成绩的同时,也存在着不容忽视的问题，突出表现在如下几点：一是对全民普法的重要性认识不足，专业普法队伍缺乏，尤其是在广大的农村地区和经济欠发达地区尤为突出；二是针对不同群体尚未实现分层分类普法，普法的手段和形式较为单一，缺乏针对性和精准性，影响了普法效果；三是对普法成效缺乏科学的监督考核和评价体系，目前的考核有流于形式的弊端。

三、新时代我国普法教育的新要求

（一）新时代我国普法教育的新要求

2017年10月18日，中国共产党第十九次全国代表大会在北京开幕。习近平总书记代表第十八届中央委员会向大会作了题为《决胜全面建成小康社会 夺取新时代中国特色社会主义伟大胜利》的报告，指出"经过长期努力，中国特色社会主义进入了新时代，这是我国发展新的历史方位"。党的"十九大"报告提出了中国发展新的历史方位——中国特色社会主义进入了新时代。新时代是承前启后、继往开来、在新的历史条件下继续夺取中国特色社会主义伟大胜利的时代。进入新时代，是从党和国家事业发展的全局视野、从改革开放40年历程和"十八大"以来取得的历史性成就和历史性变革的方位上，所作出的重大科学判断。

党的"十九大"报告明确指出："加大全民普法力度，建设社会主义法治文化，树立宪法法律至上、法律面前人人平等的法治理念。"这意味着：第一，面对新时代，人民群众对民主、法治、公平、正义、安全、环境等方面要求的日益增长，加大对全民普法力度，是坚持以人民为中心，适应我国社会主要矛盾变化，增强人民群众在法治领域获得感、幸福感、安全感的客观需要；第二，随着中国特色社会主义法律体系基本形成，法律如何得到普遍遵守已成为全面依法治国的一个突出问题，加大全民普法力度，是深化依法治国实践，促进全民守法与科学立法、严格执法、公正司法协调发展的必然要求；第三，在一个拥有14亿人口的大国，运用国家力量开展全民普法，一个五年接着一个五年的干，这彰显了中国特色社会主义的制度优势，加大全民普法力度是增强中国特色社会主义道路自信、在全球依法治理体系中贡献中国智慧和中国方案的基础工作。

新时代的全民普法，体现在三个方面的"新"。一是以人民为中心的普法新理念。新时代全民普法实质上是一种公共法律服务，人民群众不仅是普法对象，更是普法主体。因此，要坚持人民在普法工作中的主体地位，以保障人民根本利益为出发点和落脚点，以人民满意度为普法工作各种考核评估的主要指标。二是以实行"谁执法谁普法"为标志的普法新思路。实行"谁执法谁普法"的普法责任制，是"七五"普法的标志性举措，正在引领普法工作供给侧结构性改革，推动执法部门提高普法产品供给质量，更好地满足人民群众对法治的个性化、多样化需求。三是以建设社会主义法治文化为重点的普法新任务。新时代全民普法要发挥法治文化的价值引领和精神熏陶作用，推动普法工作由注重普及法律知识向注重弘扬法治精神、培育法治信仰转变。就是要以马克思主义为指导，立足当代中国法治建设实际，坚持不忘本来、吸收外来、面向未来，以高度的文化自信，推动建设高度自信的社会主义法治文化。

（二）新时代大学生普法教育的总要求

为深入贯彻党的十八届四中全会关于"将法治教育纳入国民教育体系，从青少年抓起，在中小学设立法治知识课程"的要求，在国民教育体系中系统规划和科学安排法治教育的目标定位、原则要求和实施路径，经国家教育体制改革领导小组审议通过，2016年6月28日，教育部、司法部和全国普法办共同印发《青少年法治教育大纲》，从小学到大学分阶段提出了不同要求，使法治教育纳入了国民教育体系。青少年法治教育的总体目标包括：以社会主义核心价值观为引领，普及法治知识，养成守法意识，使青少年了解、掌握个人成长和参与社会生活必需的法律常识和制度，明晰行为规则，自觉尊法、守法；规范行为习惯，培育法治观念，增强青少年依法规范自身行为、分辨是非、运用法律方法维护自身权益、通过法律途径参与国家和社会生活的意识和能力；践行法治理念，树立法治信仰，引导青少年参与法治实践，形成对社会主义法治道路的价值认同、制度认同，成为社会主义法治的忠实崇尚者、自觉遵守者、坚定捍卫者。

青少年法治教育分学段的教学内容与要求主要体现在：在义务教育阶段，使学生初步了解公民的基本权利义务、重要法治理念与原则，初步了解个人成长和参与社会生活必需的基本法律常识；初步树立法治意识，养成规则意识和尊法守法的行为习惯，初步具备依法维护自身权益、参与社会生活的意识和能力，为培育法治观念、树立法治信仰奠定基础。在高中教育阶段，使学生较为全面地了解中国特色社会主义法律体系的基本框架、基本制度以及法律常识，强化守法意识，增强法治观念，牢固树立有权利就有义务的观念，初步具备参与法治实践、正确维护自身权利的能力。而在高等教育阶段，进一步深化对法治理念、法治原则、重要法律概念的认识与理解，基本掌握公民常用法律知识，基本具备以法治思维和法治方式维护自身权利、参与社会公共事务、化解矛盾纠纷的能力，牢固树立法治观念，认识全面依法治国的重大意义，坚定走中国特色社会主义法治道路的理想和信念。

《青少年法治教育大纲》对大学生法治教育的实施途径做了系统论述。在学校教育方面，要求高等学校把法治教育纳入通识教育范畴，开设法治基础课或者其他相关课程作为公共必修课；在课程建设和课程标准修订中强化法治教育内容，在各学科课程中挖掘法治教育因素，并将法治教育内容落实到各学科课程的教育目标之中；要充分利用主题教育、校园文化、党团队活动、学生社团活动、社会实践活动等多种载体，全过程、全要素开展法治教育；要全面落实依法治校要求，把法治精神、法治思维和法治方式落实在学校教育、管理和服务的各个环节，建立健全学校章程、相关规章制度，完善学生管理、服务以及权利救济制度，实现环境育人；在法治教育中要注重发挥学生的主体作用，根据学生实际，引导、支持学生自主制定规则、公约等，逐步培养学生参与群体生活、自主管理、民主协商的能力，养成按规则办事的习惯，引导学生在学校生活的实践中感受法治力量，培养法治观念。在社会教育方面，教育部门和学校要积极组织学生参加法治社会实践活动，建设综合性的青少年法治教育实践基地，在司法机关、相关政府部门或者有关组织、学校建立专项的法治教育基地；要充分利用各种社会资源，加强与社区的合作，组织学生进行社区法治服务活动；有条件的高等学校可以设立大学生法律援助中心，利用"三下乡"活动，组织学生进入社区、街道开展法治宣传，普及法律知识，在实践中学法、用法。要广泛组织和动员国家机关和社会力量支持和参与青少年法治教育工作，建立社会法治教育网络。要充分利用网络上的优质法治教育资源，丰富教学的形式和内容，建立学校、社会、家庭共同参与的立体教育网络。

第一章

法的基本知识

第一节 法的概念与特征

"不以规矩,不能成方圆。"在我们的日常生活中,存在着多种多样的社会规范,它们约束着人的言行,调整着人际关系,包括道德、宗教、习俗和法律等等。与道德、宗教、习俗相比,法律是一种特殊的社会规范,具有鲜明的特点与个性。一般来说,我们可以把法律定义为:法律是由国家立法机关制定和颁布、以权利义务为主要内容、具有普遍约束力、以国家强制力保障其实施的特殊的社会规范。

一、从产生方式看,法律由国家创制

一般来说,国家创制法的方式主要有两种,一是制定法律,二是认可法律。制定法律即享有国家立法权的机关,依照法定的程序将国家的意志和想法直接转化为法律,我们可以将其称为"发明法律"。这样制定出来的法律被称为成文法、制定法,一般具有系统的条文化的逻辑结构。认可法律指国家立法机关对生活中本来已经存在的社会规范赋予法的效力,我们可以将其称为"发现法律"。

法是国家创制的,带有立法者的目的和理想,但是,这并不意味着人们可以随心所欲地立法。按照马克思主义的观点,法律的内容和性质,归根到底,是由当时当下客观的物质生活条件决定的,也就是所谓的"经济基础决定上层建筑"。恩格斯曾指出:"人们首先必须吃、喝、住、穿,然后才能从

事政治、科学、艺术、宗教等；所以，直接的物质的生活资料生产，因而一个民族或一个时代的一定经济发展阶段，便构成为基础，人们的国家制度、法的观点、艺术以至宗教观点，就是从这个基础上发展起来的，因而，也必须由这个基础来解释，而不是像过去那样做得相反。"❶

法律出自主权国家，因而具有高度的统一性。这种统一性是建立在主权的统一性基础之上的。法的统一性首先指各个法律之间在根本原则上的一致；其次是指除极特殊的情况外，一个国家只能有一个总的法律体系，且该法律体系内部各个规范之间应上下一致，不应相互矛盾。

二、从规范内容看，法律通过权利、义务调整人的行为

法以人的行为为调整对象。在现代社会，法一般只规范和关注外在行为，一般不离开人的行为过问纯粹的动机和思想。换句话说，法律要求人的行为必须符合法律规定，但对于人内心的想法和观念，法律并不介入，也无法介入。相比而言，其他一些规范，如道德、宗教规范，往往首先和主要关注人的内在动机，比如在宗教看来，人最大的恶也许不是行为之恶，而是内心之恶。

法以人的行为为对象，以权利义务的双向规定为调整机制。在法的世界中，权利意味着自由、资格、利益以及行为的正当性，而义务意味着约束、负担、对他人与社会的尊重，权利为目的，义务为手段，权利与义务相互对应，彼此依存。在法律上，把公民的权利和义务一般分为基本权利义务和普通权利义务。前者是指规定在宪法之中、最重要和最根本的权利与义务，后者是指规定在民法、行政法、程序法中的普通的、具体的权利与义务。以权利为例，根据我国宪法的规定，中华人民共和国的公民享有平等权，人身权，集会、结社、游行示威权，宗教信仰自由，财产权，文化权，社会保障权等，这些就是基本权利；根据民法的规定，公民享有生命权、健康权、姓名权、名誉权、荣誉权、肖像权、隐私权、婚姻自主权、监护权、所有权、著作权、专利权、商标专用权、股权、继承权等，这些就是普通权利。

三、从适用范围看，法律具有普遍性

与习俗或宗教不同，法律是一种具有高度权威性的公共规范，其内容是以人的公共生活为导向的。在一个国家的主权范围内，法律具有普遍性，约

---

❶ 马克思，恩格斯. 马克思恩格斯选集（第3卷）[M]. 北京：人民出版社，1972：574.

束着全部人的行为。

法的普遍性的第一层含义表现为：法作为一个整体，在一国全部领域内，具有普遍的约束力。"溥天之下，莫非王土；率土之滨，莫非王臣。"在一个国家之内，法律的约束力及于该国的全部领地，及于该国的全体公民。法律的这种普遍约束力是由法律的性质决定的，所有人都必须服从，所有人都必须尊重，没有任何人可以例外。

法的普遍性的第二层含义表现为：法律要求平等对待每个人，即法律面前人人平等。同等情况必须得到同等对待，每个人都平等地享有法律权利，平等地承担法律义务，不允许任何人享有特权，也不允许任何人遭受歧视。

当然，法具有普遍适用性，是从"法作为一个整体"这个角度来界定的。这并不意味着一国全部的法律都有在该国全部领域中普遍适用的性质。一般而言，最高立法机关制定的法律，往往在一国主权所及的全部领域内都有约束力；而地方国家立法机关制定的法，仅能在该地方有约束力。尤其是在中国，不仅有中央立法，还有地方立法；不仅有内地的立法，还有香港、澳门、台湾地区的立法，不同立法主体制定的法律，一般仅在其管辖范围内有效，因而其效力范围是有差别的。

四、从实施角度看，法律具有程序性和强制性

西谚说："法律是有牙齿的，必要的时候它会咬人。"法律不是小孩子玩过家家的规则，偶尔可以耍赖撒娇，法律是强硬的规则，它以国家强制力为保障，有着严格的实施程序，人人都必须遵守，而"没有强制力的法律如同一封无人收启的死信"❶。

法律的实施，具有严格的程序性。法的程序性意味着法的实施必须遵守一定的方式、方法、手段，受到特定的时间、空间的约束。比如，在行政处罚中，行政执法人员必须出示自己的证件，告知处罚的法律依据，听取被处罚者的申辩等；在司法诉讼中，案件审判必须由特定的法院在特定的地点进行，原、被告的诉讼活动必须按照一定的顺序和方式展开，遵守一定的时间要求等，这就是法律中的程序。在现代社会，为了保障法律主体之间——特别是代表国家行使权力的国家机关与其他法律主体之间——能够形成理性互动，法律往往都设计了复杂的程序规则，这就使得严格的程序性成为法律区

---

❶ ［英］彼得·斯坦，约翰·香德. 西方社会的法律价值［M］. 王献平，译. 北京：中国人民公安大学出版社，1990：57.

别于其他社会规范的重要特征。相比而言，对于道德和习俗而言，程序并不重要，因为它不关注过程和方法，更关注目的和结果。

除了严格的程序性之外，法律还具有国家强制性，即法律是由特定机关保障实施的，违反法律者，将会遭受来自国家机关的强制和惩罚。法律的强制性是与军队、警察、法庭、监狱等专门机构、暴力后盾相关联的强制，这种强制保障了法律的有效实施并使它与其他规范有所不同。道德、宗教等规范也具有强制性，但这种强制性往往是一种内在的强制性，它主要凭靠人的内在良知或信仰的力量来发挥作用；执政党政策、行业规范也有强制性，尽管也表现为一种外部强制，但这种外部强制与有组织的国家强制力无关，它是组织内部的强制。

法律代表的是国家意志，国家要实现其管理职能，就必须依靠特定的国家强制力保障法律的实施。"徒善不足以为政，徒法不足以自行"，法的遵守不可能始终和完全地依赖于公民的自觉自愿，因而，国家强制性使得法律与道德、宗教和习俗相比，具有更大的威力，具有更高的权威。

第二节　法的渊源

水积为渊，水之所出为源，渊源的本义乃是指河流的来源，而法的渊源，顾名思义也是指法的来源、源头，或者法的表现形式。具体来说，法的渊源涉及的问题包括：在一个国家，法律是由哪些机构制定的，分别以什么样的方式表现出来，不同形式的法律在效力上存在什么样的差别。

一、法的渊源及分类

（一）不同时代和国家的法的渊源

在不同的历史阶段，在不同的国家里，由于立法机制的差异，法律的渊源或表现形式是多姿多样、不断变化的。

在古罗马，法律的渊源包括议会制定法、皇帝敕令、元老院决议、法学家注释等，它们是罗马法律的不同表现形态，是社会活动和司法审判必须遵守的有效规则。

在中世纪的英国，法律的渊源包括制定法、普通法和衡平法，前一种是由国王制定的成文法，后两种则是法院在审判活动中创造的判例法。而在今天的英国，法律的三大来源包括议会立法、法官造法（判例法）和欧盟法。

在现代伊斯兰国家，除了国家颁布的各类法律之外，《古兰经》、圣训以及伊斯兰教法学家对《古兰经》的注解也是有效的法律形式。《古兰经》被认为是直接来自真主的法律，通过使者启示于人间；圣训则是真主的使者穆罕默德确立的法律规范。

在中国古代，法律文明高度发达。在秦代，国家法的主要形式包括一般的法律、皇帝的诏令、法律解释（法律答问）以及法庭的判例（廷行事）等。唐朝时期，已经形成了丰富多样、条款完备的各类成文法，包括律、令、格、式等不同形式。律是指国家颁布的基本法，如《贞观律》《永徽律》等；令是指皇帝颁布的单个命令；格和式则主要指公文程式。自明朝开始，由于"律文有尽而情伪无穷"，明朝皇帝开始在成文法典之外将以往的判例归纳提升，编纂为"条例"，以弥补普通法律的不足。

到了现代社会，根据社会治理的需要，有立法权的国家机关制定了各种法律，包括宪法、议会立法、政府立法及判例等。同时，随着国际交往的日益频繁，国际法开始成为一种越来越重要的法的表现形式。其中最重要的就是联合国制定的国际公约，一个国家只要参加或缔结了联合国的公约，则该公约就对这个国家有效。

（二）法的正式渊源与非正式渊源

在一个国家内，法律的表现形式是多种多样的，从法官审判的角度讲，不同的法律形式，对司法审判具有不同的效力：有些法律是必须遵守的，具有普遍的约束力；而有些法律则并不具有强制性，只有参考价值。这就涉及法律渊源的一个重要分类——正式渊源与非正式渊源。

一般认为，由国家专门的法律机关创制的、可以直接作为处理法律问题依据的法律形式，属于法的正式渊源，主要指国家立法机关制定的各种法律文件。这种法律出自权威的国家机关，体现了国家的意志，能够产生法的约束力，是有关当事人以及法官、律师等法律职业人士必须遵守的有效规则。

与正式渊源相对应，法的非正式渊源指的是那些并非出自法律创设机关、不能作为处理法律问题的必要和充分根据，但对于法律活动具有一定影响和参考价值的法的渊源，主要包括习惯和判例等。法的非正式渊源可以被视为"法的半成品"，它尽管不具有正式法的强制效力，但对法律活动又不是完全没有意义，尤其是在正式的法律存在漏洞或者含混时，它能够发挥补充正式法律不足的作用，成为法官判案的依据。

二、当代中国法的正式渊源

中国是一个大国，地域辽阔，人口众多，各地发展不平衡，这样的国情决定了我国有其独特的立法体制，即中央和地方均享有不同程度的立法权，而这样的立法体制直接决定了我国正式法律渊源的多样化。

（一）宪法

在我国，宪法为首要法源，它是国家的根本大法，对我国政治生活中最重要、最根本的事项作出了最权威的规定。新中国第一部宪法产生于1954年，后经过了多次修改，现行宪法是1982年修改后的宪法。宪法的内容涉及国家的基本构架，涉及国家权力与公民自由，它是国家公共事务的总宪章，在国家法律体系中具有最高效力，其他任何法律都不得与宪法相冲突。

（二）法律

在我国，广义上的"法律"包括所有拥有立法权的国家机关制定的规范性法律文件，而狭义的法律则专指由全国人民代表大会及其常务委员会制定的规范性法律文件。作为法律渊源意义上的"法律"就是指狭义的法律。在我国正式的法律渊源中，法律是由最高立法机关即全国人大及其常委会制定的，其地位和效力仅次于宪法。

（三）行政法规

行政法规是由国务院制定的关于行政管理方面的规范性法律文件，行政法规的名称一般为"某某条例"，比如《信访条例》《学位条例》《物业管理条例》《音像制品管理条例》等。在法的正式渊源中，行政法规的效力低于宪法、法律但高于一般的地方性法规，在全国范围内普遍有效。

（四）地方性法规

地方性法规是有立法权的各级地方人民代表大会及其常务委员会，在不违背上位法的前提下，根据本行政区域的具体情况和实际需要制定的规范性法律文件，如《北京市人口与计划生育条例》《吉林省大气污染防治条例》《武汉市志愿服务条例》等。从效力等级上看，地方性法规的效力低于宪法、法律和行政法规；从效力范围上看，地方性法规具有地方性，其效力范围仅限于本地行政区域内。

（五）民族自治法规

民族自治地方，包括自治区、自治州、自治县，它的人民代表大会有权依据当地民族的政治、经济、文化的特点制定自治条例和单行条例，比如青海《海西蒙古族藏族自治州自治条例》、四川《凉山彝族自治州自治条例》、贵州《黔东南苗族侗族自治州自治条例》、海南《白沙黎族自治县自治条例》。其中自治条例是一种综合性法规，内容比较广泛；单行条例是关于某一方面具体事务的规范性文件，针对性比较强。民族自治条例和单行条例可以对国家法律的有关内容进行变通性规定，经过有关上级国家机关批准后在本自治区域范围内有效。

（六）规章

国务院各部委及设区的市以上的地方人民政府，可以根据宪法和法律行使一定程度的立法权，它们制定的法律叫"政府规章"。根据制定主体不同，规章分为三种：部门规章、地方政府规章和军事规章。

部门规章是国务院各部、委员会、中国人民银行、审计署和具有行政管理职能的直属机构在其职权范围内制定的规范性文件，比如人力资源和社会保障部制定的《外国人在中国就业管理规定》、交通运输部制定的《道路运输从业人员管理规定》、公安部制定的《公安机关人民警察佩带使用枪支规范》等。

地方政府规章是省、自治区、直辖市和设区的市、自治州的人民政府依照法定程序制定的规范性文件，比如《江苏省土地利用总体规划管理办法》《西藏自治区大型宗教活动管理办法》《青岛市社会医疗保险办法》。

军事规章是中央军事委员会各总部、军兵种、军区、中国人民武装警察部队，根据法律和中央军事委员会的军事法规、决定、命令，在其权限范围内制定的规范性法律文件，如《伤病残军人退役安置规定》《军队文职人员管理规定》等。

三、当代中国法的非正式渊源

除上述正式渊源外，在我国还存在一些不同形式的法的非正式渊源，它们主要表现为来自民间的法律规则，这些规则尽管不具有法的名分和效力，但在司法审判中却发挥了补充官方法律不足的重要作用。

（一）政策

政策，一般是指特定的政党或政治组织在处理国家事务、公共事务中制定的调整各种社会关系的路线、方针、规则和措施的总称。在我国，最重要的政策是中国共产党的政策。执政党的政策作为一种非正式的法律渊源，具有前瞻性和灵活性,不仅可以指导立法和法律实施,而且能够补救成文法的不足。

(二) 风俗习惯

西方法谚云:"习惯是法律的最佳阐释者。"在人类社会的早期,调整社会关系的主要手段就是习惯,因此,习惯在某种意义上是近现代法律、道德、宗教的源头。风俗习惯并非只是与古老的乡土生活联系在一起,即使是在现代社会,人们依然可以看到各种各样的习惯,看到它们在调整社会及解决纠纷方面活跃的身影。

美国文学家马克·吐温曾说:"法律是沙子,习惯是岩石。法律可以被违反,刑罚也可被规避,但公然违反习惯的人才会获得真正的惩罚。"❶ 风俗习惯对法律的影响主要表现在两个方面:首先,习惯作为一种民间法,它具有一定的合理性,得到社会普遍认可,会对国家立法产生重要的影响,很多国家法律的内容就直接来自民间习惯;其次,在司法审判中,尤其是在民事审判中,如果国家的制定法存在漏洞或者含义不明,则风俗习惯可以作为一种非正式的法源,引导法官作出既符合法理又让公众满意的裁判结果。

■ **案例 1-1　巫蛊诅咒案**

江苏省如皋市法院审理过一个很有意思的案件。朱某与陆某两家系同组村民,南北紧邻。两家为一些生活琐事素有矛盾,经有关组织多次调处未果。2004年10月,陆某在其家楼房后竖立四扇石磨,两扇一组,正对朱某家楼房大门。石磨外侧还有镜子对着朱某家,其中一面镜子上写有"死"字。朱某因此到法院诉称:陆某以巫蛊手段诅咒原告及其家人,原告整日感到心神恍惚,无心农事,陆某行为给原告及家人造成精神痛苦和心灵创伤,要求被告立即移走石磨及镜子,停止其巫蛊行为,并支付精神损害赔偿。

法院审理认为,石磨及镜子是日常生活用品,本身并没有特别的意义,但在特定条件下也会被赋予特定的内涵。陆某用石磨对着他人大门并在镜子写有"死"字,这在当地习俗中有磨人之类的迷信说法,可以被看作是一种诅咒他人的巫蛊之物。巫蛊行为是一种封建迷信,有悖于社会公序良俗,其本身虽不会对他人造成实质性的伤害,但客观上会使相对人心存疑虑、顾忌,使其精神压抑、郁闷,从而造成精神痛苦和创伤。据此,法院判决被告立即

---

❶ 陈新民. 公法学札记[M]. 北京:中国政法大学出版社,2001:305.

停止巫蛊行为,并赔偿原告精神损失费 500 元。❶

【请思考】从法律渊源的角度分析,法院判决被告停止巫蛊行为并赔偿原告精神损失费的原因是什么?

【参考答案】在上述案件中,陆某用石磨对着他人大门并在镜子写有"死"字,这种行为并未违反法律的规定,但若考虑到当地特定的风俗习惯、风土人情,则该行为无疑具有较大的破坏性和挑衅性,会对当事人造成精神损害。在这里,法院就是参考了当地的风俗习惯,认定被告的行为构成侵权,应承担相应的法律责任。

(三) 道德原则和正义标准

在西方,道德规范和正义观念往往被视为一种"高级法"或者"自然法"。尽管近代以来,直接诉诸这种"高级法"进行审判的司法实践越来越少,但是法院有时还是会将道德规范和正义观念糅入其对宪法和法律条文的解释中,从而在事实上使得道德规范和正义观念具有了法源的地位。"二战"之后著名的纽伦堡审判,在很大程度上就是法官运用道德规范和正义观念对纳粹战犯罪恶行为的清算和审判。

■ 案例 1-2　纳粹纽伦堡审判

1945 年 11 月 20 日,针对 23 名德国纳粹党战犯的审判在纽伦堡举行。在公诉人对他们的战争犯罪进行指控时,这些战犯们无一例外地回答说,自己只是依法奉行上级命令而行事。面对纳粹战犯们的种种狡辩,国际法庭的公诉人、美国杰克逊大法官严厉地指出:"有一个不容否认的事实是:纳粹党徒,在一个相当大的范围里对人类犯下了前所未有的残酷罪行!谋杀、拷打、奴役、种族屠杀这些行为,不是早已被全世界的文明人认定是一种罪行吗?我们的提议,就是要惩罚这些罪行!"最终,这 23 名战犯中 11 人被判处绞刑,其余被告被判无期、二十年、十年有期徒刑不等。❷

【请思考】纳粹战犯以"依法行事"为自己的行为辩护,该理由是否成立?为什么?

【参考答案】纳粹战犯以"依法行事"为由的辩护无法成立。因为,德

---

❶ 陈璇,沙建国. 巫蛊诅咒被判赔偿 [N]. 江苏法制报,2005-4-25 (2).
❷ 余定宇. 寻找法律的印迹:从古埃及到美利坚 [M]. 北京:法律出版社,2004:158.

国法西斯的种族屠杀、践踏公民权利的"法律"与"法令",是与人类最基本的道德与人性完全相悖的,任何一个有良知的人都不会执行这样的"恶法",而这样的"恶法"亦不能成为任何人拿来为自己的犯罪行为进行辩护的理由。

(四) 法理学说

在历史上,法学家的理论学说往往是法的渊源之一。比如,中国古代的儒家学说就对封建法律制度产生了深远的影响,而在古罗马,盖尤斯等五大法学家的著述对司法审判具有直接的约束力。到了现代社会,理论学说一般不再被看作是法的正式渊源,法官们也不能直接将某一法学理论、法律学说作为审判的依据。尽管不是法的正式渊源,但是理论学说、法律学说所蕴含的法理,仍然是法律实践中所必不可少的组成部分。这种法理学说能够指导法律职业者分析法律问题,为其法律论证和法律推理提供论据。因此,理论学说、法律学说在我国属于法的非正式渊源。

(五) 指导性案例

最高人民法院审判委员会讨论决定的指导性案例,统一在《最高人民法院公报》、最高人民法院网站、《人民法院报》上以公告的形式发布。最高人民法院发布的指导性案例,各级人民法院审判类似案例时应当参照。

(六) 外国法

一般而言,一国的法律只能在本国主权范围内发挥效力,他国并无义务接受该法律的约束。因此,外国法并不是法的正式渊源。但是,如果各国面临的法律问题非常相似,而本国的法律规定又不明确或者存在漏洞的时候,国外的相关规定就可以作为一个补充性的"法律仓库"供法官参考使用。

第三节 法的效力

与温和的道德、宗教、习俗相比,法律是强硬的:它在一定的时间和空间范围内,对所有的人普遍有效,具有无可争辩的约束力。西方法谚曰:"法律有效力,国民便昌盛。"法律正是凭借其普遍的约束力规范着社会成员的一言一行,保障了公共生活的安全、有序、公平与和谐。

一、法的对象效力

法律是人制定的社会规范,它有自己明确的调整对象。法律的对象效力,就是指一个国家的法律对哪些对象、哪些主体有效的问题。

在一个主权国家范围内,法的对象效力主要涉及的是法律对本国公民、外国人和无国籍人的约束力问题。对于这个问题,世界各国的做法存在差异,大体上有下面四种做法。

(一) 属人主义

即法对自然人的效力以其国籍为准,法律适用于本国人,不适用于外国人。因此,本国人无论是居住在国内还是在国外,本国法律均对其有效,而外国人即使生活在本国领域内,也不适用本国法。

(二) 属地主义

即法对自然人的效力以地域为准,不论本国人或外国人,凡居住在本国领域内则一律适用本国法。而当本国人在自己国家领域外活动时,则可以不受本国法的约束。属地主义是确定法律对人效力的传统做法,我国唐代法律《唐律疏议》中就规定:"诸化外人,同类自相犯者,各依本俗法;异类相犯者,以法律论。"也就是说,不同国籍的公民在唐帝国发生纠纷,应按属地主义,适用大唐的法律。

(三) 保护主义

即以维护本国国家和公民利益为根据,不管是哪个国家的人,不管是在哪里做出的行为,只要侵害了本国的利益,就一律适用本国的法律。一般来说,国家的属地管辖权只限于国家的领土范围,国家的属人管辖权只限于本国国民,因而,对于外国人在外国的行为,主权国家本来是无管辖权的,但为了保护国家的重大利益,对于外国人在外国所做的、危害到该国利益的行为,国家有时候也会行使管辖权,这就叫保护主义。在法律史上,关于"保护主义"管辖的著名案例是"荷花号"案。

■ 案例 1-3 荷花号邮船管辖权

1926 年 8 月 2 日,法国"荷花号"邮船与土耳其的一艘运煤船在公海上发生碰撞,导致土耳其船舶沉没,8 人死亡。法国"荷花号"在第二天到达伊斯坦布尔，土耳其当局依据土耳其法律对该事件进行调查，伊斯坦布尔法院于9月26日对"荷花号"上负责瞭望的法国海军戴蒙上尉进行了刑事审讯，并判处拘留8天和22镑的罚款。

法国政府对此提出外交抗议，认为土耳其法院无权审讯戴蒙，因为碰撞发生在公海，"荷花号"船员应由船旗国审理。但土耳其法院认为，根据土耳其刑法第6条规定，外国人在外国做出侵害土耳其或其国民的罪行时，按土耳其法律规定该受处罚，当此人在土耳其被捕时就要受土耳其法律惩罚。

【请思考】请运用相关知识对土耳其法院的管辖权进行分析。

【参考答案】对于"荷花号"案中的管辖冲突，法、土两国签订特别协议，同意将争端递交国际常设法院解决。在诉讼中，法国认为国际法不允许一个国家单纯以受害者具有其国籍为理由对外国人在国外所做的犯罪行为进行惩罚。国际常设法院在诉讼中运用保护主义原理，认为法国"荷花号"邮船侵害了土耳其的利益，因此驳回了法国的上述主张，判定土耳其的审判行为没有违背国际法。

（四）折中主义

这种原则是以"属地主义"为基础，以"属人主义"作为补充，兼及"保护主义"。根据这种原则，一是在一国领域内活动的人和组织，无论是本国的还是外国的，一般都适用该国的法律；二是外国人和外国组织以适用居住国的法律为原则，但有关公民义务、婚姻、家庭、继承以及刑法中有特殊规定的某些犯罪等问题，仍适用其本国法；三是依据国际条约和惯例，享有外交特权和豁免权的人，适用其本国法。目前，世界上许多国家在法律的对象效力问题上都采用了相对比较全面和合理的"折中主义"做法，我国亦不例外。

根据我国法律的有关规定，我国法律对人的效力的相关规定主要包括以下两个方面。

1. 对中国公民的效力

中国公民在中国领域内的一切活动均适用中国法律，无人可以例外；中国公民在国外的时候，原则上仍应适用中国法律，受中国法的保护并履行中国法的义务，但是当中国法律与所在国的法律发生冲突时，要区别不同的情况，根据相应的国际法及国内法的规定，来确定是适用中国法律还是适用外国法律。

■ 案例 1-4　境外犯罪管辖权

2016 年 4 月，肯尼亚警方根据相关线索抓获 41 名冒充中国公检法机关对中国大陆群众实施诈骗的犯罪嫌疑人（其中大陆地区 19 人、台湾地区 22 人）。根据警方调查的电子证据、书证、证人证言、犯罪嫌疑人供述等证据，初步认定这些犯罪嫌疑人分别属于两个犯罪团伙，在肯尼亚对中国大陆群众实施电信诈骗。肯尼亚政府随后发出遣返令，将上述 41 人遣返回中国大陆，让他们在中国大陆法院接受审判。

【请思考】运用相关知识，讨论在肯尼亚从事犯罪活动的台湾地区嫌犯，是否可以在中国大陆受审？

【参考答案】关于在肯尼亚从事犯罪活动的台湾地区嫌犯是否会在中国大陆受审，公安部曾表示，此次从肯尼亚押回的团伙虽然是在肯尼亚设点从事诈骗，但受害人都在中国大陆，而且部分犯罪嫌疑人也是大陆人。同时，台湾人也是中国人。因此，本案可以适用中国大陆的法律，司法机关将按照中国大陆法律的有关规定，对犯罪团伙进行侦查、起诉和审判。

2. 对于外国公民和无国籍人的法律适用

外国公民和无国籍人在中国境内，除法律另有规定外，一律适用中国法律。所谓另有规定，一般是指法律上明确规定不适用中国法律的情形，比如享有外交特权和豁免权的外国人，需要通过外交途径来解决；对于外国公民和无国籍人在中国境外对中国国家或中国公民实施的犯罪，如果按中国刑法规定其最低刑为三年以上有期徒刑的，可以适用中国刑法，但是按照犯罪地的刑法不构成犯罪的除外。这一条规定表明中国法律在一定程度上采用了"保护主义"的原则。

二、法的时间效力

同人一样，法律也有寿命，有自己的存活时间和效力期间。法律的时间效力，涉及法律何时开始生效、何时终止效力，以及法律对于其生效前的事件或者行为是否具有溯及力的问题。法律的时间效力设定了法律对于人的行为约束的时间期限，也是法律对自己寿命长短的直接规定。一般来说，越健康的人寿命越长，而越合理的法律，其生效的时间也就越长。

(一) 法的生效与失效

关于法律的生效时间,世界各国的做法不太一致。在过去交通不发达的时候,法律一般以送达某一地区的时间为生效时间,比如,英国国王的法律可能在伦敦是月初生效,而到了爱丁堡则是月底生效。在现代,如果没有特别规定,法律一般自公布之日或规定的日期在全国范围内同时生效。

在我国,关于法律的生效时间通常有如下几种做法。一是自法律公布之日起生效。二是在法律中明确规定该法的生效时间。对于某些新出台的法律,由于社会公众需要一定时间进行学习和了解,不宜在公布之日立即生效,因此往往采取在法律中明确规定日期的形式来确定该法的生效时间。三是比照其他法律确定本法律的生效时间。由于某些法律制定的目的在于辅助其他法律的应用,因此这些法律就需要比照其辅助的法律来确定自身的生效时间。比如,《公司登记管理条例》作为《公司法》的辅助法,它的生效时间就取决于《公司法》的生效时间。

与生效对应,法律的失效意味着法律的死亡和终结。一般来说,法律可以通过明令废止或默示废止的形式终止其效力。我国法律的终止生效主要有以下几种形式:一是新法律公布后,原有的法律即自动丧失效力;二是新法取代旧法,同时明确宣布旧法作废;三是法律本身规定的有效期届满,该法失去效力;四是由有关国家机关颁发专门文件宣布废止某个法律;五是法律已完成其历史任务而自行失效;等等。

(二) 法的溯及力

在一部法律被修改后,往往会涉及法的溯及力问题。法的溯及力,也叫"法律溯及既往"的效力,是指法律对其生效以前的事件和行为是否适用的问题。如果适用,就具有溯及力;如果不适用,就没有溯及力。在法的溯及力问题上,往往会涉及两个法律,一个是原来的旧法,另一个是现在的新法,两者之间是前后替代关系,新法出台,旧法失效。例如,某国的新刑法于6月1日生效,在5月28日发生了一起犯罪活动,法院在6月15日开庭审理该案件,这时候就涉及该国新刑法的溯及力问题:对发生在其生效之前的案件,到底是依据新刑法来审判,还是依据犯罪行为发生时的旧刑法来审判呢?

世界各国关于法的溯及力问题主要有如下几种规定和做法。一是从旧原则。按照这个原则,新的法律颁布后,对其生效以前发生的事件和行为一律不适用,以前的问题适用行为发生时的旧法。二是从新原则。按照这个原则,新的法律颁布后,对其生效以前的事件和行为一律适用。三是从轻原则。按照这个原则，在具体适用法律时要对新法与旧法的内容进行比较，从中选择对行为人更加有利的或者处罚较轻的法律加以适用。四是从新兼从轻原则。即新法原则上具有溯及既往的效力，但如果旧法对行为人的处罚较轻时，则依照旧法处理。五是从旧兼从轻原则。即以前发生的事件和行为原则上应适用旧法，但如新法的规定对行为人更有利或处罚较轻时，则适用新法。

一般来说，在古代社会，出于维护王权统治和打击犯罪的需要，法律具有溯及力是比较平常的事。但是自进入现代法治社会以来，法不溯及既往已成为大多数国家确认的一个基本法律原则。例如，美国联邦宪法第二章规定："追溯既往的法律不得通过之。"而法国的《人权宣言》第八条规定："法律只应规定确实需要和显然不可少的刑罚，而且除非根据在犯法前已经制定和公布的且系依法施行的法律以外，不得处罚任何人。""二战"之后，联合国制定的人权公约也明确提出新颁布的法律对其生效前的行为不得溯及既往：1948年联合国《世界人权宣言》第十一条第二款规定："任何人的任何行为或不行为，在其发生时依国家法或国际法均不构成刑事罪者，不得被判为犯有刑事罪。刑罚不得重于犯罪时适用的法律规定。"1966年联合国的《公民权利和政治权利国际公约》第十五条规定："任何人的任何行为或不行为，在其发生时依照国家法或国际法均不构成刑事罪者，不得据以认为犯有刑事罪。所加的刑罚也不得重于犯罪时适用的规定。如果在犯罪之后依法规定了应处以较轻的刑罚，犯罪者应予减刑。"

法谚曰："法律不能强人所难。"让人在行为当时去遵守未来之法，既不人道，也不现实。因此，法不溯及既往已经成为国际社会公认的一项法治的基本原则。之所以说法不溯及既往是现代法治的一个基本法律原则，主要是因为法律随意溯及既往不仅会损害法律本身的权威性、安定性和可预测性，而且会给国家利用后来的法律惩罚公民先前的行为提供便利，而这将导致公权力滥用和人权遭受侵害，这是与现代法治的标准及理念相冲突的。

当然，任何原则都是相对的，都有可能存在例外情况，法不溯及既往原则亦如此，尤其是从人权保障的角度考虑，适当允许某些法律溯及既往可能会给公民带来好处。因此，当今世界大多数国家都有条件地允许某些法律可以溯及既往，即采用"从旧兼从轻"的做法：原则上新法不溯及既往，新法生效前的行为仍适用旧的法律，但如果新法的规定给公民的好处更多而惩罚更轻的话，则可以适用新法，即承认新法具有溯及力。

三、法的空间效力

法律的空间效力，指法律在哪些地域有效、适用于哪些地区的问题。一般来说，一国的法律适用于该国主权范围所及的全部领域，包括领土、领水、领空，以及作为领土延伸的本国驻外使馆、在外船舶及航空器等。

法律的空间范围明确了法律产生效力的地域，生活在该特定领域之内的人们必须服从和遵守法律。古人说："溥天之下，莫非王土；率土之滨，莫非王臣。"❶ 也就是说，全天下的土地都归君王所有，全部土地上的子民都归君王管理。到了今天，法治代替了人治，法律取代了国王和皇帝，成为世俗生活中最高的主宰和权威，所以我们可以说"率土之滨，莫非法域"。

国内法和国际法在法的空间效力问题上是存在差别的。一般来说，国际法对一个国家有效的前提取决于该国政府的自愿接受，而国内法一旦制定，它对于整个辖区内的所有人是无条件适用的。

在立法主体单一的国家，国家的法律往往只由唯一的立法机关制定，所以该法律的空间效力也往往及于整个国家。但是在立法主体多元化的国家，由于制定法律的机关不同，法律的空间效力也存在一定的差别。另外，随着现代国际交往的发展，一国的国内法在特殊情况下也可能会在域外产生约束力。

具体说来，一国国内法的空间效力主要包括下列三种情况。

（一）法律在全国范围内生效

这种法律一般是由国家最高立法机关制定的，所以适用于全国范围内。在美国，联邦议会制定的法律适用于美国各州；在我国，全国人民代表大会制定的宪法和基本法律、全国人大常委会制定的非基本法律以及国务院制定的行政法规，它们均在全国范围内生效。但是，由于我国实行了"一国两制"，因此在香港、澳门、台湾等地区，中央立法机关制定的法律并不必然在这些地区有效。

（二）在局部地区生效

凡是地方国家机关制定的法规就只能在制定机关所管辖的范围内生效。例如，我国各省、自治区、直辖市人民代表大会制定的地方性法规、自治条例、单行条例等，也仅在相应地区生效，河北省的规定到了河南省就是无效的；在实行联邦制的美国，各州均拥有立法权，阿拉巴马州的法律仅适用于

---

❶ 出自《诗经·小雅·北山之什·北山》。

本州，到了亚利桑那州就无效了。

（三）一国或一地制定的法律在域外生效

法律在域外生效是说法律的效力及于制定机关所管辖的领域之外，包括一地的法律在异地有效和一国的法律在国外有效两种情况。在我国，《刑法》规定："外国人在中华人民共和国领域外对中华人民共和国国家或者公民犯罪，而按本法规定的最低刑为三年以上有期徒刑的，可以适用本法，但是按照犯罪地的法律不受处罚的除外。"这使我国刑法在一定条件下可以在我国领域外生效；在美国，民事诉讼中"长臂管辖权"（Long Arm Jurisdiction）的存在也使一州的法律可以对发生在其他州的行为有效。1955年伊利诺伊州首先制定了"长臂管辖法令"，扩大了州法院对人管辖权的连接因素，之后为各州效仿。所谓"长臂管辖权"，即只要被告和立案法院所在地存在某种"最低联系"，而且原告所提权利要求和这种联系有关时，该法院就对被告具有属人管辖权，可以对被告发出传票，哪怕被告在州外甚至国外。长臂管辖原则扩大了美国的司法管辖权，即使一个被告从未在美国交易过，只要它的产品在美国使用并造成损害即可构成在美国司法管辖所要求的"最低限度的接触"，从而使美国法院获得管辖权。❶

---

❶ 张博. 美国的长臂管辖权原则［N］. 人民法院报，2011-07-15.

第二章

中国特色社会主义法治

法治是治国理政的基本方式，是人类政治文明的重要成果，是国家治理现代化的重要标志。在现代社会，大到国家政府的治理建设，小到公民个人的言行规范，都需要在法治的轨道上运行，接受法治的监督。在这个意义上，法治国家、法治政府、法治社会一体建设，依法治国、依法执政、依法行政共同推进，科学立法、严格执法、公正司法、全民守法全面推进，才是真正的依法治国，才是真正实现了的法治。因此，贯彻实施全面依法治国战略布局、建设社会主义法治国家，既是经济发展、社会进步的客观要求，也是巩固党的执政地位、确保国家长治久安的根本保障。

第一节 法治的基本内涵

对于法治的重要性，学界的共识是怎么强调都不为过。但对于法治的内涵，学者们却见仁见智，莫衷一是。依据不同的视角，法治可以有不同的界定。综合法学界的通说，可以把法治看作一个层级结构不同，但又相互依存发展的有机复合体。依据法治层次结构高低位序的不同，法治依次表现为一种治理方式、制度形态、秩序状态和价值理念。

一、作为一种治理方式的法治

作为一种治理方式，法治的基本意思是指依法而治。依法而治强调法律的权威性和确定性，强调国家与社会事务的管理应该根据事先公布的法律进行治理。这种治理方式意义上的法治是相对于人治和德治而言。人治作为一种治理方式，强调统治者的智慧和个人威望，认为法律既然是由统治者制定和颁布的，那不仅应该服从法律，更应该服从统治者个人的命令。服从公开颁布的法律还是服从主观随意的命令，构成了人治与法治的根本区别。"法治与人治的分界线是：当法律与当权者的个人意志发生冲突时，是法律高于个人还是个人意志凌驾于法律之上。"❶ 作为一种治理方式的法治，仅表明了法律在治理社会中的作用，而对于法律自身是否良善不予关注。这样一来，一个可能的结果是由于法律自身的良善与否会带来法治性质的转变，在最极端的情况下，会导致法律的作用发生根本转变，法律不再是治国安邦的基本保障，而变成了压制民主、限制权利的"恶法"，这点在纳粹统治时期的德国表现得尤为突出。因此，作为一种治理方式的法治仅是一种事实层次上的表述，并不含有价值上的判断，不能完整表达法治作为人类文明标志的巨大意义。

二、作为一种制度形态的法治

作为一种制度形态，法治往往表现为法律制度，是根据法律治理而形成的具有稳定预期的制度总和。法治同人治的一个最大区别是，法治的治理通过事先公布的并确定为公民行为规范的法律来进行，法治具有极大的稳定性，而人治则依统治者一时一地的好恶而定，无法使人形成一种预期。法治的这种优越性的最根本表现就是法治是一种制度性的要求，而人治只是一种偶然性的结果。法治的制度性主要表现在作为公民行为规范的法律是确定的，并以国家强制力为后盾，如果违反了法律，就会受到国家的制裁。在这个意义上，法治并不仅是指依法而治，它还是一系列国家法律制度的总和。事实上，我国的立法制度、行政制度和司法制度都是法治的制度性的具体体现。作为一种理想，法治可以是超越现实的；但作为一种实践，法治必须体现为制度，才能实现从理想到现实的飞跃。作为治理方式的法治与作为制度形态的法治的一个主要区别就在于，作为人类理想的法治究竟是统治者率性而为的产物还是不依统治者的意志为转移的客观存在。前者是法治的原初意义上的表达，后者则是法治的稳定性的制度形态。

三、作为一种秩序状态的法治

无论是作为一种治理方式，还是作为一种制度形态，法治最终都要表现为一种秩序，这种秩序既是法治自身的内在要求，也是法治社会形成的重要

---

❶ 张文显. 二十世纪西方法哲学思潮研究 [M]. 北京：法律出版社，1996：629.

标志。只有在形成一种良好的社会秩序之后，法治才有价值上的评判可言。法治形成的秩序即为法律秩序。法律秩序是法律规范实现的结果，也是法治运行的结果。"法律秩序，就是法律在调整社会关系时在人们间产生的动态化、条理化、规范化、模式化和权威化的社会生活方式……表现为社会生活的基本方面已经法律化和制度化；社会成员和社会组织都有明确的权利和义务；每个法律主体都忠实地履行法定义务，积极而正确地行使和维护法定权利；有条不紊、充满生机的社会秩序在法律秩序的基础上建立起来。"[1] 在理论上，自由与秩序的关系问题一直是法理学界争执的焦点之一，以前的不少学者在这个问题上，总认为自由是秩序的前提而秩序则是自由的保障，把自由看成是优越于秩序的首要问题。近年来，随着法治建设的发展和理论认识的深化，人们逐渐认识到秩序的前提性作用，认为人类文明的所有发展成果必须在一个稳定有序的社会环境里才能得以形成和实现。法治作为人类文明的制度性成果，必须体现人们对秩序的内在需求并以之作为谋求进一步发展的必要途径。法治作为制度文明的价值意义必须在稳定有序的和谐社会里才能完全体现出来。

四、作为一种价值理念的法治

作为一种理念，法治代表着一种价值追求，是人们的价值选择在具体的治理模式中的体现。理念是人们最高层次的法治追求，它具有完美无缺的理想性品格，是人们在经历了漫长曲折的发展历程后对现实生活的一种提升和超越。在这层意义上，法治并不单纯是一种治理方式、制度形态和法律秩序，它还隐含着一种精神意蕴：不论是何种层次上的法治都必须建立在一定的价值目标的基础之上。这些价值目标可能在每一个具体的社会中并不完全相同，但是在基本内涵上一定有着大致相通的共识。在现代社会中，不论是哪一种的法治或哪一层次上的法治都应包含以下理念：法律必须体现人民主权原则；法律承认、尊重和保护人民的权利和自由；法律面前一律平等；法律承认利益的多元化，对一切正当的利益施以无歧视性差别的保护。法治的这种理念实际上也就是评价法律究竟是善法还是恶法的标准，也是法治是否完美的标志之一。法治首先必须是善法之治，善法是法治形成必不可缺的前提性条件，无法想象依据任意限制公民权利、剥夺公民自由的法律能建立起和谐的法治社会。在这种意义上，张文显教授认为："法治是一个融汇多重意义的综合观

---

[1] 谢晖. 法学范畴的矛盾辨思 [M]. 济南：山东人民出版社，1999：359.

念,是民主、自由、平等、人权、理性、文明、秩序、效益与合法性的完美结合。"❶

以上四个方面并不是平行发展的关系,虽然在某些特定的场合下可能会出现四个方面交错混杂的情况,但一般而言,它们是前后依存、逐渐发展的关系。后一层次的发展应当以前一层次的存在为前提,只有在前一层次充分发展的基础上后一层次的成长才有可能;后一层次并不是前一层次的单纯继受,而是在前者基础上的一次提升或飞跃。具体而言,法治首先是一种治理方式;当这种治理方式稳定下来之后,法治就发展为一种制度形态;当这种制度形态为人们所普遍接受和遵守时,法治就表现为一种秩序状态;这种秩序状态持续保持下去,人们自然会形成一种尚法理念,在价值层面上达成共识。因此,法治是由依次存在的四个层次逐级构成的复合体。

第二节 新时代中国特色社会主义法治建设

党的"十八大"以来,以习近平同志为核心的党中央高度重视法治建设。党的十八届三中、四中、五中、六中全会和"十九大"及其以来的历次全会,都从治国理政、执政兴国的战略高度对依法治国进行了规划部署。习近平总书记在不同场合围绕法治建设所作的一系列重要讲话,内涵丰富、意义深远,深刻阐明了法治在统筹社会力量、平衡社会利益、调节社会关系、规范社会行为,实现经济发展、政治清明、文化昌盛、社会公正、生态良好方面的引领和规范作用,指出了法治对党和国家发展的根本性、战略性、全局性意义,把新时代中国特色社会主义法治建设提到了新的高度。

一、党的"十八大"以前的中国特色社会主义法治建设

清末时期,在帝国主义侵略下,腐朽的晚清王朝轰然坍塌,整个中国面临着亡国灭种的危险。为了救亡图存,实现中华民族的伟大复兴,多少仁人志士前仆后继,上下求索,探索中华民族的复兴之路。在历经百般波折之后,终于找到了马克思主义,并将其确定为革命建设的指导思想。马克思主义进入中国,不仅能对中华传统文化带来了巨大变革,又对中国制度带来了深远影响。在革命、建设、改革的各个历史时期,我们党坚持马克思主义基本原

---

❶ 张文显. 二十世纪西方法哲学思潮研究 [M]. 北京:法律出版社,1996:631.

理同中国具体实际相结合，运用马克思主义立场、观点、方法研究解决各种重大理论和实践问题，指导党和人民取得了新民主主义革命、社会主义革命和社会主义建设、改革开放的伟大成就。我国哲学社会科学坚持以马克思主义为指导，是近代以来我国发展历程赋予的规定性和必然性。在马克思主义指导下，中国开始了中国特色社会主义法治建设的步伐。中国特色社会主义法治是新中国成立以来中国共产党改革艰辛探索依法执政基本规律的智慧凝结，是改革开放40多年来党领导人民进行中国特色社会主义建设的重大成就和经验结晶。从历史发展过程来看，中国特色社会主义法治建设经历了四个时期。

（一）奠基萌芽时期

1978年12月13日，邓小平同志第一次明确提出："为了保障人民民主，必须加强法制建设。必须使民主制度化、法律化，使这种制度和法律不因领导人的改变而改变，不因领导人的看法和注意力的改变而改变。"这就为以后的中国特色社会主义法治建设确定了基调，奠定了基础。党的十一届三中全会后，在此基础上党中央又进一步提出了"健全社会主义民主，加强社会主义法制"的目标，确定了"有法可依，有法必依，执法必严，违法必究"的社会主义法制建设方针，为中国特色社会主义法治建设确立了制度依据，奠定了理论基础。

（二）发展成长时期

1997年9月，江泽民同志在党的"十五大"报告中第一次明确指出："依法治国，是党领导人民治理国家的基本方略。"把依法治国作为治国方略，标志着中国共产党在执政方式和治国理念上取得了重大进展和历史性突破。1999年3月15日，九届全国人大二次会议通过了宪法修正案，把"依法治国，建设社会主义法治国家"写进了宪法，标志着中国特色社会主义法治正式成为党和国家中国特色社会主义建设事业中的有机组成部分和重要奋斗目标，同时也标志着中国特色社会主义法治建设进入了新的历史时期。

（三）基本形成时期

2002年11月14日，党的"十六大"修改《中国共产党章程》，增写了"依法治国，建设社会主义法治国家"的内容。党的"十六大"以后，以胡锦涛为总书记的党中央，高度重视中国特色法律体系建设，认真践行社会主义法治理念，全面推进依法治国基本方略的实施，坚持党的领导、人民当家作主和依法治国的有机统一，有力推动了中国特色社会主义法治建设的继续前进。2011年10月27日《中国特色社会主义法律体系》白皮书的公布，宣告了中国特色社会主义法律体系的正式形成，标志着中国特色社会主义法治的基本形成。

(四) 全面推进时期

党的"十八大"以后，以习近平同志为核心的党中央奋发图强、厉行法治，协调推进"四个全面"战略布局，推动法治建设取得历史性进展。2014年10月20日，中国共产党十八届四中全会首次以全会的形式专题研究部署全面推进依法治国这一基本治国方略，通过《中共中央关于全面推进依法治国若干重大问题的决定》，明确提出坚持走中国特色社会主义法治道路，建设中国特色社会主义法治体系，标志着中国特色社会主义法治建设开始迈入了新的发展实施阶段。

二、新时代中国特色社会主义法治建设的新理念、新思想、新战略

法律是治国之重器。法治兴则国家兴，法治衰则国家乱。在中国特色社会主义进入新时代后，全面依法治国也被赋予了新的时代内涵，不仅是推进国家治理的重要途径和基本方式，而且是国家治理的一场深刻革命，必须坚持厉行法治，深化依法治国实践，推进科学立法、严格执法、公正司法、全民守法。在习近平新时代中国特色社会主义思想和基本方略之中，全面依法治国占据着重要地位：在构成习近平新时代中国特色社会主义思想主要内容的"八个明确"之中，明确全面推进依法治国总目标是建设中国特色社会主义法治体系、建设社会主义法治国家；在贯彻落实习近平新时代中国特色社会主义思想的十四个基本方略之中，"坚持全面依法治国"是其中的非常重要的基本方略之一，必须长期坚持并不断发展。

(一) 把党的领导贯彻落实到依法治国全过程和各方面

我国宪法确立了中国共产党的领导地位。坚持党的领导，是社会主义法治的根本要求，是党和国家的根本所在、命脉所在，是全面推进依法治国的题中应有之义。党的领导是中国特色社会主义最本质的特征，是社会主义法治最根本的保证。因此，必须把党的领导贯彻落实到依法治国全过程和各方面，坚定不移走中国特色社会主义法治道路，完善以宪法为核心的中国特色社会主义法律体系，建设中国特色社会主义法治体系，建设社会主义法治国家，发展中国特色社会主义法治理论，坚持依法治国、依法执政、依法行政共同推进，坚持法治国家、法治政府、法治社会一体建设，坚持依法治国和以德治国相结合，依法治国和依规治党有机统一，深化司法体制改革，提高

全民族法治素养和道德素质。对此，党中央决定成立中央全面依法治国领导小组，以加强党对法治中国建设的统一领导。

（二）把全面依法治国纳入"四个全面"战略布局

党中央从坚持和发展中国特色社会主义全局出发，提出并形成了全面建成小康社会、全面深化改革、全面依法治国、全面从严治党战略布局，开创性地把全面依法治国纳入"四个全面"战略布局，更加完整地展现出新一届中央领导集体治国理政总体框架，使当前和今后一个时期，党和国家各项工作关键环节、重点领域、主攻方向更加清晰，内在逻辑更加严密，对推动改革开放和社会主义现代化建设迈上新台阶提供了强力保障。党的"十八大"在提出全面建成小康社会目标时强调，要推动依法治国基本方略全面落实、法治政府基本建成。实现中华民族伟大复兴，不仅指物质层面的民富国强，还包括实现制度和价值层面的文明复兴。法治是人类政治文明的重要成果，是现代制度文明的精髓，也是中华民族伟大复兴的重要支柱与重大标志。"奉法者强则国强，奉法者弱则国弱。"全面依法治国是深刻总结我国社会主义法治建设成功经验和深刻教训作出的重大抉择，是全面建成小康社会、实现中华民族伟大复兴中国梦的迫切需要。

（三）把社会主义核心价值观融入法治建设

法律作为社会行为的底线，是社会公德的固化和外化。中央高度重视社会主义核心价值观建设，强调要坚持依法治国与以德治国相结合，把核心价值观融入法治建设，使德治和法治在国家治理中相互补充、相互促进、相得益彰。推动社会主义核心价值观入法入规，鲜明法治制度规范的正确价值导向，坚持运用法治手段激浊扬清、扶正祛邪，维护社会主流价值。法律法规要树立鲜明的价值取向，弘扬美德义行，立法、执法、司法都要体现社会主义道德要求，都要把社会主义核心价值观贯穿其中，努力使道德体系同社会主义法律规范相衔接、相协调、相促进，提高全社会文明程度，为全面依法治国创造良好人文环境。以法治体现道德理念、强化法律的规范作用，以道德滋养法治精神、强化道德对法治文化的支撑作用，能够实现法律和道德相辅相成、相得益彰。

（四）更加注重法治思维和法治方式

2014年2月28日，习近平总书记在中央全面深化改革领导小组第二次会议上指出，凡属重大改革都要于法有据，在整个改革过程中，都要高度重视运用法治思维和法治方式，发挥法治的引领和推动作用，坚持法定职责必须为、法无授权不可为。党的十八届四中全会进一步要求"提高党员干部法治思维和依法办事能力"。法治思维是一种规则思维、程序思维，它以严守规则为基本要求，强调法律的底线不可逾越、法律的红线不能触碰，凡事必须在既定的程序及法定权限内运行。法治方式是运用法治思维处理和解决问题的行为方式。尊崇法治、敬畏法律是领导干部必须具备的基本素质。全面依法治国，要努力形成办事运用法治思维和法治方式；深化改革、推动发展、化解矛盾、维护稳定等遇事找法、解决问题用法、化解矛盾靠法，在法治轨道上推动各项工作。

（五）依据党内法规管党治党

党内法规是中国特色社会主义法治体系的重要组成部分，既是管党治党的重要依据，也是建设社会主义法治国家的有力保障。党的"十八大"以来，以习近平同志为核心的党中央高度重视党内法规制度建设，强调法规制度带有根本性、全局性、稳定性、长期性，事关党长期执政和国家长治久安的重大战略任务，要加快构建以党章为根本、若干配套党内法规为支撑的党内法规制度体系，扎紧扎牢制度的笼子。党的十八届四中全会进一步将党内法规纳入中国特色社会主义法治体系之中，将"形成完善的党内法规体系"确立为全面依法治国总目标的重要内容。党的十八届五中全会把依规治党和依法治国作为党依法执政的两个轮子，要求全面提高党依据宪法法律治国理政、依据党内法规管党治党的能力和水平。党的十八届六中全会坚持思想建党和制度治党紧密结合，审议通过了《关于新形势下党内政治生活的若干准则》和修订后的《中国共产党党内监督条例》两部重要的党内法规，在党的历史上具有里程碑式的意义，再次凸显了党中央对党内法规的高度重视。因此，我们党要全面增强依法执政本领，加快形成覆盖党的领导和党的建设各方面的党内法规制度体系，加强和改善对国家政权机关的领导。

三、以良好的法治生态推动和保障中国梦的实现

推进国家治理体系和治理能力现代化，要高度重视法治问题，采取有力措施全面推进依法治国，建设社会主义法治国家，建设法治中国。把法治作为治国理政的基本方式，不仅凸显了法治在国家治理和社会管理中的重要作用，还体现了我们党在不断总结历史经验教训基础上，对执政规律的深刻把握，对执政使命的决心和担当。推进国家治理体系和治理能力现代化，就要始终坚持中国特色社会主义道路的正确方向，用核心价值体系和核心价值观

整合社会意识，依靠宪法和法律制度体系凝聚共识和力量，坚持依法推进各方面改革，依法调整利益关系，用法治思维和法治方式处理国家治理当中的深层次问题和矛盾，保证党领导人民更加有效治理国家，以制度的优越性增强治理的效能性。

全面依法治国是"四个全面"战略布局的关键一环，也是其他三个全面战略布局能否顺利实现的制度保障。党的十八届四中全会是我们党历史上第一次以法治为主题的中央全会，集中体现了以习近平同志为总书记的新一届中央领导集体的治国理政思想，意义重大，影响深远。全会指出，全面建成小康社会、实现中华民族伟大复兴的中国梦，全面深化改革、完善和发展中国特色社会主义制度，提高党的执政能力和执政水平，必须全面推进依法治国。全面推进依法治国，总目标是建设中国特色社会主义法治体系，建设社会主义法治国家。自从依法治国成为国家发展的战略布局之后，法治建设就成为国家建设的重要主题，法治标准也成为衡量国家治理能力高低的重要标准。伴随着我国法治进程的推进，我国的政治建设、经济建设、文化建设、社会建设、生态文明建议，以及党的建设也都要逐渐地纳入到法治建设的轨道中来。对于全面深化改革与法治建设的关系，习近平同志指出，"凡属重大改革都要于法有据"，"确保在法治轨道上推进改革"。党的十八届三中全会、四中全会两个决定是姊妹篇，一手抓改革，一手抓制度建设、法治建设，把改革成果固化为法规制度。依法执政，既包括党依据国家法律治国理政，也包括依据党内法规管党治党。

因此，新形势下全面推进依法治国，既要强调体系化建设，即坚持立法、执法、司法、守法四位一体共同推进，坚持依法治国、依法执政、依法行政共同推进，坚持法治国家、法治政府、法治社会一体建设，更要紧紧抓住建设法治中国的关键环节、重点要素，解决好依法治国面临的重大现实问题。要始终坚持依法治国基本方略和依法执政基本方式；建立决策科学、执行坚决、监督有力的权力运行体系，让权力在阳光下运行；把弘扬法治精神、培养法律意识、传播法律知识贯穿国家治理全过程，提高领导干部运用法治思维和法治方式深化改革、推动发展、化解矛盾、维护稳定的能力，在全社会形成宪法至上、守法光荣的良好氛围，增强对法治国家、法治社会的公信力，形成人们不愿违法、不能违法、不敢违法的法治环境，以良好的法治生态推动和保障中国梦的实现。

第三节　坚持中国特色社会主义法治道路的基本经验

　　法治是治国理政的基本方式，走什么样的道路至关重要。党的"十九大"提出，全面依法治国是中国特色社会主义的本质要求和重要保障，必须坚定不移走中国特色社会主义法治道路。这就为全面推进依法治国指明了方向，为建设社会主义法治国家提供了重要遵循和行动指南。实现全面推进依法治国的总目标，必须坚持中国共产党的领导、坚持人民主体地位、坚持法律面前人人平等、坚持依法治国和以德治国相结合、坚持从中国实际出发，这"五个必须坚持"是对党领导人民实行法治建设成功经验的科学总结，深刻揭示了我国社会主义法治建设的客观规律。

一、坚持党的领导是根本保证

　　坚持党的领导是人民当家作主和依法治国的根本保证。全面推进依法治国，建设社会主义法治国家，必须坚持而不能离开中国共产党的领导。习近平总书记在《关于〈中共中央关于全面推进依法治国若干重大问题的决定〉的说明》中旗帜鲜明地指出，对于坚持党的领导这一点，"要理直气壮讲、大张旗鼓讲。要向干部群众讲清楚我国社会主义法治的本质特征，做到正本清源、以正视听"。

　　坚持党的领导是历史的选择、实践的结论。1840年以来，面对强大的反动势力和复杂的社会矛盾，中国社会从地主阶级革新派、农民领袖、资产阶级改良派，到资产阶级革命派，都想引领中国走向进步，但都没有成功。"中华民族的独立和解放，是在中国共产党的领导下取得的；解决13亿人民温饱问题和初步建成小康社会，也是在中国共产党的领导下实现的。"中华民族走向国家富强、民族复兴、社会文明和人民幸福，必须有中国共产党这个坚强的领导核心，这个核心无可替代。历史也已经证明，在中国，从民主革命到社会主义改造，从社会主义建设到改革开放，始终不渝地致力于推进依法治国的，也是中国共产党。今天，全面推进依法治国，建设社会主义法治国家，面对的困难和挑战绝不会少，我们不仅要排除来自国外的各种思潮的干扰，还要克服来自我国社会几千年形成的封建专制主义和小生产思想的影响，克服自己头脑中种种幼稚的、片面的思想观念的影响。要战胜这些国内外错误思潮或模糊观念的干扰影响，只有在中国共产党领导下才能做到。

我国宪法以根本法的形式反映了党带领人民进行革命、建设、改革取得的成果，确立了在历史和人民选择中形成的中国共产党的领导地位。坚持依法治国首先要坚持依宪治国，坚持依法执政首先要坚持依宪执政，其中就包括了要依宪坚持党的领导这一要求。从1954年制定中华人民共和国第一部宪法开始，就强调这是我们党执政的"总章程"。党的"十二大"党章中也明确规定了"党必须在宪法和法律范围内活动"。党的十八届四中全会明确指出："坚持党的领导，是社会主义法治的根本要求，是党和国家的根本所在、命脉所在，是全国各族人民的利益所系、幸福所系，是全面推进依法治国的题中应有之义。党的领导和社会主义法治是一致的，社会主义法治必须坚持党的领导，党的领导必须依靠社会主义法治。"

二、坚持人民主体地位是本质要求

坚持人民主体地位，是全面推进依法治国必须遵循的一条重要原则。总结我国法治发展的经验，最根本的一条，是把党的领导、人民当家作主与依法治国有机统一起来。我国社会主义制度保证了人民当家作主的主体地位，也保证了人民在全面推进依法治国中的主体地位。这是我们的制度优势，也是中国特色社会主义法治区别于资本主义法治的根本所在。

坚持人民主体地位，就是要把最广大人民的根本利益放在至高无上的地位，以服务人民为目标，严格遵循立法程序，遵守法律规范，接受法律和各方面的监督，自觉把权力关进制度的笼子里。要让人民群众广泛地参与国家治理和社会管理，让法治更好地保障人民的参与权。要牢固树立权力来源于人民的观念，不断完善权力运行制约监督体制机制，使人民的监督权具有可操作性，发挥实实在在的作用，保证权力真正属于人民，真正受到人民监督。要坚持国家的一切公权力为民所有、为民所享、为民所用，坚持好人民代表大会制度，坚持法治建设为了人民、依靠人民、造福人民、保护人民，以保障人民根本利益为出发点和落脚点，保证人民依法享有广泛的权利和自由、承担应尽的义务，维护社会公平正义，促进共同富裕。要抛弃那些反人民、反法治的人治观念，坚持依法保障人民参与国家治理和社会管理，保证人民在党的领导下，依照法律规定，通过各种途径和形式管理国家事务，管理经济和文化事业，管理社会事务，让法治更好地保障人民的知情权、参与权、决策权、监督权，让人民真正感受到主人地位。要增强全社会学法、尊法、守法和用法意识，使法律为人民所掌握、所遵守、所运用。

三、坚持法律面前人人平等是基本要求

平等是社会主义法律的基本属性，强调任何组织和个人都必须尊重宪法法律权威，都必须在宪法法律范围内活动，都必须依照宪法法律行使权力或权利、履行职责或义务，都不得有超越宪法法律的特权。这"四个都"全面诠释了法律面前人人平等原则的含义，既突出了对公权力进行制约监督的重点，也重申了普遍守法、平等守法的原则。党的十八届四中全会强调指出："必须维护国家法制统一、尊严、权威，切实保证宪法法律有效实施，绝不允许任何人以任何借口任何形式以言代法、以权压法、徇私枉法。必须以规范和约束公权力为重点，加大监督力度，做到有权必有责、用权受监督、违法必追究，坚决纠正有法不依、执法不严、违法不究行为。"这"两个必须"明确了在法律面前没有特权，人人都是平等的。

坚持法律面前人人平等，就要依法维护社会公平正义。要建立以权利公平、机会公平、规则公平为主要内容的社会公平保障体系，努力营造公平的社会环境，保证人民平等参与、平等发展权利。要坚持民主立法、科学立法、公正执法、公正司法、全民守法，切实保证权利平等、义务平等。必须反对特权、反对歧视，凡是公民，不分民族、种族、性别、职业、家庭出身、宗教信仰、教育程度、财产状况、居住期限等，都应当平等享受公民权利、平等履行公民义务。加强依法治权、依法治官、消除特权，必须以规范和约束公权力为重点，加大监督力度，做到有权必有责、用权受监督、违法必追究，坚决纠正有法不依、执法不严、违法不究行为，绝不允许任何人以任何借口任何形式以言代法、以权压法、徇私枉法，始终坚持对法律怀有敬畏之心，自觉做到依法办事。

四、坚持依法治国和以德治国相结合是重要方式

法安天下，德润人心。法律是成文的道德，道德是内心的法律，两者都具有规范社会行为、维护社会秩序的作用。法律作为社会行为的底线，是社会公德的固化和外化，作为他律对人的社会行为发挥强制作用。道德作为更高的行为标准，像看不见的软性法律在人的内心规范着人们的行为，起着自律的作用，使人们以遵纪守法为底线，根据自己的道德修养和道德情操体现出不同程度的符合社会规范的行为。因此，党中央将坚持依法治国和以德治

国相结合确定为全面推进依法治国必须遵循的一项重要原则，强调必须坚持一手抓法治、一手抓德治，大力弘扬社会主义核心价值观，弘扬中华传统美德，培育社会公德、职业道德、家庭美德、个人品德，既重视发挥法律的规范作用，又重视发挥道德的教化作用，以法治体现道德理念、强化法律对道德建设的促进作用，以道德滋养法治精神、强化道德对法治文化的支撑作用，实现法律和道德相辅相成、法治和德治相得益彰。

现代社会，没有法律是万万不能的，但法律也不是万能的。法律是外在约束，是他律；道德是内在自觉，是自律。仅有法律的外在约束，缺失道德的内在自觉，即使是最严厉的外在约束，国家和社会也将难以治理。因此，要坚持依法治国和以德治国相结合，健全自治、法治、德治相结合的社会治理体系。提高全民族法治素养和道德素质，增强法治的道德底蕴。对此，必须加强公民道德建设，提高全社会思想道德水平，积极培育和践行社会主义核心价值观，引导人们树立正确的世界观、人生观、价值观，强化规则意识，倡导契约精神，弘扬公序良俗，在全社会形成知荣辱、讲正气、作奉献、促和谐的良好风尚。

没有道德的法律难成良法，没有法律推行的道德难成善治。纵观中华五千年历史，只讲法治，不讲德治，就会重蹈秦代严法而亡之的覆辙。只讲德治，不讲法治，就会像东周那样分崩离析，天下大乱。法治和德治在国家治理中各自起着独特的、不可替代的作用，法律调整行为，道德调整内心，法律兜底，道德提升，两者紧密结合、相辅相成、相得益彰，国家才能治理有序。依法治国与以德治国相结合，不是说法治与德治可以并列，地位相同，更不是说我们党有两个基本治国方略，而是说在坚持依法治国这个基本方略的基础上，更好地发挥道德在全面推进依法治国中的作用，用更具有普遍性和广泛性的真善美去推动法律的实施，使法治在实践中不违背良法宗旨、不偏离正义方向。

■ 案例 2-1　"二战"后审判纳粹分子引发的法律与道德之争

（1）"二战"后，纽伦堡欧洲国际军事法庭和联邦德国的司法机关将要审判纳粹政权的战争犯、法西斯间谍、告密者等罪犯的罪行。其中的一个案例，被告原是一名德国军官的妻子，她为了脱离丈夫，竟向纳粹当局密告其夫在休假时曾发表诋毁希特勒和纳粹当局的言论，结果根据纳粹政权的一条法令，其丈夫被判处死刑。后来，这位妇女被联邦德国法院指控犯有非法剥夺他人自由的罪行。而她也以相同的理由为自己辩护：她向当局报告其夫的罪行是依法进行的，她丈夫被判刑也是依法进行的，她并没有犯罪。

（2）埃希曼案件。屠杀无数犹太人的纳粹军官埃希曼在15年后被发现在阿根廷隐居，以色列政府支持追踪埃希曼的人将其诱拐至以色列并对其审判，而阿根廷指责以色列侵犯其领土主权，要求把埃希曼送回阿根廷，并追究诱拐者的责任。以色列拒绝了阿根廷的要求，其理由是不能以道德上的理由破坏国际法关于领土主权及关于争端解决方式的规定。

【请思考】 如何解决实践中的"合法不合道德""合道德但不合法"问题？

【参考答案】 从上面两个案例我们可以发现，在实务中法律与道德的一种纠结难缠、引人深思的关系问题。法律不单是道德要求的反映，甚至有时道德与法律是根本对立的。在这里就引发了关于法律与道德问题的三场论战。当代西方重要的法理学家都在不同程度上探讨过这一热点话题，卷入这场论战。这些争论中影响较大的主要是三大论战：哈特和富勒的论战、哈特与德富林的论战、哈特与德沃金的论战。

（1）上述有关纳粹的案例，实证法学和自然法学的学者分别提出了自己的见解，也就引发了哈特与富勒的论战。此次论战的内容被学者称为法律与道德之间的一个难题。此问题争论的焦点是法与道德有无必然联系。新自然法学派的代表人物富勒认为，法律是有道德性的，法的道德性分为"外在道德"与"内在道德"。"外在道德"即"实体自然法"，是指法的实体目的或理想，"内在道德"即"程序自然法"，是有关法的有关程序方面的原则或法治原则。具体可以归纳为八个要求：法必须具有一般性或普遍性，必须公布于众，可预测或非溯及既往，明确，不矛盾，可为人遵守，稳定，官员的行为必须与已公布的规则一致。这是法的"内在道德"。因此富勒坚持"恶法非法"的立场，认为德国法院可以宣布纳粹的法律过于邪恶因而是无效的，从而对战犯予以惩罚。而法律实证主义的代表人物哈特则认为纳粹的法律是有效的法律，因为那是经合法程序制定的实在法。哈特指出："某一行为根据一般的标准是不道德的这一事实是否足以使该行为成为应受法律惩罚的行为，这个问题是不同又相互联系的。"

（2）《同性恋和卖淫调查委员会报告》与德富林的道德强制理论。20世纪40年代以后，英、美等西方国家的同性恋人数猛增，同性恋者开展了争取"合法权利"的斗争并成立了全国性或地区性的同性恋者组织。有关从业人员也呼吁取消对卖淫的刑罚。在这种情况下，英国议会任命议员沃尔芬登为首组成一个特别委员会——"同性恋和卖淫调查委员会"。该委员会提出一项立法建议：不应继续把同性恋与卖淫作为犯罪惩罚，但应通过一项立法禁止公开卖淫。英国议会先后通过了该项建议。对此，时任英国高等法院王座分庭法官的德富林发表《道德强制》的演讲，阐述了如下三个问题：一是社会是否有权利对道德问题作出判断？二是如果前者证成，它是否也有权利使用法律武器强制实行它的判断？三是如果前者证成，社会是否应该在所有情况下使用法律武器？它根据什么原则区分不同情况？德富林对前两个问题的回答都是肯定的。对于第三个问题，道德是一个存在着公共利益和个人利益的领域，应当平衡两者。他提出法律强制实施道德时应遵循四项原则：一是容忍与社会完整统一相协调的最大限度的个人自由；二是容忍限度的改变；三是尽可能充分地尊重个人隐私；四是法是最低限度而不是最高限度的行为标准。德富林的观点简单地说就是：法可以而且应该禁止不道德的行为，强制实施道德。他提出的上述原则和"沃尔芬登委员会"的报告是对立的。哈特、德沃金等人对他的"道德强制主义"理论进行了严厉批评。

哈特对德富林的道德强制理论批判的理论基调是：某一行为根据一般的行为标准是不道德的这一事实是否足以使该行为成为应受惩罚的行为？法律的道德强制本身在道德上是允许的吗？哈特采用"实证道德"与"批评道德"两个概念来阐述观点。实证道德是一个特定的社会集团实际接受和共同遵守的道德；批评道德是包括实证道德在内的现实社会制度使用的一般道德原则。哈特认为问题是关于法律强制实证道德的批评道德的问题。

（3）哈特与德沃金之争。在《法律的概念》这本法律实证主义经典中，哈特提出的法律概念是，法律是一个规则系统；在遇到未被法律明确规定的场合，法官就行使自由裁量权；因此，在这类案件中，法官就是立法者，规则的制定者。但德沃金认为：法律不仅包括立法机关和其他正式法律规则颁布者制定的规则，而且包括原则，其中突出的是包括了立法者或法官从中可能汲取创造新规则之材料的道德原则，法官有义务成为道德哲学家。在原则与规则之争中，哈特与德沃金各自的立场可以这样概括：哈特认为法官在疑难案件中要运用自由裁量权，适用法律以外的道德原则来裁决案件，这是法官立法的活动；德沃金则认为法官没有自由裁量权，即便在疑难案件中，法官要提出合理的法律理论去发掘本身隐含在法律精神之中的原则来裁决案件，法官的活动不是创造法律，而是发现法律。

五、坚持从中国实际出发是基本前提

走什么样的法治道路、建设什么样的法治国家,根本的决定因素是本国基本国情。中国有着不同于别国的历史经历、人文传统、自然地理资源、独特的发展阶段,以及自成一体的行为习惯与思维模式。中国共产党作为执政党,扎根中国土壤、立足中国实际,吸收和借鉴包括西方文明在内的世界各民族文明的法治思想和法治体系成果,以高度的历史责任感和政治自觉性,不断强化国家治理理念和治理体系中的现代法治要素,推进国家治理能力和各方面制度的现代化,走出了一条中国特色社会主义法治道路。全面推进依法治国,就要从这些实际出发,突出中国特色、实践特色、时代特色、制度特色,不断总结和运用党领导人民实行法治的成功经验,丰富和发展社会主义法治理论。因此,必须从我国基本国情出发,同改革开放不断深化相适应,围绕社会主义法治建设重大理论和实践问题,推进法治理论创新,发展符合中国实际、具有中国特色、体现社会发展规律的社会主义法治理论,为依法治国提供理论指导和学理支撑,汲取中华法律文化精华,借鉴国外法治有益经验,但决不照搬外国法治理念和模式。

习近平总书记在纪念全国人民代表大会成立 60 周年大会的重要讲话中指出:"对丰富多彩的世界,我们应该秉持兼容并蓄的态度,虚心学习他人的好东西,在独立自主的立场上把他人的好东西加以消化吸收,化成我们自己的好东西,但决不能囫囵吞枣、决不能邯郸学步。"这是我们全国推进依法治国、坚持中国特色社会主义法治基本特征、走中国特色社会主义法治发展道路所应有的基本立场和态度。只有从我国基本国情出发,坚持走中国特色社会主义法治道路,建设中国特色社会主义法治体系,才能全面推进依法治国,为全面建成小康社会、全面深化改革创造良好的法治环境。只有从我国基本国情出发开展法治工作,以和谐的理念、和谐的标准、和谐的方式,最大限度地维护社会稳定,维护良好的社会经济秩序,才能最大限度地增强和谐因素,有效促进和谐社会建设。

第三章

法治文化建设

党的"十九大"报告提出新时代中国特色社会主义思想的命题,重申推进全面依法治国总目标是建设中国特色社会主义法治体系、建设社会主义法治国家。大学生是法治建设的重要参与者,大学生法治观念培养和提高是关系依法治国成败的关键因素。本章主要从理解法治观念的科学内涵出发,分析了当下大学生法治观念的现状与问题,明确了大学生法治观念培养、法治文化建设的重要性,在此基础上提出增强大学生法治观念的建议。

第一节 法治文化的内涵与特征

一、法治文化

进入21世纪以来,学界对法治文化的理论研究涉及面非常广,其中,法治文化的概念是研究中涉及最为普遍的问题。中国政法大学文兵教授认为,法治与文化这两个概念可以拆开来加以考察。文化是我们活动的产物,是我们生活的样态。它像血液一样融入我们的思想观念、行为举止之中。法治就是对于法律的尊重,而法律其实就是最低限度的道德,是伦理的底线。法律只有内化为我们的生活方式,不再仅是作为外在的强制,而是成为一种文化,法律才能得以坚守。法治与文化本质上是一体的、相互交织的。法治,不能没有文化;文化,也不能没有法治。法治文化指的是一种整体文化,是人的一种生存样态,关注的是法治对于整个文化的塑造,是文化对于法治的支撑。

尽管对何谓法治文化存在着多种不同的解读,法治文化的内涵和外延存在泛化现象,但多数研究者均认为,法治文化是一种与人治文化相对立的先进文化。

我们认为,法治文化是在建立法治社会的过程中形成的一种文化形态和社会生活方式,其核心是法治理念和法治思维模式的确立,以及在此理念支配下相应制度和组织机构的建立与运行。在法治理论研究中,一切对法治内涵的揭示、对法治社会表征和遵循原则的描述与总结、法治运行机制的建构和实践活动,如法治的价值目标追求、法治的理念和精神、法治的制度设计和运行模式、法治的实现状态等,都属于法治文化的内容。

二、社会主义法治文化的重要性

社会主义法治文化是以社会主义法治理念为导引、以社会主义法律制度为主干、以依法办事和自觉守法为基础、以构建社会主义法治秩序为目标的法治文明状态。

党的十八届四中全会通过的《中共中央关于全面推进依法治国若干重大问题的决定》提出,必须弘扬社会主义法治精神,建设社会主义法治文化。法治文化不仅是法治国家建设的社会文化基础,也是文化软实力的重要组成部分。中国政法大学终身教授李德顺先生倡导法治中国、法治政府、法治社会与法治文化四位一体的理念。"法治文化是社会主义先进文化的重要组成部分。"中国政法大学原校长、教授黄进指出,文化不仅是人的生存、生产、生活方式,而且是民族的血脉,是人民的精神家园。社会主义文化就是社会主义中国人在精神、思想、传统、习俗、价值观等方面的生活样式。法治也是一种生活方式,尤其应当是当代中国人的生活方式。两相结合,可以说,法治文化是国家依法治国、政府依法行政、司法机关依法执法、所有社会成员依法行为的生活方式。所以,法治不仅是治国手段,更应成为生活规则、生活方式。

社会主义是人民当家作主的社会、人民民主的国家,这是我们的国体(国家的阶级性质和主权定性)。而它的政体(政权的组织形式)则应该是法治。所以,法治不应该仅被理解为司法系统和司法部门的事,而是国家政治的实质特征和核心内容。培育社会主义法治文化是全面贯彻落实依法治国方略的必然选择。因为国家长治久安的根本在法治,市场经济的本质在法治,社会管理创新的关键也在法治。所以,社会主义法治文化的培育对国家的经济发展、政治进步、法治昌明、文化繁荣、社会和谐具有基础性和根本性的作用，是全面贯彻落实依法治国方略的当务之急。所以说，法治文化大发展大繁荣离不开社会主义法治文化的培育，社会主义文化强国建设离不开法治文化建设。

三、建设中国特色社会主义法治文化的前提和目标

（一）完善的法律制度是中国特色社会主义法治文化建设的前提

首先，在立法层面体现为良法之治，这是现代法治的基本理念：法律必须尊重和保护公民的人身自由、人格尊严、政治权利和经济社会与文化权利，不仅要满足人民群众的利益需求，也要满足正义需求；不仅要满足人民群众的效率需求，也要满足公平需求；不仅要满足人们的秩序需求，也要满足人们的自由需求。

其次，在政体的组织机构层面体现为有效的权力制约模式，要有与法治要求相适应的政体组织机构，对公共权力进行有效的监督和制约。

再次，社会治理要遵循理性规则之治，要把各种社会冲突和纠纷的解决纳入秩序化和程序化的轨道上。现代社会的多元利益冲突、互动与整合，孕育了自生自发的理性秩序规则。

最后，公民的人权和各种法定权利能得到有效保障，真正做到以人民利益为重，尊重人民群众主体地位，促进社会公平正义，通过科学合理的纠纷解决机制和利益诉求表达渠道，保证人民群众的合理诉求和合法利益得到充分实现。

（二）全民守法是中国特色法治文化建设的归宿

首先，人民群众的法治意识和理念是法治文化建设的基础。确立法治意识和理念，最重要的是要确立公民规则意识，即在对法律信仰、认同的基础上，积极主动、自觉地遵守和服从法律规则，包括权利正当行使的意识、权利的节制意识、自觉守法意识、社会公德意识等。

其次，要让法治思维成为社会治理的主要思维模式。法治思维是一种整体性的思维，是一种国家治理的理念、视角和思路，它不仅是社会治理中的价值追求，还是一种治国方法、手段的选择。具体而言，化解各种社会矛盾，把法治思维模式作为创新社会管理的基本思维模式，就是要注重法律方法和手段的运用，全面落实依法治国方略，完善各种具体法律制度，确立公民和各级政府机关的规则意识和契约意识，引导公民对待各种涉及自身利益的纠纷寻求理性的解决手段。

四、中国特色社会主义法治文化建设的路径

文化的形成是一个自外而内逐步内化的过程，不仅需要时间沉淀，更需要实践。在中国全面推进依法治国的过程中，始终强调道路选择的"中国特色"，不盲目、机械照搬照抄别国模式。因为从文化发展的规律来看，世界各国文化及法律文化既有共性，也具有明显的差异性，我国的法治建设，是同中国特色社会主义道路的探索密切相关的，也是伴随着改革开放的实践而逐步形成的。建设中国特色社会主义法治文化，必须以本国的实践为基础，在借鉴国外法治有益经验的同时，面对中国改革开放和法律实践活动所提出的问题，重视本土法律文化资源的利用。

第一，把社会主义核心价值观作为中国特色法治文化建设的思想主导。中国特色社会主义理论体系是中国特色社会主义建设的指导思想，社会主义核心价值观是当代中国特色法治文化创建的价值理念，中国特色社会主义法治文化的建构要围绕这一切展开。

第二，学习借鉴世界法律文化的有益成果。建设中国特色法治文化，就是要建设一个既能够适应中国现代发展需要，适应于中国社会主义市场经济，又能够反映时代潮流，把中国推向世界、带向未来的法治文化。因此，中国特色社会主义法治文化的建设之路，应当是在立足中国国情的基础上，积极加强与世界各民族的法律文化交往，充分汲取世界先进法治文化营养，为我所用，融合创新，推进中国特色法治文化的建设。

第三，直面中国改革开放和法律实践提出的问题。全面推进依法治国，应着重从我国内部寻找变革的动力，这种动力就是中国改革开放和法律运行过程中所面临的各种问题。当前，我国正处于经济、政治和社会发展的转型时期，随着改革的深化、开放的扩大和社会主义市场经济的发展，在经济、政治、文化、社会关系和社会利益，以及司法实践等方面存在一系列难点和热点问题，对法学研究和法律制度建设来说，必须要关注这些问题，研究这些问题，然后进行理论概括和总结，实现法学理论体系的创新，一方面丰富法学理论体系，另一方面为解决这些问题提供法学理论支持。只有通过实践基础上的法学理论体系创新，才能创建具有中国特色的法治文化。

第四，重视本土法律文化资源的利用。割舍文化背景，当代中国特色法治文化将无法创建和发展。在全球化的潮流面前，不应忽视中华法文化中的优秀成分，应重视对本国法律文化资源的利用。在社会结构已经发生变化的

今天，中国传统法律文化就其组成部分来说，仍有许多具有现代意义的因素，无论在思想层面还是制度层面，都有许多值得汲取的精华，要注意研究我国古代法制传统和成败得失，挖掘和传承这些精华，在古老文明的华夏大地上彰显法律的权威。

第五，重视具体法治。法治社会建设可分为宏观法治建设和具体法治建设。所谓宏观法治，是法治社会建设的目标和理想，它包括了法治社会的理念、遵循的原则，法治社会的衡量标准和条件等一系列理论体系。所谓具体法治，是宏观法治的具体化、制度化，是法治的实践和法治的实现。在法治目标已确立的情况下，具体法治就显得更为重要。当前，在中国特色社会主义法治的整体框架下，正在形成诸多具有相互逻辑关联和制度互补功能的具体法治运行体系，明确了指导思想与遵循。我们应当积极将其落实到具体的制度建设中，既要关注宏观问题，也要关注具体法治，确保社会主义法治文化实实在在地为政治、经济和社会发展服务。

第二节　大学生的法治观念

一、大学生法治观念的内涵

党的"十八大"提出2020年中国全面建成小康社会之时要实现依法治国基本方略全面落实，法治政府基本建成，司法公信力不断提高，人权得到切实尊重和保障这一法治目标。党的"十九大"把依法治国作为新时代中国特色社会主义思想的重要组成部分，明确全面推进依法治国的总目标是建设中国特色社会主义法治体系、建设社会主义法治国家。这些都把"依法治国"提到了前所未有的高度，彰显了以习近平同志为核心的党中央推进依法治国、坚持和拓展中国特色社会主义法治道路的坚定决心。大学生是民族的希望、国家的栋梁，是全面推进依法治国、实现社会治理法治化的潜在中坚力量，是社会主义事业的建设者和接班人，将成为法治建设的重要参与者，培养和提高大学生法治观念是一项重要而紧迫的工作。

（一）法治观念的科学内涵

要正确理解法治观念的科学内涵，首先得正确理解什么是法治。关于法治的概念，学术和司法界有不同的定义。亚里士多德曾将法治定义为："已成立的法律获得普遍的服从,而大家所服从的法律又应该本身是制定得良好的法律。"❶ 简言之,法治是良法和守法的结合。法治观念属于社会意识的范畴。我国许多学者对法治观念和意识展开了深入的研究,并对法治观念进行定义。有学者指出:"法治意识是指作为独立主体的社会成员在实践中所形成的关于法治的心态、观念、知识和思想体系的总称,是符合法治社会建设要求的法律意识,是人们对法律和法律现象的看法和对法律规范的认同的自觉程度最高的一种意识。法治意识是反映公民对法律的认识水平以及基于这种认知所形成的对法律、法律的效用和功能的基本态度和信任、依赖程度。"❷

我们认为法治观念是现代公民、政府或社会团体组织在实践过程中形成的对法律的地位、性质、作用的认识和重视,遵守的态度和表现以及依靠法律管理国家、管理经济和治理社会的坚定信念。公民法治观念的高低,是衡量一个国家、一个民族、一个社会文明程度的标准之一。法治观念不是自发形成的,它是人们在社会生活中学习和自觉培养的结果,也是法律文化传统潜移默化地影响的结果,它是法律素养的主观方面。良好的公民法治观念能驱动公民积极守法。公民只有具有了良好的法治观念,才能使自己的守法行为由国家力量的外在强制转化为公民对法律的权威以及法律所内含的价值要素的认同,从而就会严格依照法律行使自己享有的权利和履行自己应尽的义务;就会充分尊重他人合法、合理的权利和自由;就会积极寻求法律途径解决纠纷和争议,自觉运用法律武器维护自己的合法权利和利益;就会主动抵制破坏法律和秩序的行为。

(二) 大学生法治观念现状

1. 大学生法治观念薄弱,违法犯罪事件屡见不鲜

大学生法律意识是我国社会主义法律意识的重要组成部分,我国高校大学生法治观念如何,将直接影响当前和未来一个阶段我们的法治建设,影响整个社会的协调发展。中国当代大学生的法治观念已有了很大程度的觉醒和增强,但大多仅仅停留在感性认识水平上,在不同大学生当中法治观念水平参差不齐。

(1) 大学生缺少正确的法律认知。大学生是社会主义建设事业的生力军,同时大学生也是一个特殊的且又复杂的群体。从生理上讲,他们绝大多数已

---

❶ [古希腊] 亚里士多德. 政治学 [M]. 吴寿彭, 译. 北京: 商务印书馆, 1965.
❷ 柯卫. 法治意识与人的现代化 [J]. 内蒙古社会科学 (汉文版), 2007 (2): 30-33.

满18岁，步入成人行列，各项身体机能愈加成熟，有着敏捷的思维；从心理上讲，他们又是不成熟的，虽然他们自我概念不断增强，关心社会事务，热衷参与社会，对社会舆论愿意独立思考，注重个人的现实利益，对自己的素质要求较高。然而，大学生世界观、意志、性格正在形成中，以高深知识学习、大学校园生活为主，生活阅历有限，与社会有一定的距离，社会实践能力不强，面对错综复杂的社会矛盾，缺乏正确的认知能力，所以在处理问题时易于迷茫、盲从、偏激、冲动和情绪化，往往导致违法犯罪行为的发生。

（2）大学生法治观念不成熟。从年龄上讲，大学生是一个跨越青年和成年的群体，尚未形成成熟、科学的人生观、价值观和世界观，其法律意识带有明显的不成熟性。由于某些社会风气、社会道德和法治教育的不足，致使其对法律没有足够的信任，法律观念和行为等与社会要求存在一定偏差，因此没有确立法律的权威感。一些大学生法律意识浅薄，不知道如何保护自己被他人侵犯的合法权益。当前大学生在违法犯罪面前，没有足够的胆识和法律意识，缺乏正义感。与此同时，由于长期受"应试教育"的影响，大学生所知道的一些法律知识，大多仅限于课堂上老师的教导，而不主动学习法律法规。

有研究表明，改革开放以来，大学生违法犯罪现象明显增多，占社会刑事犯罪的比例持续上升。中国犯罪学研究会会长、北京大学法学教授康树华曾主持过一项调查，1965年，青少年犯罪在整个社会刑事犯罪中约占33%，其中大学生犯罪约占1%；"文革"期间，青少年犯罪开始增多，占到了整个刑事犯罪的60%，其中大学生犯罪占2.5%；而近几年，青少年犯罪占到了社会刑事犯罪的70%至80%，其中大学生犯罪约为17%，而且犯罪类型向智能化、多样化发展，如盗窃、抢劫甚至强奸、杀人等犯罪行为，以及打架斗殴、卖淫、毁坏公物、剽窃他人学术成果、随意撕毁就业合同等违法行为时有发生。同社会犯罪相比，其涉罪范围、性质及危害没有质的区别。另外，大学生违法犯罪的事例也不鲜见，而相当一部分大学生法律意识淡薄，缺乏必要的自我保护意识，致使自己的切身利益受到侵犯和损害。比如，2016—2017年风靡于大学的校园贷，已经成为安全、诈骗、经济、民生重灾区。校园贷为了让大学生贷款方便，放低了门槛，相关机构对于其监管几乎为零，且可以用各种手段蒙混，一方面大大助长了大学生超前消费的心理和行为，另一方面让很多大学生受蒙骗，深陷其中不能自拔，自身财产、生活和学习受到极大损失，甚至付出了生命代价。数据显示，"象牙塔"并不平静，大学生们的法治素养包括法治观念状况令人忧虑。

2. 大学生参政热情高涨，参政能力不足

改革开放以来，特别是进入 21 世纪后，随着我国社会主义市场经济的发展和民主法治建设的不断深入，中国青年学生有较高的政治参与热情与积极性。大学生有较高的文化素质和修养，所处的社会层次特殊，看问题视角更加开放，关心国内外政治事件，对社会事务有自己的见解，对社会舆论愿意独立思考，且表达自己心声的欲望强烈。但是由于人生阅历的局限和政治生活实践的不足，使得大学生政治参与具有认识上和实践上的局限性。香港地区"占中"事件，充分暴露出当前大学生参政热情高涨，但是参政能力不足这一现实，容易受反对势力、外界舆论所蛊惑，大学生法治观念的培养对国家长治久安有深远的意义，是目前急需解决的问题。

（三）大学生法治教育不足

在中学阶段，高考科目以外的科目都是所谓的副科，不少学生认为一切科目都应为高考让路。因此，学生并不能系统地学习法律知识，自身仅有的法律常识也是零零散散从网络、报纸上了解到的。在大学阶段，公共必修课中设置法律基础相关课程是高等院校对大学生进行法治教育的主要途径。高校一般有两种课程设置方式，一种是设置法律基础课程，单独讲授法律基础知识；另一种是设置思想道德修养与法律基础课程，先讲授思想道德修养的相关内容，后讲授法律基础相关知识，如果时间不够，法律基础的知识只是一带而过。此外，授课老师也多为思想政治专业教师，对于专业性强的法律知识自然无法深入讲解；而授课方式也多为照本宣科，本身枯燥的法律加上"门外汉"的学生，法律更显得生涩难懂。因此，大学阶段最重要的法治教育手段不能发挥应有的效用，大学生的法律基础知识自然薄弱。

二、依法治国背景下大学生法治观念培养的重要性

（一）培养和增强大学生法治观念是全面推进依法治国和建设法治中国的迫切需要

党的"十九大"报告中明确指出了"坚持全面依法治国，坚定不移走中国特色社会主义法治道路，提高全民族法治素养和道德素质"的目标。为了实现这一目标，就必须提高全体公民的法治观念，而大学生是公民中先进的特殊群体，有较高的文化知识素养，是全面推进依法治国、实现社会法治化的潜在中坚力量，是社会主义事业的建设者和接班人，将成为法治建设的重要参与者，

培养和提高大学生法治观念是中国特色社会主义法治道路的必然选择。

（二）培养和增强大学生法治观念是实现国家长治久安的重要保证

信息时代的到来伴随着知识创新和技术创新，但同时犯罪思维、犯罪方式和犯罪技术也在不断创新。高智商罪犯大都接受过高等教育，有较高的文化和专业知识，造成的社会损失更大，严重影响社会稳定，不利于国家长治久安。培养和提高大学生的法治观念，增强他们法律至上意识、平等意识、权利和责任意识，熟知国家法律法规及各种政策措施，能够使学生清醒地认识到法律的严密、严谨与铁面无私，从而能够自觉守法、懂法和用法而不被反对势力迷惑，维护国家长治久安。

（三）培养和增强大学生法治观念是推动经济发展、科技和社会进步的关键因素

大学生是先进的知识分子，是人类科学文化知识的重要继承者、创造者和传播者，是推动我国科技进步和经济发展的生力军，是先进生产力的开拓者，是社会主义事业建设重要岗位的接班人。如若大学生法治观念薄弱，这一切都是空话。

（四）培养和增强大学生法治观念，是大学生成人成才的重要保障

增强大学生的法治观念是大学生健康成长和将来适应法治社会的需要。2002年发生的清华大学学生刘海洋硫酸伤熊案、2003年发生的浙江大学毕业生周一超考公务员被拒录杀人案、2004年发生的云南大学学生马加爵杀害舍友案、2010年发生的西安音乐学院学生药家鑫杀人案等，这一系列案例的发生表明了部分大学生法治观念淡漠和人文素养缺失。

大学生必须先让自己成为一个人格健全、心理健康、能够运用法律知识和手段保护自我合法权益的人，才能有资格和能力为家庭、单位、国家和社会的发展贡献自己的力量和智慧。否则，只能成为家庭和社会的负担。培养和增强大学生的法治观念，对大学生抵御不良社会现象的影响，预防和减少犯罪，健全大学生人格，增强心理素质，自觉运用法律知识和手段维护自身合法权益不受侵害，保持自身工作、学习和生活正常运行，能够更好地健康成长，具有重要的意义。

三、大学生法治观念的培养方法

法治兴则国家兴，法治衰则国家乱。党的"十九大"报告明确提出"坚持依法治国、依法执政、依法行政共同推进,坚持法治国家、法治政府、法治社会一体建设"的要求,中国的法治建设步入了深入推进的新阶段。法治观念的培养直接决定着法治目标实现的进度。为此,对于大学生法治观念的培养,提出以下几点建议。

(一) 政府与社会层面

健全法律运行机制,加强道德规范建设,创造有利于培养大学生现代法治观念的法治环境和舆论环境。大学生思想开放,时代感强,主观上期望法治,关心国家法治建设,但世界观还未完全成熟,易受外界环境影响,因此,立法、执法、司法部门做到立法的民主化、科学化,执法的程序化,守法的自觉化;大众传播媒体特别是网络新媒体、社交媒体(微博、微信、QQ 等各类社交 App 软件等)应利用普法、守法、执法和监督法律实施的模范人物和典型事例,进行绘声绘色的法治宣传,创造一个良好的法治环境和舆论环境,对于培养大学生现代法治观念具有十分重要的作用。

(二) 学校层面

1. 建立一支具有较高法律素养的师资队伍

教师承担着教书育人、培养社会主义事业建设者和接班人,提高民族素质的使命。一支合格的高校法律教育的师资队伍对当代大学生的法治观念的培养至关重要。学校可以聘请法学界的专家来校讲座,传授教学经验,对教师进行定期的法律培训等,教师的法治信仰会深深地影响学生,帮助学生树立正确的法治观念。

2. 优化传统教学模式

传统的教学模式是老师在讲台上讲,学生在台下听,学生处于被动式吸取知识的状态,其结果是大学生只了解了法律的基本概貌,能够知法,却不懂法,更不知道如何用法,至于培养法治观念、树立法律信仰更是难上加难。学校应当大量地采用案例式、模拟式、讨论式、辩论式、体验式的教学方式,以不断加深学生们对法律知识的理解和认同。

3. 积极开展网络教育,占领新的舆论阵地

网络无孔不入,已经成为大学生日常生活的重要组成部分。学校应该用开放包容的心态对待网络,制作内容丰富、形象生动、形式多样、不拘泥于陈规、能够双向沟通的网络法治教育网页,吸引学生主动查看网页。学校开展网上视频教学,要求学生观看并发表自己的看法,及时关注学生的思想动

态，并针对学生思想状况开展有效的法治教育，帮助学生树立正确的法治观念。

少年强则国强，少年独立则国独立。大学生代表了祖国的未来和希望，是全面推进依法治国、实现社会法治化的潜在中坚力量，社会主义事业的接班人。他们只有具备良好的法治观念，才能完成"中国梦"和"法治中国"的目标，实现中华民族的伟大复兴。

第三节 开展法治文化教育

党的"十九大"报告从加强普法工作和提高社会公众法治素养的角度，对社会主义法治文化建设提出了许多重要的要求，目的在于通过社会主义法治文化的建设，巩固普法和法治宣传教育的成果，增强政府部门和社会公众的法律意识，提高宪法和法律权威，推进法律实施。习近平总书记提出要努力营造形成一种办事依法、遇事找法、解决问题用法、化解矛盾靠法的良好法治环境，就是营造这样一种法治氛围，形成这样一种法治文化环境，增强全社会的法治观念。具体到大学来说，让大学生更好地参与法治文化教育，主要基于以下方式和途径。

一、营造法治校园氛围

学校要响应党的号召，通过多种形式、多种途径大力宣传宪法基本原则和内容，开展法治文化活动，丰富法治文化作品，宣传社会主义法治理念。例如，学校领导和教师自觉遵守学校的各项规章制度，没有特权，起到言传身教的作用；学校各种社团组织领导人的选举透明化，让广大大学生自己选举学生干部和学生党员；学校选取觉悟高、乐于为群众服务的党员教师和党员学生组成普法志愿者小组，在校园内广泛普法，开展法治实践活动；等等。

二、深化大学法治教学改革

（一）将法律内容学习、法治观念树立作为大学生毕业的必要条件

构建一体化的法治教育课程体系。深化大学法律基础课的教学改革，开展校园法治文化活动，以适应素质教育对大学生法律意识培养的要求。大学法律基础课应改为法理学课或法律通识课，作为获取学位和学历证书的必修

课，作为大学生完成学业的必要条件来进行统一要求。

（二）拓展法学选修课的层次和范围

应当积极拓展法学选修课的开设门类和开设范围，以满足不同层次学生的学习兴趣和需求，使学生从理性的层面对整个法治、法律及各部门法的基本价值理念和精神追求有一个宏观把握，从而逐步培养出适应现代素质教育要求的具有较高的法治观念的大学生。

三、着力构建高校、家庭、社会"三位一体"的大学生法治教育网络

增强当代大学生的法治观念，提升他们的法律素养，不仅是学校的责任，也是涉及家庭、社区以及整个社会的各个层面的系统工程。因此，需要全体社会共同关注，需要各个环节紧密配合。

作为大学生法治教育主阵地的学校，必须实施依法治校，保证良好的校园生活环境，切实抵制社会不良文化的进入。

立法与司法机关作为专业的法治机构，要成为法治思想的引领者、法学理论的创新者、法律制度的构建者、法学教育的先行者和法治生活方式的布道者。应该有重点地与大学定期联系，加强大学的司法宣传教育。同时，司法机关应提高法律公信度，加强对公、检、法机关的规范化整治，以及律师等法律工作者行为作风的整治，提高公民对法律的信仰度，从而引领全社会敬畏法律、信仰法律、遵守法律，让法治成为中国人的生活方式，让法治成为中国社会的文化。

政府职能部门则应力所能及地为大学排忧解难，要切实采取可行的措施，优化社会大环境以及校园环境。

四、开展法治文化教育需要注意的几个问题

开展法治文化教育，应该注意科学地界定好教育的目标、方式方法，尊重法治教育和大学生认知规律，以期取得更好的教育效果，促进大学生在法治观念等方面得到进一步发展。

（一）在定位上与大学的法学专业教育的区别与联系

法律素养是现代社会良好公民的内在重要素质之一。对大学生进行法律教育是培养良好公民的一个方面，因此法律教育应归到公民教育范畴中。公民意识的树立和强化，是培养法治观念的重要基础。我国法律教育首先是从培养青少年的公民意识入手，逐步使法治观念深入人心。法律教育的载体毕

竟是法律文化，具有相对独立的领域和严谨的内容，不能把面向大学生的法律教育变成大学法学专业教育的"压缩饼干"，而应该是与大学思想品德教育有机联系而又相对独立的分支。

（二）在要求的设置上要符合大学生的认知规律

法律教育中有很多法理，有自己的一整套体系。大学生处于人生中最重要的成长阶段，有自己的认知规律和认知水平，超越他们的现有的认知能力去进行灌输教育是徒劳无益的。因此，法律教育必须避免过多的法理知识的传授，正视大学生的认知特点和发展水平，做到因材施教。

（三）在内容的设置上要避免纯知识化的教育倾向

大学生掌握多少静态的法律知识不是最重要的，重要的是形成能够促进学生法律行为的法律意识和运用法律的能力。尤其是法治观念，它是人实施法律行为的内在引导，没有法治观念就不会有相应的法律行为。从对人的影响来看，拥有法治观念比拥有法律知识显得更为重要。虽然法治观念的形成离不开法律知识的学习，但是有法律知识不等于有法治观念。

（四）从法制教育向法治教育转变

大学生不仅要知法守法，还应该懂法用法，培养并提升自身的法治素养。因此，对大学生的法律教育应从法制教育向法治教育转变。大学生是法治国家未来的建设者，这不仅要求他们需要在理论上认识法律，熟悉国家的法律制度，而且应当树立法律至上、依法治国的法律信仰。无论是立法者、执法者还是守法者，都应该遵守法律，任何人都不能凌驾于法律之上。

第四节 法治教育与大学生心理健康

一、法治教育对大学生心理健康具有重要作用

心理健康教育不仅是一项专门的教育活动，更是渗透在所有教育活动中的一种教育理念和态度。目前，我国高等院校越来越重视大学生心理健康教育，但是对于心理健康涉及相关的法治教育，以及法治教育也可以促进心理健康教育的作用，却常常被忽略。当前我国大学生的主要年龄跨度基本为18~24岁，从生理上看，他们的个体生理发育已经成熟，具备了成年人的体格和生理功能。但是从心理上看，他们心理发展尚未成熟，青春期的特征明

显，容易出现各种心理困惑。伴随这些心理困惑而来的法律后果也不容忽视。当前大学生普遍抗压性差，很多人在挫折下容易灰心丧气而一蹶不振或是情绪激动而行为过激，甚至铤而走险，不能意识这些负面情绪和行为可能会带来危险的法律后果。法治教育对大学生心理健康具有重要的作用，有助于大学生树立正确的人生观、价值观，有助于培养大学生良好的个性心理品质，有助于培养大学生良好的情绪情感，有助于提高大学生的思想道德水平。

二、大学生心理健康教育中的法治问题

（一）与大学生心理健康教育相关的法律

与大学生心理健康教育相关的法律主要包括《民法典》《精神卫生法》《教育法》《高等教育法》《治安管理处罚法》《民事诉讼法》《刑事诉讼法》等，其中与大学生心理健康教育关系最密切的法律便是《精神卫生法》。

（二）整合高校心理健康教育和法治教育的必要性

1. 心理健康教育和法治教育的整合是大学生全面发展的需要

心理健康教育和法治教育对象和目标的一致性要求我们整合资源，更好地以人为本，对大学生进行素质教育，使之全面发展。大学生是社会建设的主力军和国家的栋梁，他们必须拥有良好的社会沟通能力、理性的思维、健康阳光的心理及坚强的法治观念，必须有真才实学，才能为祖国做贡献。高校开展心理健康教育是大学生身心发展的需要，它能健全大学生的人格，促进大学生更好地适应社会的竞争，它能使国家人才质量和国民精神面貌大幅提升，是大学生素质教育的重要组成部分。而高校的法治教育是实现依法治国、建设社会主义法治国家的重要环节，也是促进大学生全面发展、健康成长不可或缺的内容。它着重教育大学生要从法律的角度来思考问题，提高法律意识、增强法治观念，做个遵纪守法、依法办事的合格接班人。

2. 心理健康教育和法治教育的整合是预防学生犯罪的有效途径

大学生的法治教育要落到实处，必须和他们的日常行为习惯有机结合起来，要和心理健康教育相互渗透教学，不能各自为政。只有在学生的日常行为养成上下功夫，增强学生的自制能力，使之具有良好健康的心理状态，才能为开展法治教育打下坚实的基础。大学生法治教育和心理健康教育是相互影响和相互促进的。高校法治教育的目的就是培养大学生良好的法治素质，必须遵循素质形成的心理规律。在我们法治教育的实践中，霍夫曼的"心理内化论"很好地揭示了法治教育的心理机制。这一理论告诉我们要激发学生

严格守法的行为应该采取惩罚手段、爱的取消和诱导这三项手段。其中，适当强度的惩罚手段和爱的取消能使学生重视法治教育，但如果强度太高则会引起学生的抵触情绪，而诱导方式会使学生自觉地、积极地接受法治教育。心理健康教育可以使高校大学生形成良好的性格，锻炼坚强的意志，而坚强的意志是产生坚强法治意志的前提和基础，高校培养大学生坚强的意志在法治教育中尤为重要。所以，法治教育和心理健康教育应该紧密联系在一起，相互渗透进行。大学生中发生的很多违法犯罪行为都与他们的自控力不足有关，他们的意志不够坚强，他们抵制不住诱惑，最终走上犯罪之路。因而，高校要在大学生的学习、生活中培养他们良好的意志品质，要积极开展各项活动，促使他们形成坚强的法治意志。

高校的教育工作者必须重视大学生的心理健康问题，加强法治宣传和教育，培养大学生健康的心理素质和健全的人格，练好内功，从源头上减少和杜绝大学生违法犯罪心理，增强法治教育"最后一道行为防线"的实效。

三、整合心理健康教育和法治教育的具体途径

（一）加强领导，建设一支专兼结合的心理与法治教育队伍，实现师资专业化

高校领导应该重视高校的心理健康教育和法治教育，建立学校、各院部、班级三级联动的心理和法治教育机构，使心理教育和法治教育的体系更加完整。加强领导和监督管理，使整个教育活动有组织、有计划、有成效，使教育目的落到实处。构建一支由心理健康和法律基础课教师、思政教师、学团领导、辅导员等组成的教育队伍，通过培训学习、研究讨论、交流备课等不断提高教育队伍的心理素质，增强法治观念，掌握心理疏导的基本方法，使学生的心理问题早发现早解决。打通专业壁垒，构建具有"双重角色"的师资队伍，给学生树立遵纪守法的典范。

（二）因势利导，实行教育内容的相互结合和渗透

高校教师们应该把心理健康教育与法治教育融合起来，根据大学生心理特点及心理学的规律，充分挖掘心理健康教育素材中的法治因素，因势利导，把对大学生的法治宣传资料变成心理健康教育的内容。

教师们可以把我们身边发生的、真实的、典型的学生违法案例拿来教学，利用心理情景剧等多种表现形式向学生宣传法律知识，让学生在学习心理健

康课的同时潜移默化地接受法治教育，实现心理和法治内容相互渗透。例如，可以引导学生就剧情进行分析和讨论：如果你就是该剧中的主人翁，你应该如何做？这么做是否会避免违法犯罪？如果违法犯罪了又将会受到什么样的惩罚？高校可以采用模拟法庭、建立法治教育基地等方式，让学生更加深刻地认识到违法犯罪的危害，坚定守法护法的决心。此外，我们还应该多引导学生关注时事，利用新媒体阅读报纸、杂志，了解国家大事，学会明辨是非，做一个遵纪守法的合格的社会公民。

（三）完善心理健康教育和法治教育考评制度，建立科学的评价系统

心理健康教育和法治教育效果的合理考评对两项教育的过程都具有良好的调控作用，我们除考评学生的基本心理健康知识和法律知识外，还应该检测大学生的法治情感、法治观念以及法治行为的形成情况，建立并不断完善心理、法治教育的科学评价体系，突出并加强阳光心理的教育，使法治教育工作落到实处，积极研究、探讨学生法治教育的心理机制，打造学生阳光心理，培养他们良好的法治素质，为高校教育的发展做出新的贡献。

（四）全员参与，营造和谐的育人环境

良好、和谐的育人环境是实现大学生心理健康教育和法治教育整合的必备条件。塑造大学生美好的心灵、培养大学生良好的文明习惯，需要全社会的支持，共同努力打造出一个健康向上的社会环境，营造良好的社会文化氛围和社会舆论环境。高校在管理育人的各方面，在教学的全过程中，都应该积极、努力地开展校园文化建设，不断地加强校风校纪、学风以及校园人文环境的建设，广泛、深入、系统地开展各项理论学习，积极进行丰富多彩的学术、科技及校园实践活动，打造出具有时代精神的文化氛围，继承优良传统的育人环境，积极教育、引导大学生健康成长。

第四章

社会主义核心价值观与法治建设

第一节 社会主义核心价值观的内容

一、社会主义核心价值观的发展历程

在中国共产党的领导下,党的奋斗目标从新民主主义革命时期的国家独立和民族解放,到新中国成立后的实现"四个现代化",我国广泛开展了以爱国主义、社会主义、集体主义和为人民服务为主要内容的社会主义思想道德建设,涌现出了拥有"铁人"精神的王进喜、拥有"钉子"精神的雷锋、拥有"两弹一星"精神的钱学森等一大批社会主义道德的先进模范。党把社会主义思想道德建设提到了前所未有的高度加以重视,提出了思想道德建设的核心与基本原则,提出了通过教育来提高群众思想道德建设的根本途径。

1978年12月党的十一届三中全会召开以来,重新恢复和确立了"实事求是"的思想路线,坚持把马克思主义的基本原理与改革开放和社会主义建设的伟大实践相结合,科学继承了毛泽东思想,创立了邓小平理论、"三个代表"重要思想、科学发展观、习近平新时代中国特色社会主义思想等马克思主义中国化最新成果,马克思主义在意识形态领域的指导地位不断巩固。

2006年3月4日,时任中共中央总书记胡锦涛在看望政协委员时强调,要引导广大干部群众特别是青少年树立社会主义荣辱观,坚持以热爱祖国为荣、以危害祖国为耻,以服务人民为荣、以背离人民为耻,以崇尚科学为荣、以愚昧无知为耻,以辛勤劳动为荣、以好逸恶劳为耻,以团结互助为荣、以

损人利己为耻,以诚实守信为荣、以见利忘义为耻,以遵纪守法为荣、以违法乱纪为耻,以艰苦奋斗为荣、以骄奢淫逸为耻的"八荣八耻"社会主义荣辱观,继承和发展了我们党关于社会主义思想道德建设褒荣贬耻、我国古代的"知耻"文化传统,同时又赋予了新的时代内涵,深化了我们党对社会主义道德建设规律的认识。

2006年10月,党的十六届六中全会通过的《中共中央关于构建社会主义和谐社会若干重大问题的决定》,第一次明确提出了"建设社会主义核心价值体系"这个重大命题和战略任务,明确提出了社会主义核心价值体系的内容,并指出社会主义核心价值观是社会主义核心价值体系的内核。学界对社会主义核心价值观的概括开始深入探讨。

2007年10月,党的"十七大"报告明确指出,要"切实把社会主义核心价值体系融入国民教育和精神文明建设全过程,转化为人民的自觉追求",进一步深入阐述和强调要建设社会主义核心价值体系,增强社会主义意识形态的吸引力和凝聚力。

2011年10月,党的十七届六中全会强调,社会主义核心价值体系是"兴国之魂",建设社会主义核心价值体系是推动文化大发展大繁荣的根本任务。提炼和概括出简明扼要、便于传播践行的社会主义核心价值观,对于建设社会主义核心价值体系具有重要意义。

2012年11月,中共"十八大"报告明确提出"三个倡导",即"倡导富强、民主、文明、和谐,倡导自由、平等、公正、法治,倡导爱国、敬业、诚信、友善,积极培育社会主义核心价值观",这是对社会主义核心价值观的最新概括。

2013年12月,中共中央办公厅印发《关于培育和践行社会主义核心价值观的意见》,明确提出,以"三个倡导"为基本内容的社会主义核心价值观,与中国特色社会主义发展要求相契合,与中华优秀传统文化和人类文明优秀成果相承接,是我们党凝聚全党全社会价值共识作出的重要论断。

2017年10月18日,党的"十九大"报告指出:"要培育和践行社会主义核心价值观。要以培养担当民族复兴大任的时代新人为着眼点,强化教育引导、实践养成、制度保障,发挥社会主义核心价值观对国民教育、精神文明创建、精神文化产品创作生产传播的引领作用,把社会主义核心价值观融入社会发展各方面,转化为人们的情感认同和行为习惯。坚持全民行动、干部带头,从家庭做起,从娃娃抓起。深入挖掘中华优秀传统文化蕴含的思想观念、人文精神、道德规范，结合时代要求继承创新，让中华文化展现出永久魅力和时代风采。""十九大"报告关于培育和践行社会主义核心价值观的相关论述，不仅丰富了社会主义核心价值体系的内涵，也阐释了社会主义核心价值观的新内涵。

二、社会主义核心价值观的内涵

（一）富强、民主、文明、和谐

"富强、民主、文明、和谐"是我国社会主义现代化国家的建设目标，也是从价值目标层面对社会主义核心价值观基本理念的凝练，在社会主义核心价值观中居于最高层次，对其他层次的价值理念具有统领作用。富强即国富民强，是社会主义现代化国家经济建设的应然状态，是中华民族梦寐以求的美好夙愿，也是国家繁荣昌盛、人民幸福安康的物质基础。民主是人类社会的美好诉求。我们追求的民主是人民民主，其实质和核心是人民当家作主。它是社会主义的生命，也是创造人民美好幸福生活的政治保障。文明是社会进步的重要标志，也是社会主义现代化国家的重要特征。它是社会主义现代化国家文化建设的应有状态，是对面向现代化、面向世界、面向未来的，民族的科学的大众的社会主义文化的概括，是实现中华民族伟大复兴的重要支撑。和谐是中国传统文化的基本理念，集中体现了学有所教、劳有所得、病有所医、老有所养、住有所居的生动局面。它是社会主义现代化国家在社会建设领域的价值诉求，是经济社会和谐稳定、持续健康发展的重要保证。

■ 案例 4-1　中国"蛟龙号"立功无数，为潜艇提供保障[1]

近日，"蛟龙号"首次在超过 6000 米完成水下仪器回收，中华民族"上可九天揽月，下可五洋捉鳖"的梦想已经实现，加快了中国的深海装备研发甚至是水下基地建设。"蛟龙号"深入各个海沟，摸清周围的水文环境，为绘制足够详细的海图提供技术保障，为我国的常规潜艇和核潜艇的水下巡航保驾护航。除此之外，随着"蛟龙号"下潜深度的不断加深，不仅是对中国设计制造的特种抗压钢的参数指标和特殊条件下性能的考量，而且有助于快速

---

[1] 中国蛟龙号立功无数！获取大量水下信息，为潜艇提供保障［EB/OL］．紫龙防务观察，2018-01-15.

提升中国材料制造的水平，为我国发展核潜艇提供更大的支持。"蛟龙号"的水下探索，对水下情况和数据的采集与分析，为将来在水下建立军事基地提供技术保障。"蛟龙号"是一艘科学考察船，是一艘以科学研究为主要工作的载人深海探测器，但是它也肩负着军事技术试验和在地理上支援军事技术发展的任务。相信，中国将来会是一个海洋大国、军事强国！

【请思考】为什么"蛟龙号"可以成为体现中国富强的代表性案例？

【参考答案】"蛟龙号"载人潜水器的研制和海试成功，标志着我国系统掌握了大深度载人潜水器设计、建造和试验技术，实现了自主集成和自主创新，成为继美、法、俄、日之后世界上第五个掌握大深度载人深潜技术的国家，这为我国大洋国际海底资源调查和科学研究提供了重要的高技术装备。

富强是社会主义最终达到"共同富裕"的物质基础，是我国改革开放进程中解决前进中出现的各种困难和问题的物质保证。习近平总书记指出，"人民对美好生活的向往，就是我们的奋斗目标"，这是对富强内涵的鲜明表述。"十九大"报告明确，中国特色社会主义进入新时代，我国社会主要矛盾已经转化为人民日益增长的美好生活需要和不平衡不充分的发展之间的矛盾。为解决社会主要矛盾，必须深化改革、创新发展，要认识到"增进民生福祉是发展的根本目的……深入开展脱贫攻坚，保证全体人民在共建共享发展中有更多获得感，不断促进人的全面发展、全体人民共同富裕"，对富强内涵的认识进一步深化。作为一名大学生，在德智体美劳等方面全面发展，努力提升自身综合素质，增强创新创业的能力，为将来推动全体人民共同富裕的事业贡献自己的力量。

人民民主是社会主义的生命，是现代社会最重要的价值理念，前提是自由，基础是平等，本质是人民当家作主，保障是法治。社会主义民主代表着最广大人民的根本利益，大学生也享有民主权利，积极参与大学生联合会，积极参与民主活动。"十九大"报告指出，"我国社会主义民主是维护人民根本利益的最广泛、最真实、最管用的民主。发展社会主义民主政治就是要体现人民意志、保障人民权益、激发人民创造活力，用制度体系保证人民当家作主"，提出要"发展社会主义协商民主，健全民主制度，丰富民主形式，拓宽民主渠道，保证人民当家作主落实到国家政治生活和社会生活之中"。"十九大"报告强调在完善人民代表大会制度基础上发挥社会主义协商民主的重要作用，对新时代民主的内涵发展提出了新要求，使民主发展上升到一个新水平。

案例 4-2 哈工程在省高校首设学生校务参事 5 名学生受聘"参政议政" ❶

哈尔滨工程大学举行了首届"学生校务参事"聘任仪式，5 名学生从校长姚郁手里接过了聘任证书，正式开始"参政议政"的校园新生活。学生校务参事可以直接向校长反映决策及实施中的问题，提出意见和建议；可向学校有关管理部门问询相关决策及执行情况；收集学生对学校教育、管理和服务等方面的意见建议，了解、反映师生的观点、意见和矛盾；代表学生参与学校涉及学生事务的会议讨论和工作决策，对学生事务相关工作制度及其他重要文件草案提出意见和建议；对学校涉及学生事务的工作进行监督，提出意见、建议和批评。这一学生参政议政的新颖形式，在省内高校当属首次，值得进一步推广。

哈尔滨工程大学校长姚郁说，"学生校务参事"是学校推进学生参与学校管理和建设、体现"以学生发展为中心"的重要举措，是拓宽学校和学生的沟通渠道、让学生参与学校建设与管理、培养学生的组织领导能力和综合素质、推进学校民主管理的创新之举。他希望首届"学生校务参事"从关注同学日常生活学习状态、关注同学诉求、关注学校的发展三个角度入手，充分反映学校在日常管理中的问题，起到学校和学生之间的沟通作用；要"海阔天空地想，脚踏实地地做"，以开放的胸怀看待事情，助力学校发展。

【请思考】大学生参与校务的法定依据都有哪些？

【参考答案】《高等教育法》第五十七条规定："高等学校的学生，可以在校内组织学生团体。学生团体在法律、法规规定的范围内活动，服从学校的领导和管理。"《普通高等学校学生管理规定》第六条第（五）款规定："在校内组织、参加学生团体，以适当方式参与学校管理，对学校与学生权益相关事务享有知情权、参与权、表达权和监督权。"很多高校也在作为大学校内规章"母法"的大学章程中明确规定了学生对学校事务的知情权、参与权、管理权、监督权，这些都为学生参与学校管理和建设提供了法定依据。本案例中设立学生参事，是一种制度上的创新。

文明是人类文化发展的积极成果和进步状态，是与思想上保守、精神上

---

❶ 董嘉鹏. 5 名学生受聘首届"学生校务参事"[EB/OL]. 哈尔滨工程大学校报电子版，2017-06-22.

愚昧、文化上落后相对应的思想上进步、精神上进化、文化上先进。自"新文化运动"以来，追求文明一直是我们不断努力奋斗的目标。每一位大学生应以科学文化知识武装自己，不断追求更高的境界。"十九大"报告对文明的内涵进一步拓展，由"四个文明"拓展到"五个文明"，即物质文明、政治文明、精神文明、社会文明、生态文明协调发展。尤其是在生态文明建设上，"十九大"报告再次强调，"建设生态文明是中华民族永续发展的千年大计。必须树立和践行绿水青山就是金山银山的理念"。

改革开放以后，随着我国社会主义经济建设的快速发展，我们党对建设和谐社会作了越来越深入的思考。邓小平提出的一系列重要理论观点，诸如社会主义要消灭剥削，消灭贫穷，消除两极分化，最终达到共同富裕等，为建设社会主义和谐社会提供了丰富的思想资源和理论资源。"和谐"作为我国社会主义社会发展追求的现实目标，要求我们必须把建设和谐社会放在更加突出的位置，努力在全社会形成人与人、人与社会、人与自然和谐相处的社会局面，大力建设社会主义社会文明和生态文明，大力建设以"发展、和平、合作"为时代潮流的和谐世界。❶ 党的"十六大"和十六届三中、四中全会，从全面建设小康社会、开创中国特色社会主义事业新局面的全局出发，明确提出构建和谐社会的战略任务，并将其作为加强党的执政能力建设的重要内容。"十六大"报告第一次将"社会更加和谐"作为重要目标提出。十六届四中全会进一步提出构建和谐社会的任务。党的十六届六中全会明确提出了构建社会主义和谐社会的指导思想，即必须坚持以马克思列宁主义、毛泽东思想、邓小平理论和"三个代表"重要思想为指导，坚持党的基本路线、基本纲领、基本经验，坚持以科学发展观统领经济社会发展全局，按照民主法治、公平正义、诚信友爱、充满活力、安定有序、人与自然和谐相处的总要求，以解决人民群众最关心、最直接、最现实的利益问题为重点，着力发展社会事业、促进社会公平正义、建设和谐文化、完善社会管理、增强社会创造活力，走共同富裕道路，推动社会建设与经济建设、政治建设、文化建设协同发展。党的"十九大"报告提出了新时代坚持和发展中国特色社会主义的十四条基本方略，其中就包括坚持人与自然和谐共生。习近平总书记一直强调人与人、人与自然、人与社会的和谐，要"建设平安中国，加强和创新社会治理，维护社会和谐稳定，确保国家长治久安、人民安居乐业"。同时，

---

❶ 董木才. 培育和践行社会主义核心价值观学习读本［M］. 北京：中共中央党校出版社，2014：90-92.

"十九大"报告提出坚持推动构建人类命运共同体的理念,指出中国要"始终做世界和平的建设者、全球发展的贡献者、国际秩序的维护者",进一步拓展了和谐内涵的外延。

■ 案例4-3 校园共享单车怎样加装"文明锁"❶

共享单车在"大众创业、万众创新"的号召下应运而生,因其便捷、可靠性强等优势获得大学生喜爱,抢占高校市场。但是,升温的共享福利却遭遇"信任冰点"。由于每辆车的密码是固定的,这就给了一些人投机取巧的机会。随着越来越多的共享单车走进全国各大高校,高校不文明使用单车情况屡见不鲜,在一些大学生眼中,共享单车变成了"独享"单车。用车不锁、乱停乱放、私自上锁等现象频发,更为严重的是画编号、拆车座等行为也时有发生。高校共享单车的使用乱象给校园里这道亮丽的风景"抹了黑"。各个高校针对这种不文明现象积极开展各项活动,如西南石油大学在全校范围开展了主题为"文明诚信规范骑行共享单车"系列教育活动,并把这项教育活动作为践行高校立德树人使命、落细落小落实社会主义核心价值观教育的具体载体和具体举措,同时纳入思想政治课,作为教学案例和素材。高校是传承优秀文化的殿堂,大学生作为优秀文化和社会主义核心价值观的继承者和传承者,要把诚信时刻铭记在心,别给诚信上锁。文明、诚信是共享单车的正确解锁方式,也是大学生应有的标签。

【请思考】你如何看待校园有关共享单车的不文明现象?

【参考答案】校园共享单车为学生出行提供了很多方便,但很快出现了乱堆乱放、据为己有、逃避付费等多种不文明现象。这固然与校园共享单车的系统和监管漏洞有关,但也体现出建设文明环境的艰巨性。加强教育、完善系统和监管平台、对不文明行为加以惩戒等都是提高文明程度的重要举措。

(二)自由、平等、公正、法治

"自由、平等、公正、法治"是对美好社会的生动表述,也是从社会层面对社会主义核心价值观基本理念的凝练。它反映了中国特色社会主义的基本属性,是我们党矢志不渝、长期实践的核心价值理念。自由是指人的意志自

---

❶ 校园共享单车怎样加装"文明锁"[N]. 中国教育报,2017-05-05.

由、存在和发展的自由,是人类社会的美好向往,也是马克思主义追求的社会价值目标。平等指的是公民在法律面前一律平等,其价值取向是不断实现实质平等。它要求尊重和保障人权,人人依法享有平等参与、平等发展的权利。公正即社会公平和正义,它以人的解放、人的自由平等权利的获得为前提,是国家、社会应然的根本价值理念。法治是治国理政的基本方式,依法治国是社会主义民主政治的基本要求。它通过法制建设来维护和保障公民的根本利益,是实现自由平等、公平正义的制度保证。❶

在现代社会中,自由作为权利的主要载体,它在人们的社会关系之中得到社会与法律的普遍认可,并受到社会规范与法律的保障,进而可以按照自己的意志进行活动的权利。社会主义核心价值观所提倡的自由始终是指向一个行动自由与精神自由、社会自由与个人自由的完美统一的社会理想。❷

平等是指人们在社会、政治、经济、文化、法律等方面具有相等地位,享有相等待遇,也可以泛指地位平等等。自古以来,平等就是人类共同追求的价值理想之一。在现代社会中,人们也越来越追求平等,越来越渴望平等,平等可以促进社会和谐发展,维持法治社会。"十九大"报告对平等的内涵有了新的发展,指出"凡是在我国境内注册的企业,都要一视同仁、平等对待","人民平等参与、平等发展权利得到充分保障","树立宪法法律至上、法律面前人人平等的法治理念","坚持男女平等基本国策,保障妇女儿童合法权益"。

公正是社会进步的标志。公正包含两个层面,一个是起点和程序上的公正,另一个是社会正义即结果上的公正。公正是社会和谐的基础。社会公正决定着社会稳定,而社会稳定又是社会和谐的前提,所以公正是和谐社会的构建基础。

法制是改革开放之前乃至20世纪七八十年代,在中国的法学领域用得最广泛的法学用词之一。一般认为,"法制"是个名词,即法律与制度的统称。法制的核心是依法办事。董必武同志曾明确指出,"依法办事,是我们进一步加强人民民主法制的中心环节","依法办事有两方面的含义:其一,必须有法可依;其二,有法必依"。十一届三中全会对此作了肯定,并进一步作了科

---

❶ 教育部中国特色社会主义理论体系研究中心 [N]. 人民日报,2013-05-22.
❷ 杨斌,杨康贤. 高职院校培育社会主义核心价值观的思考 [J]. 云南社会主义学院学报,2011(1):58-61.

学的表述，即有法可依，有法必依，执法必严，违法必究。❶ 党的"十八大"报告中提出"科学立法、严格执法、公正司法、全民守法"新的16字方针，表明我国社会主义法治建设进入了新阶段。党的"十九大"报告提出全面推进依法治国总目标是建设中国特色社会主义法治体系、建设社会主义法治国家。"中国特色社会主义法治道路，是社会主义法治建设成就和经验的集中体现，是建设社会主义法治国家的唯一正确道路。""十九大"报告指出"坚定不移走中国特色社会主义法治道路"，"坚持依法治国、依法执政、依法行政共同推进，坚持法治国家、法治政府、法治社会一体建设"；明确了"全面依法治国是中国特色社会主义的本质要求和重要保障。必须把党的领导贯彻落实到依法治国全过程和各方面"；提出成立中央全面依法治国领导小组，加强对法治中国建设的统一领导。深化司法体制综合配套改革，全面落实司法责任制，努力让人民群众在每一个司法案件中感受到公平正义。

(三) 爱国、敬业、诚信、友善

"爱国、敬业、诚信、友善"是公民基本道德规范，是从个人行为层面对社会主义核心价值观基本理念的凝练。它覆盖社会道德生活的各个领域，是公民必须恪守的基本道德准则，也是评价公民道德行为选择的基本价值标准。爱国是基于个人对自己祖国依赖关系的深厚情感，也是调节个人与祖国关系的行为准则。它同社会主义紧密结合在一起，要求人们以振兴中华为己任，促进民族团结、维护祖国统一、自觉报效祖国。敬业是对公民职业行为准则的价值评价，要求公民忠于职守，克己奉公，服务人民，服务社会，充分体现了社会主义职业精神。诚信即诚实守信，是人类社会千百年传承下来的道德传统，也是社会主义道德建设的重点内容，它强调诚实劳动、信守承诺、诚恳待人。友善强调公民之间应互相尊重、互相关心、互相帮助，和睦友好，努力形成社会主义的新型人际关系。

党的"十八大"提出"倡导爱国、敬业、诚信、友善"，集中体现了我国社会主义公民应当遵循的基本价值要求，是社会主义核心价值观对我国社会主义公民在道德行为上的基本规范和基本准则。它涵盖了社会公德、职业道德、家庭美德、个人品德等各个方面，体现了中华民族传统美德、中国共产党革命和社会主义新时期道德的优秀传统，具有基础性、传承性和广泛性。❷

---

❶ 刘先春. 大学生社会主义核心价值观学习读本 [M]. 兰州：兰州大学出版社，2018：105.
❷ 董木才. 培育和践行社会主义核心价值观学习读本 [M]. 北京：中共中央党校出版社，2014：137.

党的"十九大"提出,"广泛开展理想信念教育,深化中国特色社会主义和中国梦宣传教育,弘扬民族精神和时代精神,加强爱国主义、集体主义、社会主义教育,引导人们树立正确的历史观、民族观、国家观、文化观";"建设知识型、技能型、创新型劳动者大军,弘扬劳模精神和工匠精神,营造劳动光荣的社会风尚和精益求精的敬业风气";"推进诚信建设和志愿服务制度化,强化社会责任意识、规则意识、奉献意识"。

■ 案例 4-4 "中国天眼"奠基人南仁东

南仁东(1945—2017),男,满族,群众,吉林辽源人,中国天文学家、中国科学院国家天文台研究员,曾任 FAST 工程首席科学家兼总工程师,主要研究领域为射电天体物理和射电天文技术与方法,负责国家重大科技基础设施 500 米口径球面射电望远镜(FAST)的科学技术工作。南仁东 1963 年就读于清华大学,于中国科学院研究生院获硕士、博士学位。后在日本国立天文台任客座教授。1982 年,他进入中国科学院北京天文台工作。从 1994 年开始选址到 2016 年"中国天眼"FAST 最终落成启用,总共用了 22 年。这 22 年,南仁东几乎没有任何节假日,也不敢浪费一天的时间。如果不是南仁东,中国不知道还需要等待多久才能拥有自己的天眼。作为项目首席科学家、总工程师,负责编订 FAST 科学目标,全面指导 FAST 工程建设,并主持攻克了索疲劳、动光缆等一系列技术难题。2016 年 9 月 25 日,其主持的 FAST 落成启用。2017 年 9 月 15 日晚,南仁东因病逝世,享年 72 岁。2018 年 12 月 18 日,党中央、国务院授予南仁东同志"改革先锋"称号,颁授改革先锋奖章,并获评"中国天眼"的主要发起者和奠基人。2019 年 9 月 17 日,国家主席习近平签署主席令,授予南仁东"人民科学家"国家荣誉称号。2019 年 9 月 25 日,南仁东被评选为"最美奋斗者"。

【请思考】如何看待科学家的爱国精神?

【参考答案】科学家群体是我们国家和民族的财富和骄傲,是实现中华民族伟大复兴中国梦的坚强的科技支撑。改革开放以来,我国科学家不计荣辱、默默奉献,涌现出以天宫、蛟龙、天眼、悟空、墨子、高铁、大飞机等为代表的一大批重大科技成果,充分展现出国家的综合科技实力,为提升我国在科技、经济、军事等方面的强国地位做出了重大贡献。

爱国表达了对祖国的眷恋之情和深厚感情。大学生要做到爱国,首先要对祖国悠久的历史文化有充分的了解,在此基础上树立报国之志,勤奋学习,将个人的兴趣爱好与祖国的需要相结合,投身于祖国的各项建设中去。"业精于勤荒于嬉。"要做到敬业,对大学生来说,最重要的是端正学习态度,认真对待每一门功课,满足各项培养要求,不管是在课堂上还是实验室里,对待学业都要专注、尽责、坚持不懈。只有这样,才能取得最后的成功。"人生在勤,不索何获"(张衡)、"业精于勤而荒于嬉,行成于思而毁于随"(韩愈)、"勤能补拙是良训,一分辛苦一分才"(华罗庚)都是对敬业的最好诠释。大学生的诚信,更多地体现在学习、考试、科研等活动中,坚守学术底线,恪守学术准则,不作弊,不造假,不抄袭,是大学生应遵守的诚信底线。大学生与人为善主要是处理好师生关系、同学关系、父母关系等,但无论处理哪种人际关系,首先应当善待自己,敬畏生命,热爱生活,自尊、自信、自制,培养正确的人生观、世界观、价值观,才能客观理性地看待自己和周围的世界,也才能与人为善,与他人和谐相处。

第二节　社会主义核心价值观融入法治建设

中国特色社会主义法治道路最鲜明的特点就是,坚持依法治国和以德治国相结合,坚持法治和德治两手抓、两手都要硬。这既是对治国理政规律的深刻把握,也是历史经验的深刻总结。社会主义核心价值观是全国各族人民在价值观念上的"最大公约数",是社会主义法治建设的灵魂。法律法规体现鲜明的价值导向,直接影响人们对社会主义核心价值观的认知认同和自觉践行。把社会主义核心价值观要求融入法律规范、贯穿法治实践,法律才能契合全体人民道德意愿、符合社会公序良俗,才能真正为人们所信仰、所遵守,实现良法善治。党的"十八大"以来,在以习近平同志为核心的党中央坚强领导下,我国立法机关高度重视在立法中体现与社会主义社会相适应的道德观念和价值取向,推动社会主义核心价值观入法入规,为改革、发展、稳定提供了坚实制度保障。同时也要看到,同全面依法治国、推进国家治理体系和治理能力现代化的需要相比,把社会主义核心价值观融入法治建设还存在不小差距,如一些领域存在立法空白、一些立法相对滞后等,研究和解决这些问题,十分必要而紧迫。

2016年12月，中共中央办公厅、国务院办公厅印发的《关于进一步把社会主义核心价值观融入法治建设的指导意见》（以下简称《指导意见》），提出了将社会主义核心价值观融入法治建设的顶层设计，确立了运用法治推动社会主义核心价值观建设的基本方略。这是坚持依法治国和以德治国相结合的必然要求，是推进国家治理体系和治理能力现代化的内在要义和重要举措，体现了党和国家治国理政的价值自信和法治自觉。

2018年5月，中共中央印发了《社会主义核心价值观融入法治建设立法修法规划》（以下简称《立法修法规划》），强调要以习近平新时代中国特色社会主义思想为指导，坚持全面依法治国，坚持社会主义核心价值体系，着力把社会主义核心价值观融入法律法规的立改废释全过程，确保各项立法导向更加鲜明、要求更加明确、措施更加有力，力争经过5~10年时间，推动社会主义核心价值观全面融入中国特色社会主义法律体系，筑牢全国各族人民团结奋斗的共同思想道德基础，为决胜全面建成小康社会、夺取新时代中国特色社会主义伟大胜利、实现中华民族伟大复兴的中国梦、实现人民对美好生活的向往，提供坚实制度保障。《立法修法规划》指出，坚持党的领导、价值引领、立法为民、问题导向和统筹推进是推动社会主义核心价值观入法入规必须遵循的原则。《立法修法规划》在公平竞争、民主政治、生态文明等多方面都提出了将社会主义核心价值观融入制度建设、法治建设的要求；同时，《立法修法规划》提出探索制定公民文明行为促进方面法律制度，引导和推动全民树立文明观念，推进移风易俗，倡导文明新风。只有将社会主义核心价值观的精神实质和内涵要求贯穿到制度与法治建设中，才能推动全民行动和践行，社会主义核心价值观才能落到细处实处。

一、社会主义核心价值观与法治建设的关系

（一）社会主义核心价值观是社会主义法治建设的灵魂

价值观是指个人对客观事物及对自己的行为结果的意义、作用、效果和重要性的总体看法，核心价值观则是指一个国家中居于主导地位、引领社会价值走向的价值观。任何社会的存在和发展，都需要核心价值观来体现共识、凝聚力量。党的"十八大"确立了社会主义核心价值观在国家层面（富强、民主、文明、和谐）、社会层面（自由、平等、公正、法治）和公民层面（爱国、敬业、诚信、友善）的价值准则，集中反映了最广大人民的普遍愿望，体现了社会主义意识形态的本质要求，具有价值引领、社会整合、主体

建构等意识形态功能，凝聚起了建设中国特色社会主义事业的"精气神"。

《指导意见》指出，社会主义核心价值观是社会主义法治建设的灵魂。把社会主义核心价值观融入法治建设，是坚持依法治国和以德治国相结合的必然要求，是加强社会主义核心价值观建设的重要途径。党的"十八大"以来，在以习近平同志为核心的党中央坚强领导下，各地区各部门积极运用法治思维和法治方式，推动以富强、民主、文明、和谐，自由、平等、公正、法治，爱国、敬业、诚信、友善为主要内容的社会主义核心价值观建设，各方面工作呈现向上向好的发展态势。同时也要看到，与推进国家治理体系和治理能力现代化建设的要求相比，把社会主义核心价值观融入法治建设还存在不小差距。有的法规和政策价值导向不鲜明，针对性、可操作性不强，保障不够有力；一些地方和部门在执法司法过程中存在与社会主义核心价值观要求不符的现象；部分社会成员尊法、学法、守法、用法意识不强，全民法治观念需要进一步提高，等等。要从巩固全体人民团结奋斗的共同思想道德基础的战略高度，充分认识把社会主义核心价值观融入法治建设的重要性、紧迫性，切实发挥法治的规范和保障作用，推动社会主义核心价值观内化于心、外化于行。

(二) 法治助力于社会主义核心价值观

法律法规体现鲜明价值导向，社会主义法律法规直接影响人们对社会主义核心价值观的认知认同和自觉践行。推动社会主义核心价值观入法入规，坚持以社会主义核心价值观为引领，恪守以民为本、立法为民的理念。推动社会主义核心价值观建设既要靠良法，又要靠善治。社会治理要承担起倡导社会主义核心价值观的责任，注重在日常管理中体现鲜明价值导向，依靠法治来强化社会治理的价值导向。用司法公正引领社会公正，司法公正对社会公正具有重要引领作用，提高优质高效的司法服务和保障，努力让人民群众在每一个司法案件中都感受到公平正义，推动社会主义核心价值观落地生根。根植于全民心中的法治精神，是社会主义核心价值观建设的基本内容和重要基础，要坚持法治宣传教育与法治实践相结合，建设社会主义法治文化，推动全社会树立法治意识、增强法治观念。

(三) 社会主义核心价值观助力于法治社会建设

社会主义核心价值观引领着科学立法，社会主义核心价值观扎根于近代以来面对内忧外患寻求现代化的艰难探索中，追求富强、民主、文明、公正、自由等价值出现在不同时期，具有不同的地位，因而社会主义核心价值观贯穿于立法全过程，最终体现为宪法和法律原则。社会主义核心价值观引领着公正司法,引领社会思潮、凝聚社会共识、指导司法实践,让公正可见可信,对全社会具有重要的示范作用。社会主义核心价值观引领着人性执法,要求执法人员在执法过程中充分贯彻以人为本的理念,切实维护执法过程中执法主体和当事人之间和谐的法律关系。社会主义核心价值观引领着平等守法,有利于打破传统的官本位思想,营造全体人民、法人和社会组织一体守法的氛围,特别是规范国家机关工作人员的行为。❶

二、社会主义核心价值观融入法治建设的任务和途径

(一) 社会主义核心价值观融入法治建设的任务

《指导意见》将深入贯彻习近平总书记系列重要讲话精神和治国理政新理念、新思想、新战略,全面落实依法治国基本方略,坚持依法治国和以德治国相结合,把社会主义核心价值观融入法治国家、法治政府、法治社会建设全过程,融入科学立法、严格执法、公正司法、全民守法各环节,以法治体现道德理念、强化法律对道德建设的促进作用,推动社会主义核心价值观更加深入人心,为实现"两个一百年"奋斗目标、实现中华民族伟大复兴的中国梦提供强大价值引导力、文化凝聚力和精神推动力作为社会主义核心价值观融入法治建设的总体要求。

时隔两年制定的《立法修法规划》将总体要求进一步细化和具体化,明确了六个方面的主要任务。一是以保护产权、维护契约、统一市场、平等交换、公平竞争等为基本导向,完善社会主义市场经济法律制度。健全以公平为核心原则的产权保护制度,推进产权保护法治化。二是坚持和巩固人民主体地位,推进社会主义民主政治法治化。充分发挥宪法在中国特色社会主义法律体系中的统率作用,在宪法中体现社会主义核心价值观要求。把社会主义核心价值观融入立法体制,从源头上确保鲜明的价值导向。全面推进以司法责任制为核心的司法体制改革,完善司法管理体制和司法权力运行机制,努力让人民群众在每一个司法案件中感受到公平正义。三是发挥先进文化育人化人作用,建立健全文化法律制度。完善公共文化服务和文化产业法律体系,建立健全有利于中华优秀传统文化传承发展的法律制度,完善互联网信息领域立法。四是着眼人民最关心最直接最现实的利益问题,加快完善民生法律制度。以保障和改善民生为重点,健全社会建设方面的法律制度,推动基本公共服务标准化、均等化、法定化。制定基本医疗卫生方面的法律,建

---

❶ 杨玲. 法治与建设社会主义核心价值观 [J]. 探求, 2015 (2).

立公平、可及、高效的基本医疗卫生服务体系。完善社会组织立法，积极规范和引导各类社会组织健康发展。五是促进人与自然和谐发展，建立严格严密的生态文明法律制度。加快建立绿色生产和消费的法律制度，把生态文明建设纳入制度化、法治化轨道。制定完善粮食安全等方面的法律法规，推动厉行勤俭节约，倡导珍惜粮食、节俭消费理念。六是加强道德领域突出问题专项立法，把一些基本道德要求及时上升为法律规范。制定英雄烈士保护方面的法律，形成崇尚、捍卫、学习、关爱英雄烈士的良好社会风尚。探索完善社会信用体系相关法律制度，研究制定信用方面的法律，健全守法诚信褒奖机制和违法失信行为联合惩戒机制。探索制定公民文明行为促进方面的法律制度，引导和推动全民树立文明观念，推进移风易俗，倡导文明新风。

（二）社会主义核心价值观融入法治建设的途径

法律法规体现鲜明价值导向，社会主义法律法规直接影响人们对社会主义核心价值观的认知认同和自觉践行。坚持以社会主义核心价值观为引领，恪守以民为本、立法为民理念，把社会主义核心价值观的要求体现到法规规章和公共政策之中，转化为具有刚性约束力的法规制度。

1. 推动社会主义核心价值观入法入规

《指导意见》从加强重点领域立法、强化公共政策的价值目标和加强党内法规制度建设三个方面阐述了推动社会主义核心价值观入法入规的途径。第一，加强重点领域立法。深入分析社会主义核心价值观建设的立法需求，把法律的规范性和引领性结合起来，坚持立改废释并举，积极推进相关领域立法，使法律法规更好体现国家的价值目标、社会的价值取向、公民的价值准则。加快完善体现权利公平、机会公平、规则公平的法律制度，依法保障公民权利，维护公平正义。不断完善社会主义市场经济法律制度，加快形成保护产权、维护契约、统一市场、平等交换、公平竞争、有效监管的体制机制，促进社会诚信建设。加强保障和改善民生、推进社会治理体系创新方面的立法，完善教育、劳动就业、收入分配、社会保障、医疗卫生、扶贫济困、社会救助、婚姻家庭和妇女儿童、老年人、残疾人合法权益保护等方面的法律法规。注重把一些基本道德规范转化为法律规范，把实践中行之有效的政策制度及时上升为法律法规，推动文明行为、社会诚信、见义勇为、尊崇英雄、志愿服务、勤劳节俭、孝亲敬老等方面的立法工作。推动设区的市提高立法精细化水平，促进社会文明建设。加强互联网领域立法，完善网络信息服务、网络安全保护、网络社会管理等方面的法律法规。不断完善有效约束开发行为和推动绿色低碳循环发展的生态文明法律制度，推动人与自然和谐发展。加强规范性文件备案审查制度和能力建设，建立健全法律法规定期清理机制，对与社会主义核心价值观要求不相适应的，依照法定程序及时进行修改和废止。第二，强化公共政策的价值目标。制定经济社会政策和重大改革措施，出台与人们生产生活和现实利益密切相关的具体政策措施，要充分体现公平正义和社会责任，注重政策目标和价值导向有机统一，注重经济效益和社会效益有机统一，形成有利于培育和弘扬社会主义核心价值观的良好政策导向和利益引导机制。完善政策评估和纠偏机制，防止具体政策措施与社会主义核心价值观相背离，实现公共政策和道德建设良性互动。第三，加强党内法规制度建设。以党章为根本遵循，完善党内法规，健全制度保障，构建起配套完备的党内法规制度体系，推动党员干部带头践行社会主义核心价值观。把从严治党实践成果转化为道德规范和纪律要求，做到依规治党和以德治党相统一，充分展现共产党人高尚思想道德情操和价值追求。

2. 推进文化、民生、道德领域的重点制度安排

提供优质文化服务和产品，培育积极人生追求、高尚思想境界和健康生活情趣，提高公民思想道德素质和科学文化素质，需要完善的公共文化服务和文化产业法律体系来保障。《立法修法规划》提出，要研究制定文化产业促进相关法律，增强文化产业传播主流价值的社会责任。加强法治文化建设，推进法治宣传教育立法。研究在相关法律法规中增加促进国际文化交流的规定，推动中华文化更好地走出去。《立法修法规划》强调，中华优秀传统文化是涵养社会主义核心价值观的重要源泉。要建立健全有利于优秀传统文化传承发展的法律制度，在教育、科技、卫生、体育、城乡建设、互联网、交通、旅游、语言文字、古城古镇古村落保护、文物和非物质文化遗产保护等方面相关法律法规中，研究增加中华优秀传统文化传承发展内容，防止在城市建设中大拆大建，造成对历史文化遗产的损毁破坏。完善节假日立法，发挥重要节庆日传播社会主流价值的独特优势。健全相关法律制度，保障探亲探视权利，弘扬孝老爱亲美德善行，为"常回家看看"提供制度保证。针对一些地名存在的"大、洋、怪、重"乱象，健全相关法规制度，鲜明价值导向，彰显时代精神，传承发展中华优秀传统文化。《立法修法规划》强调，要加强社会主义核心价值观的网上传播，完善互联网信息领域立法，促进形成积极健康、向上向善的网络文化。完善相关法律法规，加强和改进互联网信息服务管理，引导和规范网络文化产业健康发展，旗帜鲜明地反对和抵制庸俗低

俗媚俗，推进网络诚信和网络公益文化建设，研究制定未成年人网络保护条例。

民心是最大的政治，增进民生福祉是发展的根本目的，也是增强社会主义核心价值观现实认知认同的前提和基础。为此，《立法修法规划》强调，要以保障和改善民生为重点，健全社会建设方面的法律制度，推动基本公共服务标准化、均等化、法定化，让改革发展成果更多更公平惠及全体人民。要坚持教育公平、均衡发展，坚持育人为本、德育为先，进一步完善教育领域法律制度。研究完善校园安全相关法律法规，预防校园安全事故、欺凌和暴力，维护安全健康的校园环境。《立法修法规划》提出，要适时制定和修订就业、劳动合同方面法律法规，促进实现比较充分和高质量就业，推动中国特色和谐劳动关系健康发展。完善社会救助体系，研究制定社会救助方面的法律，更好地保障困难群众的基本生活。完善妇女、未成年人、老年人、残疾人、优抚安置对象权益保护等方面的法律法规，推动全社会形成尊重妇女、关爱未成年人、尊敬老人、爱护残疾人、尊重优待退役军人和烈军属的良好氛围。健全慈善法配套法规，完善尊老扶弱、赈灾救难等相关法律法规。《立法修法规划》强调，要以增进人民群众健康福祉和获得感为目标，实施健康中国战略。制定基本医疗卫生方面的法律，建立公平、可及、高效的基本医疗卫生服务体系。修订《医疗事故处理条例》，预防和处理医疗纠纷，维护医疗秩序，建设和谐医患关系。修订《食品安全法实施条例》，落实食品生产经营者的责任，强化监督管理。

在加强道德领域突出问题专项立法方面，《立法修法规划》提出，要适时修订《国旗法》和《国徽法》，加强对国旗、国徽生产、销售、回收等环节的监管，尊重、爱护和正确使用国旗、国徽。《立法修法规划》强调，英雄烈士是中华民族的脊梁。要制定英雄烈士保护方面的法律，加强对英雄烈士的保护，惩治歪曲丑化、侮辱诽谤英雄烈士的行为，抵制历史虚无主义，形成崇尚、捍卫、学习、关爱英雄烈士的良好社会风尚。加快推动见义勇为立法工作，为依法保障见义勇为人员合法权益提供法律依据，健全见义勇为人员权益保障和困难帮扶机制，完善医疗、抚养、赡养等保障措施，消除见义勇为人员及其家庭的后顾之忧。探索完善社会信用体系相关法律制度，研究制定信用方面的法律，建立健全全国信用信息共享平台和各地区各部门信用信息系统，健全守法诚信褒奖机制和违法失信行为联合惩戒机制，使诚实守信成为全体人民的共同追求和自觉行动。研究制定个人信息保护相关法律，建立健全信息保护制度，规范信息归集使用，保护个人信息安全。探索制定公民文明行为促进方面法律制度，引导和推动全民树立文明观念，养成良好行为习惯，提升社会文明程度。针对婚丧嫁娶、人情往来等存在的大操大办、铺张浪费、相互攀比的陋习，研究完善相关法律制度，推进移风易俗，倡导文明新风。《立法修法规划》强调，恪守职业道德是敬业的基本要求，要研究推动将职业道德规范转化为法律规范，教育引导公职人员以身作则、率先垂范，做社会主义核心价值观的坚定信仰者和模范践行者。研究完善相关制度，把拥护和践行社会主义核心价值观确立为律师、公证员、基层法律服务工作者等的要求和义务；强化体育、演艺、网络等领域公众人物的社会责任，引导其自觉践行社会主义核心价值观。完善有关立法，培育亲清新型政商关系，弘扬优秀企业家精神，引导企业家爱国敬业、遵纪守法、创新创业、回报社会。适时修改相关法律法规，强化关乎人民群众身体健康和生命财产安全重点行业从业人员的职业道德。

第三节　大学生如何践行社会主义核心价值观

一、大学生践行社会主义核心价值观的重要意义

（一）社会主义现代化国家的发展需求

改革开放以来，我国创造了人类社会发展史上的奇迹，中国人民的精神面貌也发生了历史性变化。但在经济高速发展的过程中，也出现了很多问题和一些不健康的观念。"少年强，则国强；少年智，则国智。"因此，在这些不健康观念影响着当代大学生时，如何引导大学生树立正确的世界观、人生观和价值观，迫在眉睫。

党的"十八大"提出，积极培育和践行社会主义核心价值观，反映了中国特色社会主义的本质要求，继承了中华文化的优秀传统，吸收了人类文明的共同成果，有助于大学生树立正确的三观，大学生践行社会主义核心价值体系是新形势下面对社会大变革和社会文化日益多元化的必然要求。中共中央办公厅2013年12月印发的《关于培育和践行社会主义核心价值观的意见》强调，要"把培育和践行社会主义核心价值观融入国民教育全过程"。这是对我国教育界的一个总体要求，而高等教育是国民教育的重要组成部分，把培育和践行社会主义核心价值观融入大学生思想政治教育全过程，既是贯彻该政策文件的必然

要求，更是增强大学生价值观教育针对性和实效性的时代召唤。

（二）意识形态领域斗争的迫切需要

每一个社会制度或同一社会制度下的不同发展时期，都有相应的核心价值观。一个国家、一个社会，如果没有一种为大多数人所认同的核心价值观，那么这个国家、这个社会就难以形成一种统一的精神力量，就会丧失凝聚力和战斗力，其发展就不可能健康、快速和持续。只有用社会主义核心价值观教育广大学生，才能使其明辨是非，正确区分马克思主义世界观、人生观、价值观和各种非马克思主义甚至是反马克思主义世界观、人生观、价值观；才能使其排除干扰，驱除杂念，坚定信仰，为党和国家的教育事业做出应有的贡献。

（三）大学生自身的成长需要

正确理解社会主义核心价值观的内涵，不仅对国家社会的长期稳定发展具有重要意义，而且对于当代大学生的价值观、人生观的形成和培养也有巨大的指导作用。青年大学生正处于人生观、价值观形成的关键时期，他们思想观念趋于成型，但仍具有较大的可塑性；他们接受新鲜事物的能力很强，但鉴别力明显欠缺。赢得青年就赢得未来，以社会主义核心价值观加强大学生党员教育，具有鲜明的时代意义和现实意义。深刻理解社会主义核心价值观，有利于大学生确立明确的人生目标，有利于引导大学生走出自身价值困境。高等教育是国民教育体系的关键环节，高校在培育和践行社会主义核心价值观过程中，应当发挥重要的作用，让青年一代从理念上、思想道德上、行为方式上辨得清是非、经得起检验，成长为对国家、对人民、对社会有益的人。

二、大学生践行社会主义核心价值观的途径

大学生践行社会主义核心价值观，首先要认真学习和深刻领会社会主义核心价值体系的内涵及精神实质；其次要做好自己的本职工作，努力学习，储备好将来报效祖国的本领；最后要把践行社会主义核心价值体系融入生活的点滴当中。大学生是社会主义现代化的建设者和接班人，更要学习和践行社会主义核心价值体系。在面对社会大变革和社会文化日益多元化、大学生价值观日趋多样化的新形势下，大学生践行社会主义核心价值体系可以从以下几个方面着手。

（一）认真学习和深刻领会社会主义核心价值体系的内涵及精神实质

古语云："论先后，知为先。"没有深入地学习和理解社会主义核心价值体系的内涵，没有坚实的理论基础做后盾，又怎么能在实践中切实践行和稳

步推进社会主义核心价值体系？所以，我们必须首先明确社会主义核心价值体系以下几个方面的基本内容：坚持马克思主义指导思想；坚持中国特色社会主义共同理想；坚持以爱国主义为核心的民族精神和以改革创新为核心的时代精神；坚持社会主义荣辱观。我们不仅要记住文字表述，更重要的是要理解和体会其真正的内涵，从而内化为自觉的行动。

（二）做好自己的本职工作，努力学习

"玉不琢，不成器；人不学，不知义。"《高等教育法》明确规定："高等学校的学生应当遵守法律、法规，遵守学生行为规范和学校的各项管理制度，尊敬师长，刻苦学习，增强体质，树立爱国主义、集体主义和社会主义思想，努力学习马克思列宁主义、毛泽东思想、邓小平理论，具有良好的思想品德，掌握较高的科学文化知识和专业技能。"对于大学生来说，学习既是首要任务，也是法定义务。全方位提高自身素质和能力，特别是应当具有正确的是非观、价值观，完成培育社会主义核心价值观的目的，创新方式方法，注重实效真效，潜移默化地让大学生对社会主义核心价值观多一些亲和和认同。通过各个平台，结合当下时政热点进行进一步宣传。大学生践行社会主义核心价值体系，反映到学习上就是要"以崇尚科学为荣、以愚昧无知为耻"。树立牢固的专业思想，热爱科学，努力学习，勇于实践，尽最大努力取得优良成绩，圆满完成学业。除自己学好专业知识和各项基本技能，完成学习任务外，大学生还应该"以团结互助为荣、以损人利己为耻"，互相关爱，互相帮助，平时尽自己最大努力去关心在学习上相对偏弱的同学。对于同学的一些错误言行要善意地加以提醒，帮助同学共同进步。

（三）把践行社会主义核心价值体系融入生活的点滴中

"纸上得来终觉浅，绝知此事要躬行。"只有在实践的真枪实弹中，社会主义核心价值体系才能真正闪现出它的价值；只有在实践的大浪淘沙中，社会主义核心价值体系才会不断发展、更加完善。

作为大学生，在生活中践行社会主义核心价值体系，应做到勤俭节约，"以艰苦奋斗为荣、以骄奢淫逸为耻"，养成良好的生活习惯，从我做起，从身边的小事做起，例如，离开寝室之前确保水电都已经关闭、爱惜粮食、做好寝室清洁卫生、不沉迷于网络游戏等。

应树立服务的理念，把为人民服务作为一种习惯，使其成为一种人生的态度，通过参加各类志愿服务工作等平台，努力实现自身的价值。学校为大学生提供了很多志愿服务的机会，大学生应该明确志愿活动不仅是应付志愿

证上那几个工时，更重要的是要把为人民服务的观念深入心中，切实体现在日常生活中，事无巨细，如半年一次的义务献血、主动打扫寝室卫生等。

积极主动参与形式多样的社会实践活动，通过参加社会实践活动，了解社会、认识国情、增长才干、奉献社会、锻炼毅力、培养品格，加深对社会主义核心价值观的理解，深化认识。实践是检验真理的唯一标准，应当把培育和践行社会主义核心价值观融入大学生校园文化建设全过程，充分发挥文化化人的功能。通过校园这一载体，让大学生在学习生活之中熟悉生活主义核心价值观，并潜移默化地完善自己，树立正确的世界观、人生观和价值观。

第五章

国家总体安全观与法治建设

2014年4月15日,习近平总书记在国家安全委员会第一次全体会议上提出国家总体安全观,是新形势下我国制定国家安全战略的理论指导,也是判读国家安全形势的根本方法。《国家安全法》是以总体国家安全观为指导思想,具有综合性、全局性和基础性的法律,对于提高国家安全相关领域治理能力和治理体系的现代化具有重要意义。实现中华民族伟大复兴的中国梦,保证人民安居乐业,必须牢固树立总体安全观,完善中国特色国家安全法律体系,坚定不移地走中国特色国家安全道路。大学生作为我国社会未来发展的建设者和保卫国家安全的主力军,应该具备正确的国家安全意识和国家安全观,坚定捍卫国家利益,保卫国家安全。

第一节 国家总体安全观的战略思想演变与发展

深入理解国家总体安全观既需要深刻把握其思想形成基础、厘清发展脉络,又需要从现实出发结合时代特征认识其现实背景,进而更广泛地认识国家总体安全观的内涵。

一、国家总体安全观的战略思想历史演变

总体国家安全观的提出,既是对我国传统安全战略文化、国家安全战略思想的继承,更是立足新时代,结合当前实践环境而提出的伟大战略决策。

(一) 我国传统的国家安全战略思想

泱泱华夏,历史深远,数千年来,和平、和睦、和谐文化的追求根植于

民族文化的土壤，吐芳于中华民族精神世界之中，时至今日依然影响着我国邦交文化的发展。在中国传统国家治理理念下，"中国"与周边"国家"的关系以"礼"为先，以"礼"为纽带，在数千年的封建社会中被冠以"朝贡贸易体系"，即一种等级秩序。但这种秩序根本在于寻求安全平稳的周边环境。总之，追求周边和睦，强调和谐理念，是我国古代安全战略思想的精华，仍然具有较高的当代价值。

（二）新中国成立以来的国家安全战略思想

新中国成立以来，党和国家领导人始终重视国家安全问题，安全战略思想既具有优先重视政权稳定、维护国家主权安全、坚持独立自主和睦邻友好原则等方面的共性，也有在不同条件下对安全不同解读和应对的特殊性。

改革开放之前，受冷战思维影响，我国长期面临来自外部环境的严峻的军事威胁。以毛泽东为核心的党中央领导集体将保卫新生的社会主义政权、确保国家独立、维护国家主权和领土完整作为国家安全的首要任务；同时，毛泽东还强调国际主义的理念，积极支援非洲等第三世界国家建设。这一时期我国在处理对外关系中明确提出和平共处五项原则——互相尊重主权和领土完整、互不侵犯、互不干涉内政、平等互利、和平共处。这些原则一直延续至今。

20世纪80年代中后期，随着国际形势急剧变化，以邓小平为核心的党中央领导集体审时度势提出，和平与发展成为世界的两大问题。邓小平认为，国家安全不仅是军事和政治安全问题，也包括经济、科技等安全问题，同时还强调，"中国的问题，压倒一切的是需要稳定。没有稳定的环境，什么都搞不成，已经取得的成果也会失掉"❶，内部安全重视提升到新高度。

20世纪90年代，针对复杂多变的地区安全环境，以江泽民为核心的党中央领导集体提出新的安全观，并逐步将其确立为我国解决国际安全问题的核心理念。江泽民提出："世界上的事情应由各国政府和人民平等协商，反对一切形式的霸权主义和强权政治。国际社会应树立以互信、互利、平等、协作为核心的新安全观，努力营造长期稳定、安全可靠的国际和平环境。"❷ 新安全观意味着，各领域安全、国内安全与国际安全相互联系，不可分割。

党的"十六大"以来，以胡锦涛为核心的党中央领导集体提出构建和谐世界的主张，提出尊重各国自主选择社会制度和发展道路的权利，指出："用

---

❶ 邓小平. 邓小平文选（第三卷）[M]. 北京：人民出版社，1993：284.
❷ 江泽民. 江泽民文选（第三卷）[M]. 北京：人民出版社，2006：298.

更广阔的视野审视安全,维护世界和平稳定。"❶《中国的和平发展》白皮书倡导坚持互信、互利、平等协作的新安全观。

党的"十八大"以来,以习近平为核心的党中央领导集体丰富了国家安全理论,并将国家利益作为国家安全理论的要点。准确把握国家安全形势变化新特点、新趋势,从构建新型大国关系的创新理念到社会主义文化强国、网络强国建设等方面,坚持总体国家安全观,走出一条中国特色国家安全道路。

(三) 新时代总体国家安全观的内涵

总体国家安全观由习近平在中央国家安全委员会第一次会议上首次正式提出。

2014年4月15日,习近平主持召开中央国家安全委员会第一次会议,指出"增强忧患意识,做到居安思危,是我们治党治国必须始终坚持的一个重大原则。我们党要巩固执政地位,要团结带领人民和发展中国特色社会主义,保证国家安全是头等大事","成立国家安全委员会,是推进国家治理治理体系和治理能力现代化、实现国家长治久安的迫切要求,是全面建成小康社会、实现中华民族伟大复兴中国梦的重要保障,目的就是更好适应我国国家安全面临的新形势新任务,建立集中统一、高效权威的国家安全体制,加强对国家安全工作的领导。"❷ 面对新形势、新挑战、新境遇,切实维护国家安全和社会安定,对全面深化改革、实现"两个一百年"奋斗目标、实现中华民族伟大复兴的中国梦都起着重要作用。各地区各部门要切实履行职责,各司其职、各负其责,强化合作,密切配合,形成维护国家安定和社会安定的强大合力。

坚持总体国家安全观,以人民为宗旨,以政治安全为根本,以经济安全为基础,以军事、文化、社会安定为保障,以促进国际安全为依托,走出一条中国特色国家安全道路。坚持总体国家安全观必须做到10个重视:既重视外部安全,又重视内部安全;既重视国土安全,又重视国民安全;既重视传统安全,又重视非传统安全;既重视发展问题,又重视安全问题;既重视自身问题,又重视共同安全。坚持总体安全观努力构建国家政治、国土、军事、经济、文化、社会、科技、网络、生态、资源以及核等安全体系。❸

---

❶ 胡锦涛. 同舟共济 共创未来——在第六十四届联大一般性辩论时的讲话 [N]. 人民日报,2009-09-25.

❷ 习近平. 习近平谈治国理政 [M]. 北京:外文出版社,2014:200.

❸《总体国家安全观干部读本》编委会. 总体国家安全观干部读本 [M]. 北京:人民出版社,2016:21.

二、国家总体安全观的形成背景

总体国家安全观的形成,既是国际客观环境的现实需求,也是扎根新时代中国社会现实环境的反映,既是新形势下制定国家安全战略的理论指导,更是研判国家安全形势的根本方法。理解总体国家安全观,需要把握当前历史环境,分析其形成的历史环境,从更为宽广的视野认识其战略意义。

(一) 国家正在经历深刻复杂变化

面对错综复杂的国际环境和艰巨繁重的国内改革发展任务,我们党团结带领全国各族人民顽强拼搏、开拓创新,奋力开创了党和国家发展新境遇。特别在新时代下国家安全内涵和外延比历史上任何时候都要丰富、时空领域比历史上任何时候都要宽广、内外因素比历史上任何时候都要复杂,❶ 传统的安全观念、分散的安全举措,面对全新挑战往往无从防备和应对。在这样的背景下,总体国家安全观不仅提供了全面把握和整体解决的大思路,而且满足了治理现代化的迫切要求。

(二) 世界正在发生广泛深刻变化

在全球同住一村、环境瞬息万变的今天,"安全"已成为当前十分复杂广泛的概念,危险常常超越经验不期而至,蝴蝶效应更是在全球不断显现,霸权主义、强权政治和新干涉主义有新的发展,并围绕"利益"问题而展开斗争。特别是自2008年国际金融危机以来,世界经济增长动能不足,贫富分化日益严重,地区热点问题此起彼伏,恐怖主义、气候变化、重大传染性疾病、网络安全、能源与粮食安全等非传统安全威胁持续蔓延。在各种传统与非传统安全因素彼此交错,常规与非常规风险相互影响下,切实维护国家安全,树立国家总体安全观,是妥善应对复杂纷繁的安全迷局的有效举措。

(三) 我国与世界的关系发生历史性变化

随着中国的发展,特别是改革开放40多年以来,我国由一个贫困落后的国家发展成长为世界第二大经济体,但和平快速发展的中国对原有的不公平、不合理的西方主导的旧国际秩序产生强烈冲击,引起一些西方国家的疑虑和不满;我们面临的国际压力越发增大,而且"中国威胁论"在西方社会屡有泛起。随着世界经济和战略重心加速向亚太地区转移,域外大国持续推进亚太"再平衡"战略,强化其地区军事存在和军事同盟体系。有的邻国企图摆

---

❶ 习近平. 习近平谈治国理政 [M]. 北京:外文出版社,2014:200.

脱"战后体系"并大幅调整军事安全政策，个别邻国在涉及我国领土主权采取挑衅的举动，个别海上邻国在我国海洋权益问题方面非法"占据"中方岛礁并加强军事存在，某些域外国家也试图染指南海事务。同时，朝鲜半岛和东北亚地区局势仍然存在诸多不稳定和不确定因素，对我国周边安全稳定带来不利影响。随着国家安全和社会安定面临威胁和挑战增多，各种威胁和挑战联动效应显著。

第二节 走中国特色总体国家安全道路

总体国家安全观的提出是富有中国特色的国家安全价值观念、工作思路与机制路径的顶层设计。坚定不移走中国特色总体国家安全道路，无疑是新时代中国巨轮破浪前行之际，行稳致远更为坚固的安全屏障。

一、中国特色总体国家安全观道路

安全问题是国家生存与发展之本。实现全社会安定、团结、人民幸福与安康，必须以确保国家安全为前提。2012年12月，习近平总书记在党的十八届中央政治局第二次集体学习时的讲话中强调："既不走封闭僵化的老路，也不走改旗易帜的邪路。"❶ 特别在新形势下面临的安全形势复杂而严峻，亟待走出具有中国特色的国家安全道路。习近平总书记强调："必须坚持总体国家安全观，以人民安全为宗旨，以政治安全为根本，以经济安全为基础，以军事、文化、社会安全为保障，以促进国际安全为依托，走出一条中国特色国家安全道路。"这一论述，为我们深刻把握总体国家安全观的丰富内涵提供了行动指南。

（一）坚持党对国家安全工作的绝对领导

党政军民学，东西南北中，党是领导一切的。中国共产党是中国特色社会主义事业的领导核心。"中国由共产党领导，中国的社会主义现代化建设事业由共产党领导，这个原则是不能动摇的；动摇了中国就要倒退到分裂和混乱，就不可能实现现代化。"❷ 党的领导是中国特色社会主义制度的最大优势，党对国家安全工作的绝对领导是社会主义制度的必然性要求。坚持党对国家

---

❶ 习近平. 习近平总书记系列重要讲话读本［M］. 北京：人民出版社，2014：105.
❷ 邓小平. 邓小平文选（第二卷）［M］. 北京：人民出版社，1994：267-268.

安全工作的绝对领导关系社会主义的前途命运，坚持党对国家安全工作的绝对领导关系国家的长治久安，坚持党对国家安全工作的绝对领导关系"两个一百年"奋斗目标的顺利实现。因此，切实加强党对国家安全工作的绝对领导，要不断增进坚持党对绝对领导的重要性的认识，努力发挥好党对国家安全工作统筹指导作用。

（二）以人民安全为宗旨

习近平总书记强调，深入贯彻落实国家总体安全观必须坚持以民为本、以人为本，坚持国家安全一切为了人民、一切依靠人民，真正夯实国家安全的群众基础，人民安全高于一切。这是唯物史观和党的性质宗旨在国家安全领域的必然性要求与集中性体现。同时深刻指出，人民安全是国家总体安全观的宗旨。人民是国家安全工作的力量，人民安全是国家安全的根本保证。维护国家安全的根本目的，就是要保障人民的生命和财产安全，保障人民生存发展的基本条件，保障人民安全稳定的社会环境，最终实现人民安全，生活稳定和幸福。

（三）以政治安全为根本

党的"十九大"报告中所指出的"党内存在的思想不纯、组织不纯、作风不纯精神问题，懈怠危险、能力不足危险、脱离群众危险、消极腐败危险"都关系到内部政治安全，同时外部威胁源源不断，西方国家始终没有放弃对中国进行西化、分化的图谋。维护国家政治安全至关重要，同时维护意识形态安全，维护我国宪法确立的国家政治制度，增强全国人民的中国特色社会主义道路自信、理论自信、制度自信、文化自信。

（四）自身安全与共同安全的辩证关系

随着社会形势的不断发展，当今中国与世界的关系正发生着深刻变化，国内、国际安全问题的界限渐趋模糊，国内问题国际化与国际问题国内化成为普遍现象。越来越多的人意识到，安全是共同和相互的。国家安全不仅是一国自身的事情，也离不开他国的支持与合作。近年来，我们党积极倡导共同、综合、合作、可持续的安全观，推动构建"不冲突、不对抗，相互尊重，合作共赢"的新型大国关系，致力于人类命运共同体的构建，努力打造安全的外部环境。❶

---

❶ 高飞. 走出一条中国特色国家安全道路［N］. 人民日报，2016-09-25.

(五) 坚定不移走和平发展道路

中华民族是爱好和平的民族,中国的发展是和平发展的。自鸦片战争以来,中华民族饱受侵略之苦难,曾经屡遭战祸之患的中国,不会以牺牲别国利益的方式来实现自己的发展。中国始终牢固坚持"和平共处五项原则"的基本要求,并通过维护和利用国际和平环境来实现自身的发展与繁荣,这条路也打破了"强国必霸"的大国崛起模式。中国的总体国家安全道路是促和平,谋发展之路。

二、中国特色总体国家安全观的意义

总体国家安全观体现了新形势下我们党奋力开拓国家安全工作新局面的智慧,它是维护和塑造中国特色大国安全的强大思想武器,具有重大的理论意义、实践意义和世界意义。

中国特色总体国家安全观,是新时代中国特色社会主义思想的重要内容,是马克思主义基本原理在中国特色社会主义国家安全领域中的具体应用,是我们党成功维护总体国家安全的历史经验的深刻总结,也是我们党在深入分析中国所面临的新形势、新特点而得出的科学结论,是中国国家安全理念的重大理论创新。

中国特色总体国家安全观,是维护全国各族人民根本利益所在,是统筹推进各项安全工作的重要思想武器。坚定不移走中国特色总体国家安全之路,完善国家安全制度体系,加强国家安全能力建设,增强国家安全法治保障,有效提高防范和抵御安全风险能力,促进我国安全治理能力和治理体系现代化。

中国特色总体国家安全观,是发展的、辩证的、包容的安全观。中国特色总体国家安全观既重视外部安全,又重视内部安全;既对内求发展、求变革、求稳定、建设平安中国,又对外求和平、求合作、求共赢、追寻和谐世界,彰显了中国智慧,体现了中国担当,构建人类命运共同体,塑造更加公正合理的国际新秩序,具有广泛的世界意义。

第三节 国家安全法治体系建设

以总体国家安全观为引领,加强国家安全法治建设,既是贯彻落实全面依法治国方略、完善中国特色社会主义法治体系的应有之义,也是维护国家安全、推动国家安全领域治理体系与治理能力的迫切需要，为走中国特色国家安全道路奠定了法治基础。

一、依法维护国家安全

法治是治国理政的基本方式。依法维护国家安全，是全面依法治国的组成部分。新中国成立后的一系列国家安全法律法规的颁布和完善，为维护国家安全发挥了重要作用。

（一）我国国家安全法治建设概览

新中国成立初期，在对内维护政权稳定和社会安定，打击反动残余势力，对外抵御政治遏制和军事威胁的严酷形势下，我国法制建设依然取得很大进展。1954年《宪法》规定，保卫人民民主制度，镇压一切叛国的和反革命的活动，惩办一切卖国贼和反革命分子。同时，还通过一系列法制建设举措，如1951年颁布《惩治反革命条例》《保守国家机密暂行条例》等，对于保卫和巩固新生的人民政权起到重要作用。

改革开放以来，随着国家安全观念的发展，我国国家安全从反间谍工作拓展到政治安全、军事安全、经济安全、文化安全、社会安全等领域。在1993年，我国颁布了《国家安全法》，初步形成了包括《宪法》《刑法》《国防法》《保密法》等在内的国家安全法律体系，适应了社会主义法治建设的总体形势，为国家安全立法开启了良好开端。

据统计，我国目前相关法律法规已达190多部，除国家安全法外，有数十部直接涉及国家安全问题，如《反间谍法》《反恐怖主义法》《保守国家秘密法》等。其中《反恐怖主义法》总结了近年来我国防范和打击恐怖主义活动的经验，是一部规范政府和社会开展反恐怖主义工作的专门法律。《反间谍法》则主要规定了国家安全机关反间谍侦查工作。为了有效应对非传统安全威胁，国家还制定了《突发事件应对法》，并颁布了有关维护互联网安全和加强网络信息保护的决定等。除专门的安全立法外，一些法律部分条款也涉及维护国家安全，如《对外贸易法》《反垄断法》《邮政法》等。行政法规和部委规章、地方性法规和地方政府规章，也有涉及维护国家安全的规定。

总体上看，我国的安全立法暂时能够满足维护国家安全的需要，但仍存在不足，诸如生物、太空、深海以及维护我国海外利益等方面有待加强立法工作。在一些安全领域主要靠政策、文件来管理，还有一些安全领域的法律则缺乏系统性和时代性，已经不适应当下的安全形势的需要。从法律法规实

施的整体来看，国家安全法治化水平有待进一步提高。❶

（二）党的"十八大"以来的国家安全法律制度体系构建

国家安全是安邦定国的重要基石。党的"十八大"以来，以习近平同志为总书记的党中央高度重视国家安全工作。党的十八届三中全会后，党中央设立国家安全委员会，建立集权统一、高效权威的国家安全领导管理体制，以确保国家安全。2014年中央国家安全委员会首次会议的召开，标志着富有中国特色的国家安全机制开始正式运转。之后，习近平总书记正式提出总体国家安全观，明确要求构建国家安全体系，走中国特色国家安全道路。与此同时，党中央决定成立国家安全法领导小组，着手制定新的国家安全法。党的十八届四中全会要求，贯彻落实总体国家安全观，加快国家安全法治建设，抓紧出台反恐怖等一批急需法律，推进公共安全法治化，构建国家安全法律制度体系。

为落实党中央关于维护国家安全的一系列战略部署，迫切需要制定一部具有综合性、基础性、全局性的国家安全法。正如《中国国家安全报告研究（2014）》中指出的："我国需要一部名副其实并能够全面反映国家综合安全、大安全的法律，需要通过军事、政治、外交、经济、文化、科技、情报等领域的国家安全立法来完善整个国家安全法律体系。"❷ 与此同时，有关方面还抓紧制定和修改相关法律，力求到2020年基本形成一套立足基本国情、体现时代特点、适应战略安全环境，内容协调、程序严密、配套完备、运行有效的中国特色国家安全法律制度体系，为维护我国国家安全提供坚实基础。

二、制定国家安全法的必要性

制定国家安全法是建立和完善国家安全法治体系的核心工作。这不仅聚焦于我国经济社会发展和保障国家安全的现实需要，也着眼于提升国家安全工作法治化水平的发展目标，对于完善和发展中国特色社会主义制度，推进国家安全治理体系和治理能力现代化，实现中华民族伟大复兴具有重大的现实意义和深远的历史意义。

（一）适应国家安全形势发展变化的迫切需要

面对日益严峻的国家安全形势，面对对内维护政治安全和社会稳定，对

---

❶ 宋建强等. 中国国家安全法治建设的模式与格局研究［J］. 学术交流，2014（9）：66-71.
❷ 白琥.《中国国家安全研究报告（2014）》在京发布［EB/OL］. 中国社科网，2014-05-13. http://pol.cssn.cn/zzx/zgzz_zzx/201405/t20140523_1181685.shtml.

外维护国家主权、安全、发展利益的双重压力和挑战，以及日益凸显的非传统安全领域的问题，国家安全的内涵和外延的广度和深度超过以往任何时候。而 1993 年我国所颁布的《国家安全法》主要内容是反间谍侦查与隐蔽战线，并未囊括真正意义上"国家安全"的全部政府职能。我们国家要发展，要维护主权，要维持一个和平稳定的国内外发展环境，必须要善于运用法治思维和法治方式来开展国家安全工作，全力推进中国特色国家安全法律制度体系建设，提升国家的法治化水平，应对可以预见和难以预见的各种因素。制定国家安全法有利于适应国家安全形势，应对各种影响国家安全的威胁和风险，统领国家安全各领域的工作。

（二）贯彻总体国家安全观的迫切需要

党中央立足我国国情所提出的总体国家安全观，是我国国家安全发展战略的新理念，是做好新形势下国家安全工作的根本遵循，具有重要的价值引领作用。[1] 为此，有必要以法律的形式确立总体国家安全观的指导地位，科学界定国家安全的内涵和外延，明确维护国家安全的各项任务，建立健全国家安全制度和国家安全保障措施，为构建国家安全体系，走出一条中国特色的国家安全道路奠定基础。

（三）建设中国特色国家安全法律体系的应有之义

当前，我国国家安全领域的法治远未形成更有效的体系。从国家安全体制上看，国家安全资源和力量分散、统筹协调不够，国家安全战略规划缺乏顶层设计，情报信息捕捉滞后、应对机制运转迟缓。从国家安全立法来看，存在总量多、空白多、作用轻、各自为政等问题，难以覆盖整个国家安全事务，从整体发挥应有作用。[2] 因此，有必要不断修订和改进国家安全立法，制定一部立足全局、统领国家安全各个领域的综合性法律，以确立相关制度，明确各部门职责，规范国家机关、组织和公民维护国家安全的责任、权利和义务，形成维护国家安全的整体合力。制定国家安全法有利于推动国家安全法治建设，完善国家安全法律制度体系。

三、《中华人民共和国国家安全法》的主要内容

2015 年 7 月公布的《国家安全法》共七章 84 条。该法以明确的法律形式

---

[1] 张丽. 习近平国家安全战略思想初探 [J]. 马克思主义研究，2015 (11)：7-12.
[2] 李竹. 国家安全立法研究 [M]. 北京：北京大学出版社，2006：35-36.

确立总体国家安全观的指导地位和国家安全领导体制,规定了维护国家安全的各项制度和任务。该法的制定和实施是国家安全法律建设的重要成果,也是国家安全能力建设的重要举措。❶

(一) 国家安全的含义

"国家安全"有狭义和广义之分。狭义上的国家安全主要指一个国家的领土、主权、政治的安全,并通过军事、情报与反间谍等手段来维护国家安全;广义上的国家安全指一个国家处于没有危险的客观状态,国家内部没有混乱和疾患,外部没有威胁和侵害。相比于狭义的国家安全的定义,广义上的定义则大大扩展了传统的国家安全观,认为其包括 10 个方面的基本内容,即国民安全、领土安全、主权安全、政治安全、经济安全、文化安全、科技安全、生态安全和信息安全。❷ 以总体国家安全观为指导,《国家安全法》第二条界定了国家安全的定义,其具体内涵是指国家政权、主权、统一和领土完整、人民福祉、经济社会可持续发展和国家其他重大利益相对处于没有危险和不受内外威胁的状态,属于广义上的国家安全。国家核心利益和重大利益涉及国家的生存、独立和发展,是一个国家生死存亡的关键,因此任何政府都会把它们列为维护国家安全的首要核心目标。在新的形势下维护国家安全,就必须要坚持总体国家安全观的指导地位,坚决维护国家利益。

(二) 国家安全工作的指导思想

总体国家安全观继承和发展了新中国成立以来不同历史时期的国家安全观,并赋予新的时代特征,是做好新形势下国家安全工作的基本遵循。为此,《国家安全法》第三条明确规定了总体国家安全观的指导思想:"坚持总体国家安全观,以人民安全为宗旨,以政治安全为根本,以经济安全为基础,以军事、文化、社会安全为保障,以促进国际安全为依托,维护各领域国家安全,构建国家安全体系,走中国特色国家安全道路。"

(三) 坚持党对国家安全工作的领导

中国共产党是中国特色社会主义事业的领导核心,是中国特色社会主义事业最本质的特征。国家安全事关党的执政地位和生死存亡。坚持走中国特色国家安全道路,最根本的就是要毫不动摇地坚持党对国家安全工作的领导地位,这是确保国家安全工作正确政治方向的根本前提。《国家安全法》第四

---

❶ 刘健飞. 中国特色国家安全战略研究 [M]. 北京:中共中央党校出版社,2016:275.
❷ 刘跃进. 国家安全学 [M]. 北京:中国政法大学出版社,2004:1-10.

条规定:"坚持中国共产党对国家安全工作的领导,建立集中统一、高效权威的国家安全领导体制。"第五条规定:"中央国家安全领导机构负责国家安全工作的决策和议事协调,研究制定、指导实施国家安全战略和有关重大方针政策,统筹协调国家安全重大事项和重要工作,推动国家安全法治建设。"

(四)维护国家安全工作的基本原则

以总体国家安全观为指导,依据有关宪法和法律规定,《国家安全法》明确了维护国家安全工作的原则。一是坚持社会主义法治原则。国家机构和工作人员在开展国家安全的各项工作时,都应当遵守宪法和法律,履行法定职责,尊重和保障人权,依法保护公民的权利和自由。二是坚持维护安全与发展相协调,统筹各领域安全。以主权、领土、政治安全作为国家安全的政治工作的同时,统筹兼顾、综合应对来自经济、文化、社会、科技等领域以及恐怖主义、核武器扩散、贩毒走私等非传统安全问题。三是坚持互信、互利、平等、协作,促进共同安全。立足国内,放眼国际,同各国政府和国际组织开展安全合作交流,以合作促共同安全。四是坚持预防为主、标本兼职、专群结合,充分发挥专门机关和其他有关机关维护国家安全的职能作用,广泛动员公民和组织,防范、制止和依法惩治危害国家安全的行为。

(五)维护国家安全的任务和职责

为有效维护国家安全,《国家安全法》第二章着重规定了政治安全、人民安全、国土安全、军事安全、经济安全、文化安全、社会安全、资源安全、核安全以及新型领域安全等19个方面的国家安全任务。其中,在传统安全领域中以维护政治安全为根本,以维护人民安全为宗旨,以经济安全为基础;在非传统安全领域中,文化安全、网络和信息安全等则是国家安全的重要组成部分。第三章规定了全国人大及其常委会、国家主席、国务院、中央军委、中央国家机关各部门和地方包括香港、澳门两个特别行政区维护国家安全的责任。从而完善了国家安全体制机制,构建起集各领域安全于一体的国家安全体系,形成以发展促安全、以安全保发展的格局。

(六)国家安全制度和保障措施

维护国家安全,贯彻实施《国家安全法》需要有效的制度支撑。为此,《国家安全法》第四章规定了建立情报信息、风险评估和预警、审查监管、危机管控等制度。其中,以建立健全国家审查安全监管制度尤为重要。基于国家安全对外商投资、特定物项和技术出口、涉及国家安全事项的建设项目依法进行审查,是从源头上预防和化解国家安全风险的重要举措。我国虽然已经在《对外贸易法》《核出口管制条例》等法律法规中规定了相关制度，但是为了更好地发挥国家安全审查制度在维护国家安全方面的作用，适应国内外形势变化的需要，《国家安全法》再次对国家安全审查制度作出明确规定，以有效预防和化解国家风险。需要注意的一点是，国家安全审查制度不是人为设置市场壁垒和准入门槛，而是国际上为有效保障各自国家安全的通行做法，在一定程度上也有利于维护世界和平与安全。❶

（七）公民、组织的义务和权利

我国宪法规定维护祖国的安全、荣誉和利益是公民履行的重要义务。在此基础上，《国家安全法》第十一条明确规定，"中华人民共和国公民、一切国家机关和武装力量、各政党和各人民团体、企业事业组织和其他社会组织，都有维护国家安全的责任和义务"，"中国的主权和领土完整不容侵犯和分割。维护国家主权、统一和领土完整是包括港澳同胞和台湾同胞在内的全中国人民的共同义务"。

其中，公民和组织应当履行维护国家安全的义务，包括为国家安全工作提供便利条件或者其他协助，保守所知悉的国家秘密等。任何个人和组织不得有危害国家安全的行为，不得向危害国家安全的个人或者组织提供任何资助或者协助。权利和义务是对等的，法律在强调维护国家安全的义务的同时，也注重保护公民和组织的权利。一是保护权。公民和组织支持、协助国家安全工作的行为受法律保护。二是补偿权。公民和组织因支持、协助国家安全工作导致财产损失的，按照国家有关规定给予补偿。三是批评建议权。公民和组织对国家安全工作有向国家机关提出批评建议的权利。四是申诉、控告和检举权。公民和组织对国家机关及其工作人员在国家安全工作中的违法失职行为有提出申诉、控告和检举的权利。

第四节　践行国家总体安全观

总体安全观是习近平根据新时代国内外形势的变化而提出的最新国家安全观，是维护我国国家安全的战略指导思想，具有重大意义。当代大学生作为我国社会未来发展的建设者和保卫国家安全的生力军，他们是否具有正确

---

❶ 马怀德. 国家安全的法律保障——学习贯彻《中华人民共和国国家安全法》[J]. 求是，2016（4）：36-38.

的国家安全意识和国家安全观，关系国家的安危和民族的兴旺发达。

一、高校国家安全形势透视

（一）科技安全与高校创新人才建设

科技安全指的是与国家利益相关的科技成果、科研研究、科技发展等不受威胁和侵害的客观状态，它是国家总体安全框架的重要支撑，是国家总体安全的重要保障，是国家其他安全领域，如政治安全、国防安全和经济安全的技术基础。习近平总书记指出："历史告诉我们一个真理：一个国家是否强大不能单就经济总量大小而定，一个民族是否强盛也不能单凭人口规模、领土幅员多寡而定。近代史上，我国落后挨打的根子之一就是技术落后。"❶

高校作为科研的集中地，是科技创新和建设创新型人才队伍的重要场所，国家的许多重大科研项目，包括前沿与关键领域的很多创新项目都是在高校进行。因此，国外一些谍报组织和人员会利用参观、旅游、讲学、合作研究等各种活动，伺机窃取相关科研技术和科学成果。一些意志薄弱的学生帮助谍报组织进行窃密活动，造成重大科研、科技泄密，给国家带来巨大损失。❷

（二）文化安全与高校国际交流合作

"国民之魂，以文化之。"文化是维系民族团结、国家统一的精神纽带，是一个民族的血脉和灵魂，在推动社会发展和进步方面发挥着不可替代的作用。文化安全是指一个国家的主流文化价值体系免于内部或外部敌对力量的破坏，确保文化主权的独立与完整，包括民族精神安全、传统文化安全和价值观念安全。❸ 它对于国家安全的意义，在于文化安全本质上是国家大战略的根本价值系统，是国家整体安全的灵魂。❹ 高校人才集聚，国际交流频繁，是文化创新和交流的重要场所，也是意识形态领域中极为敏感和重要的地方。境外敌对势力打着"自由""民主"的旗号，宣言西方的价值观念，动摇人们对社会主义的信念，对我国青年知识分子进行西化。

（三）大学生国家安全意识淡薄

大学生国家安全意识淡薄主要体现在以下几个方面。一是对国家安全的

---

❶ 习近平. 在中国科学院第十七次院士大会、中国工程院第十二次院士大会上的讲话［N］. 人民日报，2014-06-10.

❷ 梁莉，何贵初. 大学生安全知识读本［M］. 北京：群众出版社，2013：400-410.

❸ 石中英. 论国家文化安全［J］. 北京师范大学学报（社会科学版），2014（3）：36-38.

❹ 胡慧林. 中国国家文化安全论［M］. 上海：上海人民出版社，2005：23.

内涵认识不全面，还停留在军事、战争、间谍等传统的、局部的认识上，对总体安全观的内容缺乏清晰的了解。❶ 二是对国家安全的主体认识不全面，没有将维护国家安全与自身的责任相联系。三是对危害国家安全的行为缺乏警惕，在不经意间泄露国家机密。

二、树立总体国家安全观意识

（一）祖国安全和利益高于一切

"科学没有国界，但是科学家有祖国。"经济全球化不是政治、文化一体化。国家仍然是民族存在的最高组织形式。国家的安全和发展，中华民族的伟大复兴，离不开一代又一代人的艰苦奋斗。作为当代的大学生，站在新时代的大门前，迈向中华民族伟大复兴关键一步的征程之中，更应该树立总体国家安全意识，以爱国主义坚定维护国家利益，用实际行动为祖国富强、民族振兴、人民幸福贡献力量，在这一伟大事业中抒写壮丽的人生。大学生应该成为改革创新的先锋，提高自身科技素养，提升科技安全意识。大学生应该成为优秀传统文化传承、发展和创新的群体，抵御低俗文化，反对迷信，警惕国外势力的文化渗透和文化霸权，做文化安全的捍卫者。

（二）自觉接受总体国家安全观教育

作为大学生，要自觉接受总体国家安全观教育，全方位了解总体安全观的内涵及其意义，熟悉《国家安全法》等有关国家安全的法律法规，了解目前我国所处的安全状态和面临的各种安全问题，积极参与和举办各种以国家安全为主体的校园文化活动和社会实践活动，明白国家安全和大学生自身是休戚与共的，每个人都必须承担维护国家安全的责任，从而树立正确的总体国家安全观，增强自身的爱国意识和忧患意识。

（三）及时采取措施制止危害国家安全的犯罪行为

提高国家安全和防范意识，自觉维护国家安全。保守所知悉的国家秘密，当发现国家秘密泄露或者可能泄露，要马上采取措施并及时向有关部门汇报，使国家安全机关和工作人员及时处理，在必要时要为国家安全机关、公安机关提供协助。

---

❶ 王芳. 大学总体国家安全观教育研究 [D]. 南京：南京师范大学硕士学位论文, 2016.

下编 法治实践

第六章

大学生权利的内容与法律救济

第一节 大学生权利的内容

权利通常是指法律赋予人实现其利益的一种力量,是法律规定的作为法律关系主体具有自身作为或不作为的资格,或要求他人作为或不作为的能力,即法律规定对法律关系主体可以自主决定作出某种行为的许可和保障手段。学生权利就是指依照法律规定,学生在受教育过程中具有支配自己作为或不作为,或要求他人作为或不作为的能力和资格。

大学生的权利,是指大学生依法享有的作为或不作为某种行为的资格。基于大学生的特殊身份,其既具有大学生的特殊属性,又属于普通公民权利中的一部分。另外,随着时代的发展,大学生的权利内涵也有新的发展,除了上述两种权利,还应当包括学生自治的权利。基于第七章将专章分析大学生享有的公民权利,所以在此不予赘述。

一、受教育权利

受教育权是大学生作为受教育者拥有的核心权利,其来源为《宪法》第四十六条的规定,任何公民均"依法享有平等的受教育的机会"。另外,《教育法》《高等教育法》以及教育部的《普通高校学生管理规定》等均对大学生受教育的权利作了具体规定。

(一)参加教育教学活动权

这是大学生作为受教育者的一项最基本的权利,指大学生享有参加教育教学计划安排的各种教育活动,使用教学设施、设备、图书资料的权利,是大学生接受教育和完成学习任务的主要途径。

(二)大学生享有按照国家有关规定获得奖学金、贷学金、助学金的权利

这是宪法规定的公民享有获得物质帮助权在大学生身上的具体体现。这项权利能帮助家庭贫困的学生完成学业。作为学生的一项合法权利,凡符合规定条件的大学生都有权申请,学校和教师不得拒绝。

(三)获得公正评价权

获得公正评价权指大学生在教育教学过程中,享有要求教师、学校对自己的学业成绩和品行进行公正评价并客观真实地记录在成绩档案中,在完成相应的学业后获得相应的学业证书、学位证书的权利。

■ 案例 6-1　刘某诉北京大学不授予博士学位案

1992年9月,刘某在获得北京大学的硕士学位和毕业证书后,继续留在学校无线电电子学系攻读博士学位,主攻方向为电子物理。由于实验仪器未能准时到位,刘某的论文推迟了半年才答辩。论文审查经过了三道程序:其一是博士论文答辩委员会的审查(当时7位委员全票通过);其二是学校学位评定委员会电子学系分会的审查(当时13位委员中12票赞成,1票反对);其三是学校学位评定委员会的审查(学校学位评定委员会委员共计21位,对刘某进行审查时到场16位委员,6票赞成,7票反对,3票弃权)。根据1996年1月24日学校学位评定委员会的审查结果,决定不授予刘某博士学位,只授予其博士结业证书,而非毕业证书。并且这一决定结果未正式、书面通知刘某,在向学校询问无果后,刘某将学校告上了法庭。

【请思考】学校的做法是否正确?刘某可否拿到其学位证书?

【参考答案】本案中,被告主张根据学位条例的有关规定,学位的授予必须经过校学位评定委员会委员过半数同意,而原告刘某的博士论文未获得校

学位评定委员会委员半数通过：在16位投票委员中，只有6票赞成，未达到半数。因此，作出对其拒绝授予博士学位的决定是有据可依的。原告认为，批准的决定与不批准的决定都应当以过半数的票数通过才属有效。校学位评定委员会共有21名委员，对刘某论文的反对票只有7票，远未达到全体成员（21位委员）的半数，甚至没有达到出席人员（16位）的半数，因此不能作出不批准的决定。故作出对其拒绝授予博士学位的决定于法无据。最终法院认定学校学位评定会委员当时到场16位委员，6票赞成，7票反对，3票弃权，赞成票与反对票均未过半数，故学位委员会未形成有效决议。

（四）申诉与起诉权

申诉与起诉权指大学生享有对学校给予的处分不服而向有关部门提出申诉，对学校、教师侵犯其人身权、财产权等合法权益的行为提出申诉或依法提起诉讼的权利。

（五）其他权利

其他权利指《教育法》允许大学生享有的其他法律法规规定的权利。

二、大学生的自治权利

大学生的自治权自古以来就有。中世纪时，大学本就是教师和学生的自治社团，有"先生大学"与"学生大学"之分。在我国，倡导和践行学生自治始于五四运动，留美归来的学生感受到了西方大学教学制度和教学管理的不同，极力提倡学生自治，高校开始学习美国模式创办学生自治会。现如今大学生在高校拥有一定的自治权，但面对时代发展的新形势、新要求，还应当包括学习自由权、校务参与权、有限自治权等内容。

（一）学习自由权

"学习自由权作为一种权利，是受教育者意愿的行为表达，是个人利益的外在表现。"[1] 其主要来源于宪法受教育权中的教育选择自由权，受宪法保护。但任何权利的行使都是有边界的，对大学生的学习自由也不可能予以无限保障，否则会妨碍高校管理中其他权利有效行使。因此，学习自由应当包括以下内容："其一，选择适合自己发展的学校、院系的自由；其二，选择学科、专业的自由；其三，选课的自由，这一权利的保障条件是必须有足够多的可

---

[1] 余芳. 高校学生的学习自由权解析[J]. 高教探索，2010（3）：32-36.

供选择课程,如哈佛大学每年能够提供可选择的课程至少 2 万门以上;其四,上课的自由,其实质是对教师的选择;其五,选择学习场所的自由;其六,参与讨论与表达意见的自由,表现为质疑教师观点或教材内容,免于任何精神或肉体处罚以及不公正评价或待遇的自由;其七,参与讨论、决策一切自己学习事务的自由,即学生有权参与入学、转学、评价、奖惩、课程改革、教育改革等一切与自己利益相关的活动。"❶

■ 案例 6-2　高校教师"逼售图书",教授为何变身推销员

2015 年 1 月初,北京 M 大学一名副教授被曝向学生强制售卖自己所编著的书籍,引发社会各界关注。1 月 6 日,北京 M 大学发布公告称,对该教授的师德问题展开调查。

【请思考】该教授的行为是否侵犯学生的权利?

【参考答案】"中新网记者调查发现,强制售书虽是比较极端个例,但部分高校确实存在教师变相推销图书的现象。"❷ 虽然调查中谈到一些教师变相售书的情况,但大部分受访者都表示教师对课程教材的选用并没有硬性要求,一般都会选择较为权威并广受业界好评的优秀教材。在教材选择上,是有规可寻的。2014 年 7 月,教育部为教师划定的"红六条"中指出,严禁通过向学生推销图书、报刊、生活用品、社会保险等商业服务获取回扣。同年 10 月,中共教育部党组印发《关于深入推进高等学校惩治和预防腐败体系建设的意见》则明确,严肃查处利用职务插手教材教辅选用的问题。上述规定,一方面起到约束教师合理选择教材的作用;另一方面保障学生的教育选择权,并且使学生有效监督教师有据可依。

(二) 校务参与权

大学生是大学重要的利益相关者,大学应当保障其参与与其自身相关的事务。目前,我国的高校内部都有学生会以及各类学生社团,学生会及学生社团作为学生组织,代表学生利益参与学校事务管理。"但学生参与学校事务管理应当是有限的,其判断标准是相关、能力、责任原则。从相关

---

❶ 祁占勇. 高校学校自治的权利边界与法律保障 [J]. 高等教育研究,2012 (3):29-34.
❷ 网易新闻. "教师强卖图书",拷问师德何在 [EB/OL]. (2015-01-16) [2018-01-20]. http://news.163.com/15/0116/09/AG2OQUCR00014AEE_mobile.html.

原则来看，学生参与的事务必须与其自身利益密切相关，否则就会导致没有主见、无原则的决策。一般来讲，学生适宜参与的事务有：评价教师教学效果、管理学术活动设施、决定针对学生的处理、制定高校内部规则等。参与方式可有直接参与式、咨询交涉式、恳谈会和协议会等。从能力原则来看，高校学生虽已基本成年，是具备完全民事行为能力的人，但由于高校管理事务的复杂性、专业性、学术性，学生在经验和学识等方面的能力依然处于成长阶段，因此难免因能力不足而导致参与某些校务出现无意义状态。从责任原则来看，参与学校决策事务的学生必须是学生利益的代言人，在学生群体中具有广泛的群众基础，能够代表学生，而且对所参与的事务有承担法律后果的责任。"❶

（三）有限自治权

学生有建立和参加学生自治团体的权利。著名教育家陶行知曾强调："学生自治不是自由行动，乃是共同治理；不是打消规则，乃是大家立法守法；不是放任，不是和学校宣布独立，乃是练习自治的道理。"❷ 因此，大学的学生，可以在校内组织学生团体，并在法律、法规规定的范围内活动，服从学校的领导和管理，表明这是一种有限的自治。总之，"学生自治只是一个相对的概念。其自主性的程度要看各种并存主导之教育理念矛盾与妥协的程度，也视教授、行政官僚与学生三者之间既存的权力实际分配情形和整个历史背景而定。"❸

第二节　高校与大学生权利冲突的类型

伴随着高校办学主体不断丰富、学校数量不断增加以及大学生的法律意识逐渐增强，高等教育领域内各类纠纷和矛盾也不断凸显，新情况和新问题层出不穷。一般来说，二者冲突的类型主要有宪法层面的冲突、民法层面的冲突、行政法方面的冲突。

---

❶ 祁占勇. 高校学校自治的权利边界与法律保障 [J]. 高等教育研究，2012（3）：29-34.
❷ 陶行知. 学生自治问题之研究 [A] //陶行知. 中国教育改造 [C]. 上海：东方出版社，1996：21.
❸ [美] 诺齐克. 无政府、国家与乌托邦 [M]. 何怀宏，译. 北京：中国社会科学出版社，1991：311.

一、宪法层面的冲突

受教育权是宪法和法律赋予公民的一项基本权利,每个大学生都应当享有平等的受教育权。目前,侵犯学生受教育权的案件主要集中在侵犯学生入学升学权、教育选择权两个方面。

(一) 入学及升学方面的冲突

我国宪法明确规定:"公民有受教育的权利。"《教育法》第九条第二款中规定:"公民不分民族、种族、性别、职业、财产状况、宗教信仰等,依法享有平等的受教育机会。"第三十六条第一款规定:"受教育者在入学、升学、就业等方面依法享有平等权利。"教育权和平等权是我国宪法法律明文确认的公民享有的基本权利,但根源于我国发展中的种种历史原因,这两项基本权利在高校招生过程中往往存在漏洞,公民的受教育权就处于一种在宪法上有明确规定而却没有具体转化为普通法律规范的权利。

■ 案例 6-3 青岛考生诉教育部

2001 年 7 月,山东青岛三名高考生,由于未能达到山东省当年的重点大学录取分数线而不能就读重点大学,由此认为教育部制订的招生计划形式,造成了全国不同地方考生之间受教育权的不平等,尤其是北京地区的高考录取线远低于全国平均水平,因而向最高人民法院提出行政诉讼。最高人民法院以修订之前的《行政诉讼法》第十四条第(二)项规定"中级人民法院管辖下列一审案件:……(二)对国务院各部门或者省、自治区、直辖市人民政府所做的具体行政行为提起诉讼的案件……"为由,驳回了原告的起诉。

【请思考】教育部的招生计划形式存在什么样的问题?

【参考答案】由于案件发生在新《行政诉讼法》修订之前,根据我国旧《行政诉讼法》第二条的规定,公民只可对行政机关的具体行政行为向法院提起诉讼。抽象行政行为不具有可诉性。本案中教育部的行政行为即属于抽象行政行为。这就使本案中的两原告——青岛的两考生处于一种两难的选择之中,要么是无法救济,要么是救济申请被驳回。所以,本案中最高人民法院驳回了原告的起诉。当然,宪法规定和保障的平等权一般意义是"形式上的平等",即通常所说的"机会平等",要求人们参加自由的竞争,保障人们在各种活动中起点上的平等。但社会的各个公民由于自身所不能改变的客观原因，如自然资源、社会资源的先天拥有和分配不均，自然和历史形成的社会和个体差异等，绝对地实行和保障形式上的平等就可能导致事实上的不平等。现代宪法或多或少地吸收了"实质上平等"的原理，即在起点时给予"弱者"以合理的优待。实行实质上的平等必须以"合理的差别"为前提，对于何为合理的差别，法律上还未有明确的界分标准，可综合各方面的因素综合考虑加以确认。同时，合理的差别还要限定在合理的限度以内，以免造成新的不平等。从本案来看，我国各个省份的教育水平存在差异，要求分数线完全一致的绝对平等或形式上的平等实际上都是不平等、不公平的，加之一些特殊专业基于专业本身的特殊性，对考生作出一些特定要求也是正当的。

（二）教育选择方面的冲突

《教育法》中强调受教育者根据身心发展的特点或其他情况选择学校、专业、教育形式。《教育法》第三十条规定，学校及其他教育机构应当"以适当方式为受教育者及其监护人了解受教育者的学业成绩及其他有关情况提供便利"。教育选择的权利是连续的，学生选择学校之后，进而有自主选择专业、自主选择课程、自由选择课堂和教师的权利。高校应当为大学生提供选择教师、教育方式、专业、学年设置的机会，但实际上学生基于学生的身份可选择的余地很少，教育的主体性和选择权在教育过程中逐渐丧失。另外，选择权也是一种大学生监督权的体现，是对学校的具体办学情况，教师的教学水平、教学态度以及课堂教学质量等进行监督的权利。

二、民法方面的冲突

大学生在学校的身份是学生，但在日常生活中也是普通公民的组成部分。"作为公民的重要组成部分，大学生同样享有相应的财产和人身等民事权利。"[1] 首先，财产权利。大学生对自身合法财产享有占有、使用、收益和处分等权利。其次，人身权利。人身权利包括人格权和身份权，根据《宪法》和《民法典》的相关规定，人身权利包括人身自由权、生命健康权、姓名权、肖像权、名誉权、荣誉权等。对于大学生来说，这些权利都属于需要重点保护的内容。

---

[1] 刘春梅，张天虹. 尊重和保障人权的法治实践与完善［J］. 人民论坛. 2015（2）：117-119.

(一) 生命健康权

生命健康权是以大学生生命和健康安全利益为内容的人格权。对于生命健康权的损害主要是发生在学校的学生伤害事故。2002年8月21日，教育部颁布的《学生伤害事故处理办法》是目前处理这类事件的主要法律依据，具体包含的情形有以下几种。

1. 因学校的管理行为所发生的学生伤害事故

因学校的校舍、场地、其他公共设施，以及学校提供给学生使用的学具、教育教学和生活设施、设备不符合国家规定的标准，或者有明显不安全因素造成的学生伤害事故，学校应当依法承担相应的责任。学校的教学和生活设施，包括学校的楼房、墙体、道路、场地、林木、体育器械、实验器材、电力、消防设施设备等，因学校的教学生活设施陈旧、老化，未及时修复或拆除，设备设置不当，器材、器械、设备、设施产品质量不合格或不符合安全标准，设施、设备存在安全隐患，未及时修理或更新等原因造成学生人身伤害的，学校应承担相应的民事赔偿责任。

2. 学生之间所造成的伤害事故

这种类型的事故主要是学生之间发生的打架、斗殴事件而引发的伤害。

3. 学生参加校内集体活动发生的人身伤害事故

大学生在学校的日常生活中，经常会组织参加一些集体活动，各类学校活动、学院活动、社团活动成为生活中不可或缺的一部分。但在活动的过程中也可能发生一些意外，造成人身伤害。

4. 非学校主体基于学校场所造成的学生伤害

现代高校的机构设置中，基本都设有后勤管理部门，承担学校餐饮、超市、宿舍管理等招标的责任，这些承租的经营者在运营的时候，可能会对学生造成伤害。

5. 意外与偶发性事件

校园生活中，总会出现一些由于不可抗力发生的意外或者偶然性的事故，包括由自然灾害引起的对学生身体或生命的损害，以及学生自杀、自伤、突发疾病猝死等事故。

■ 案例 6-4　在校学生如厕摔成植物人

2006年6月29日，河北承德某高等专科学校的在校大学生苏某上完厕所后突然摔倒（苏某所在的新华饭店学生公寓原来是宾馆，后被该校租用为宿舍楼），结果摔成植物人，其家属认为"学校提供的生活设施没有安全保障"，遂向承德市双桥区人民法院提起了诉讼。2007年4月12日，苏某状告母校案在承德市双桥区法院开庭，但法院并没有当庭宣判。

【请思考】学校是否需要为苏某受伤的行为负责？

【参考答案】据了解，苏某的父亲及其代理律师和学校的相关负责人及代理人到庭参加了诉讼。法庭就苏某摔伤的时间、地点、原因及责任等问题展开了调查。双方就苏某摔伤的时间和地点并没有异议，但对摔伤原因和责任则展开了激烈辩论。新时期高校与大学生之间民事法律关系越来越明显，学校与学生之间形成教育服务合同法律关系，其法律关系主体是高校和大学生，客体是教育教学管理活动，内容是高校应当向学生提供高等教育以及相应的生活设施，而学生按照规定缴纳相关费用，并接受学校的管理。高校必须认真履行安全保障义务，因校方提供的校舍、场地等存在安全隐患的，不仅仅违背合同中的约定，更是违反法律的硬性规定。

（二）名誉权

名誉权是公民依法享有的就自己获得的客观社会评价排除他人侵害的权利。《宪法》第三十八条明确规定："中华人民共和国公民的人格尊严不受侵犯。禁止用任何方法对公民进行侮辱、诽谤和诬告陷害。"《民法典》第一千零二十四条规定："民事主体享有名誉权。任何组织或者个人不得以侮辱、诽谤等方式侵害他人的名誉权。"在学校中，常见的侵犯学生名誉权的行为主要有：一些教师不分场合、地点等对学生当众进行羞辱，部分管理行为将对学生的处罚决定及处罚行为进行公示等。这些行为都在一定程度上侵犯了学生的名誉权。

■ 案例 6-5　首例在校生诉学校侵犯名誉权

1999年10月，湖南Y学院接到举报，反映有男同学曾在女寝室留宿，经调查核实后，遂对六名有关学生分别给予开除学籍等处分。六名学生受处分后，即以学校在大会上公开宣扬他们存在"越轨行为"，侵害其名誉权为由，诉至法院。

【请思考】学校的处分行为是否侵犯学生的名誉权？

【参考答案】法院一审认定被告侵害原告名誉权，判决被告败诉。1999年12月13日，法院一审判决书认为原告在校发生违纪行为，被告怎样对之作出行政处分与本案无涉。但被告在处理时，有防止名誉权侵害行为的发生和保护原告隐私权不受侵害的义务。被告在缺乏事实根据的前提下，在不适当的场合，公开宣扬有害原告身心健康的言语并造成较大社会影响，确已对原告的名誉权构成侵害。故判决校方赔偿经济损失和精神损失费等共计20多万元。但一审判决后，学校不服提起上诉。2000年3月8日长沙市中级人民法院的终审裁定，并未将校方是否侵权作为问题的切入点。其虽认定校方在大会上公开批评的事实成立，但同时认为因校方对学生作出处理决定而提出的名誉权纠纷，不属于人民法院的民事受案范围，故撤销一审判决。虽然最终法院撤销原判，但这种指名道姓的处罚行为本质上具有违法性，学校处罚学生的最终目的在于教育学生，不是让其在学校抬不起头。所以处理过程中只要稍加注意所采取的方式，就能既维护校纪校规尊严，又教育违纪者和其他学生。

（三）隐私权

隐私权是指个人享有的私人生活安宁与私人生活信息依法受到保护，不受他人侵扰、知悉、使用、披露、公开的权利。隐私权所保护的隐私是公民不愿让他人了解和介入的事实或活动。侵犯隐私权采用公开传播个人不愿告诉别人或不愿公开的生活秘密、个人信息的方式。我国法律明确禁止未经他人同意，擅自以书面或口头形式公布、宣扬他人的隐私。长期以来，许多高校仍将学生的考试成绩或者涉及其他个人信息的材料公之于众，并随着科技的发展在学校内安装摄像头，把所拍摄的涉及学生个人隐私的资料公开播放或使用，也涉嫌侵犯学生隐私权。

■ 案例 6-6 "早恋"学生诉母校侵犯隐私权

2002年3月，上海F中学晚自修，魏罡和小云（化名）在有20多名学生上自修课的情况下，在教室后排发生的亲吻亲昵举止被学校监控摄像镜头摄下。2003年4月7日，上海F中学以"校园不文明现象"为题，集中播放摄录的包括以上行为片段在内的校园不文明现象。2003年8月，作为大学生的魏罡和小云正式向上海市虹口区法院起诉，认定上海F中学侵犯了他们的隐私权、名誉权、人格权，要求学校在上海《青年报》公开道歉，并在校园布告栏公开张贴书面道歉声明7天以上，赔偿精神损失5000元等。

【请思考】学校是否构成侵权？

【参考答案】这是全国首例因侵犯学生隐私起诉母校案，2004年1月19日上海市虹口区人民法院作出一审判决，原告两位"早恋"当事人魏罡、小云提出的赔礼道歉、索赔5000元等诉讼请求被全部驳回，法庭同时也认为上海F中学有值得改进完善其教育方式的地方，但这些不构成侵权。原告当庭表示上诉，并称法院在关键的"偷拍录像"认定方面有失误。这个案件表明，虽然学校需要借助一些手段辅助管理，但是采取的方式需要改进和思量。学生也是公民的组成部分，不能因为其作为学生的特殊身份，就将其合法权利置于一旁。对学生的批评教育可以私下来做，作为公共事件处理，会对当事人的心理造成伤害。

（四）婚姻权

我国《宪法》第四十九条第一款规定："婚姻、家庭、母亲和儿童受国家的保护。"第四款规定："禁止破坏婚姻自由，禁止虐待老人、妇女和儿童。"《民法典》第一千零四十一条规定："实行婚姻自由。"2005年新修订的《普通高等学校学生管理规定》中也将之前三十条关于禁止大学生结婚的规定取消，从而保障大学生的婚姻自由权。

（五）学生财产权

财产权作为宪法赋予公民普遍享有的一项权利，大学生同样依法享有。侵犯财产权就是以财产权为侵权客体的侵权行为。高校在管理中常见的侵犯学生财产权的行为主要有以下几种。

1. 乱收费

《教育法》第七十八条明确规定："学校及其他教育机构违反国家有关规定向受教育者收取费用的，由教育行政部门责令退还所收费用；对直接负责的主管人员和其他直接责任人员，依法给予行政处分。"实际办学过程中，部分高校为了牟取私利，完全不顾国家的禁令和学生的权益，巧立名目进行收费,增加学生的经济负担。尤其是每年高考结束后,一些高校利用学生求学心切的心理,大肆收取赞助费、点招费、转专业费、专升本费等,有的甚至高达十几万元;另外,毕业季的时候也会向学生收取接待费、介绍费、违约费等。这些"乱收费行为直接侵犯了学生及其家长的财产权,并间接或直接地侵犯了学生的受教育权"❶。

■ 案例 6-7 湖南 Z 大收取捐资费

2011年湖南 Z 大学收取捐资费问题被曝光,并引起湖南省物价局的重视,在随后的调查中,发现该校向59名"专升本"学生收取了捐资费。经查实,湖南 Z 大学本年度录入该校的"专升本"学生共78名,截至8月9日,该校校友会银行账户共收到湖南民政学院等学校59名"专升本"学生的捐资费59万元。

【请思考】该校对"专升本"学生收取捐资费存在什么样的问题?

【参考答案】湖南省物价局已对湖南 Z 大学违规收取捐资费问题进行立案,并按程序进行处理,除要求学校按规定整改外,已责令该校在新学期开学时,将所收款项全额清退给原缴款人,或抵交原缴款学生本年度学费。学校领导已表示接受处理,开学后立即将所收捐资款全额清退给原缴款人。湖南省物价局重申,任何学校收取捐资赞助费一律不得与招生入学挂钩,对新生入学并取得学籍前一律不得收取捐资赞助费,学生入学并取得学籍后自愿要求赞助的,学校必须与学生家长签订自愿捐资协议,充分尊重学生及其家长的意愿,并不得与学生在校期间的考试、考核、评比等挂钩。

2. 没收学生财物

"没收财物是由行政主体实施的将行政违法行为人的部分或全部违法收入、物品或其他非法占有的财物收归国家所有的处罚方式。"❷ "没收财产是将犯罪分子个人所有财产的一部或全部无偿地收归国有的刑罚方法。"❸ 没收财物和没收财产都只能由享有法定权限的行政机关或法律、法规授权的组织

---

❶ 陈鹏. 教育收费失范的法律反思 [J]. 陕西师范大学学报(哲学社会科学版), 2005 (3): 111-115.

❷ 罗豪才. 行政法学 [M]. 北京:北京大学出版社, 2005: 243.

❸ 高铭暄. 刑法学 [M]. 北京:北京大学出版社, 高等教育出版社, 2005: 262.

实施。学校不是享有法定权限的国家机关，对于学生的合法财产无权进行没收，但学校是公共领域，不仅要保障学校正常的教学活动，还要维护学校的公共安全。因此，学生财产权在学校的行使中会受到一定的限制，学校在管理中也应当根据不同的情况，采取不同的解决方法。

3. 学生财物被盗

盗窃属于违法犯罪行为。盗窃行为构成犯罪的，由公安机关负责侦查立案；若尚未构成犯罪的，属于治安案件，由公安机关负责追查、追缴。现代高校校园基本是开放的，所以人员构成比较复杂。大学生财物被盗的现象，偷窃者可能是外来的闲杂人员、外校的学生或是本校的学生，这就造成高校校园发生的盗窃案具有复杂、案发率高的特点。根据教育部1997年颁布的《高等学校内部保卫工作规定（试行）》规定，高校应当设立保卫部门，在地方公安机关的指导下开展工作，依照法律、法规、规章和学校管理制度，对学校的治安负责。但由于学校保卫部门不是公安机关，对盗窃案件没有侦查权，所以发生盗窃案后一般由保卫部门及时告知公安部门侦破。

三、行政法方面的冲突

高校的管理权是国家赋予的权利，具有公法性质，管理过程中高校与大学生法律地位明显不平等，学校处于管理地位而学生处于被管理地位，因此高校与大学生之间形成行政法律关系。学生与学校之间的行政纠纷一般表现在教育管理程序方面的冲突、公正评价方面的冲突以及学生因违纪处分被取消学籍方面的冲突。

（一）教育管理程序方面的冲突

高校管理实践中存在着实体法多而程序法少的问题，实体法规定了公民的权利和义务，但是对如何维护权利、怎样履行义务的程序性法律规定还不完备。在教育教学过程中对具体的、可操作的细节问题涉及较少，造成相关教育法律法规难以对教学活动的实际过程起到具体调整和规范作用。根据《普通高等学校学生管理规定》规定："处理结论要送达本人，允许本人申辩、申诉和保留不同意见。对于本人的申诉，学校有责任进行复查。"因此，学校应有相应的一套程序性保障，在处分学生时要及时告知所依据的事实及法律依据，听取学生意见与申辩，尤其在涉及勒令退学或开除学籍等涉及学生身份变更的处分时，还有必要举行听证，提供复议乃至申诉的途径。若这一套程序缺失，也可以认定学校的处分在很大程度上侵犯了学生的受教育权。

■ **案例 6-8　因作弊被开除的 5 名学生诉学校侵犯受教育权**

2006 年 12 月沈阳 S 大学的一次考试中，有 5 名学生使用假身份证，请人替考，结果在考试中被学校发现。2007 年 1 月，5 名考试违纪的大学生同时接到了沈阳 S 大学生处下发的《沈阳 S 大学违纪学生纪律处分送交通知书》，校方依据《国家教育考试违规处理办法》第二章第十二条、《普通高等学校管理规定》第五章第四十五条以及《沈阳 S 大学学生考试违纪处分细则》第二章第七条的规定，对 5 名大学生作出开除学籍的处罚决定。2007 年 2 月，5 名大学生将学校告上法庭。

【请思考】校方在对学生处罚的过程中，应当遵循什么样的程序？

【参考答案】本案中，原告的代理律师认为："被告开除原告学籍是一种剥夺原告受教育权的严厉的行政处罚行为，应该遵守行政处罚法规定的法定程序，但被告在整个处罚实施过程中均违反法定程序。被告没有查明原告违法的事实情况，在作出处罚决定之前没有告知原告作出处罚决定的事实、理由及依据，也没有告知原告依法享有的权利，剥夺了原告在处罚决定前进行陈述和申辩的权利，被告也没有对原告作出书面的处罚决定书，更没有对原告进行送达。所以，被告开除原告的行为违反法定程序。"程序失范是高校管理中普遍存在的问题，高校处分学生往往是"先处理，后告知"，剥夺了学生的陈述权、申辩权、申诉权等，一定程度上影响学生的名誉、学籍、学位，给学生身心造成创伤。

（二）公正评价方面的冲突

公正评价权体现在学生在学业成绩和品行上获得公正的评价，完成规定的学业后获得相应的学业证书、学位证书。《教育法》第四十二条第三款规定学生享有在学业成绩和品行上获得公正评价，完成规定的学业后获得相应的学业证书、学位证书的权利。《高等教育法》第二十条规定："接受高等学历教育的学生，由所在高等学校或者经批准承担研究生教育任务的科学研究机构根据其修业年限、学业成绩等，按照国家有关规定，发给相应的学历证书或者其他学业证书。接受非学历高等教育的学生，由所在高等学校或者其他高等教育机构发给相应的结业证书。结业证书应当载明修业年限和学业内容。"《学位条例》同样对高校毕业生取得学位的条件作出了规定。

(三) 因违纪处分被取消学籍方面的冲突

我国《教育法》第二十五条第一款规定:"国家制定教育发展规划,并举办学校及其他教育机构。"第二十八条规定,学校及其他教育机构可以行使"对受教育权进行学籍管理,实施奖励或处分"的权利。"当学校认为学生的行为已严重违反了校纪校规,学校在其自主的范围内,可以给予学生开除学籍的处分,以此维护学校的正常秩序。"[1] 学校有管理学生的权利和义务,但由于校纪校规在设立时,过多地设置义务性条款,较少思考和挖掘义务性条款所对应的权利性条款,违背了权利义务对等的原则,未把学生当作权利主体来看,往往忽视学生的利益。在对学生进行违纪处理中,没有明确的法律概念,缺乏严谨的可操作性规则,最终损害学生的权利。

第三节 大学生权利的法律救济

"有权利就有救济",无救济就无权利。救济是对已经发生或者已经造成伤害、危害、损失或损害的不当行为进行纠正、矫正或改正。当公民的合法权益受到侵害时,可以从法律上获得解决或请求司法机关及其他机关给予解决,保障自身的权利。

一、大学生权利法律救济的特点和作用

"救济"通常被理解为对困难地区、困难人群金钱或物质上的帮助。法律救济则是法律上的专用概念,是指当相对人的权益受到侵害时,相对人可以通过法定程序和途径使受损害的权益获得法律手段补救。教育法律救济是指当教育行政机关或其他国家机关或社会组织在管理过程中侵犯了相对人的权益时,相对人可以通过申诉、行政复议、行政诉讼或调解等方式获得法律上的补救。大学生权利的法律救济是指"通过法定的程序和途径裁决学生与学校、行政机关等主体之间的纠纷,使学生的合法权益获得法律上的补救"[2]。

---

[1] 祁占勇,康韩笑. 受教育权视域下高等教育领域司法案件的发展特点及其展望[J]. 高教探索,2017(11):17-23,82.

[2] 余雅风. 学生权利概论[M]. 北京:北京师范大学出版社,2009:318.

(一) 大学生权利法律救济的特点

1. 权利的法律救济以大学生权利受到损害为前提

首先，权利受到损害是教育法律救济存在的前提，如果权利未受损害，就无所谓救济。在法律救济中，无论采用何种救济手段和程序，必须有侵权行为的存在，相对人只有在合法权益受到侵害的基础上才可提出救济请求。大学生在学校的日常生活、学习中享有各种权利，行使权利的时候难免会与其他主体发生纠纷冲突。例如，高校在进行学校管理中，有时由于学校在管理制度上有缺陷，导致学生的合法权益受到损害，引发行政诉讼；另外，一些校内发生的人身伤害事故，造成轻微伤害的会引起民事诉讼，造成严重事故的可能涉及刑事纠纷。不论是什么类型的纠纷，都对学生的权利造成侵害，因此客观上就要求建立解决纠纷、补救学生受损权益的机制，学生权利的法律救济就是基于此而设立的制度。

2. 权利的法律救济根本目的是实现大学生的合法权益并保证法定义务的履行

法的根本目的在于规范人们的社会行为，保障人们的合法权益。在社会活动中，存在着许多权利纠纷或权利冲突，并伴随着权益受到侵害的现象。当公民的这些合法权益受到侵害时，只有通过一定方式来恢复受损害的权利或给予补救，这些权利才能真正地实现。实践中，高校里发生的权利纠纷，一定程度上都影响了大学生享有的权利或阻碍了特定义务的履行。权利救济的重要内涵就在于使受纠纷冲突影响的学生合法权利及法定义务得以有效实现或履行。权利救济通过排除学生权利行使的障碍，使权利的原有状态可以恢复。若不能恢复原状，则通过和解或其他方式，使纠纷或冲突造成的实际伤害、危害、损失或损害得到合理补救。补偿的方式可以是物质性的，如金钱赔偿；也可以是非物质性的，如公开道歉。

3. 大学生权利的法律救济手段和途径具有多样性

当认为自身合法权益受到损害时，根据不同的侵害行为和手段，大学生请求救济的渠道和方式也不同。通过了解法律救济的途径，有效利用各种救济方式，切实维护自身权利。大学生权利的法律救济途径大致分为两类。一种是诉讼途径（司法救济途径），主要包括民事诉讼、刑事诉讼和行政诉讼。另一种是非诉讼途径，主要包括行政途径（行政救济途径）及其他途径。行政途径又包括申诉和行政复议，其他途径则是指在现代社会的发展下，网络媒体、电视等媒介成为传播信息的重要方式之一，大学生可以通过这些媒介来形成社会影响,从而解决权利受损的问题。另外,逐步建立的校内调解制度,也成为大学生权利救济的途径之一。

(二)大学生权利法律救济的作用

教育法律救济作为一项重要的法律制度,对于保护教育法律关系主体的合法权益,促进依法行政,推动我国的社会主义教育法治建设等方面具有重要的意义。大学生作为高校主体之一,当其合法权利受到侵害时,及时的法律救济有利于维护学生权利,建设和谐校园,推进依法治校的发展。

1. 确保宪法规定的公民的诉权和受救济权的需要

我国宪法规定,"公民对于任何国家机关和国家工作人员的违法失职行为有向有关国家机关提出申诉、控告或检举的权利","由于国家机关或国家机关工作人员侵犯公民权利而受到损失的人,有取得赔偿的权利"。这是以国家根本大法的形式为国家机关的侵权行为提供了矫正、补救的途径和依据,也为权利救济提供了基本的保障。公民有维护自身合法权益不受侵犯的权利,同时还有运用法律手段对自身受到损害的权益获得补救的权利。进一步讲,对于社会生活中的任何违法侵权损害行为,都要受到法律的矫正追究;对于合法权益受到损害者,都应获得法律上的救济。宪法关于公民这些基本权利的原则规定,需要有法律救济制度来保障,才能得到落实。而大学生作为公民的重要组成部分,不论是与社会建立的关系还是在学校与其他主体的关系中,权利都有可能受到不同程度的侵害,这种情况下大学生有权依据法律的规定行使自己的请求权,保障自身法定权益的实现。因此,建立教育法律救济制度,对教育关系主体受到损害的合法权益给以恢复和补救,是落实宪法精神的需要。

2. 维护教育法律关系主体合法权益的需要

在教育法律关系中,有很大一部分属于教育行政法律关系。在这种法律关系中,行政机关处于管理者或领导者地位,其执法过程和公务活动都会涉及相对人的人身权、财产权。如果行为不当或违法必将给相对人的合法权益带来损失。作为行政管理相对人来讲,他们虽然享有一定的权利,但这种权利不具有强制性的支配力,更无权采取任何强制他人的措施。然而行政机关在管理过程中难免会出现未按照法律规定实施管理手段,或是超越职权进行管理的现象,进而侵犯教育管理相对人的权利。为了平衡行政机关与相对人之间的关系,使之在某种程度上取得相应的法律平衡,就需要运用法律救济手段。高校在行使管理职责时与大学生之间是一种教育行政法律关系，在其管理权运行的过程中也会与学生的其他权利产生摩擦，这样当合法权益受到侵害时，学生就需要通过一定的途径、手段和具体的制度，请求国家有关机关依法予以保护，有利于学校对其造成的损害承担相应的法律责任，实现对行政权力的预防和制约，维护学校正常的教育秩序，创造良好的教育环境。

3. 促进教育行政部门依法行政的需要

依法行政就是要依法进行行政管理。它有两层基本含义：其一，行政的存在必须有合法的根据，行政权力的行使必须符合法律的规定；其二，行政权力的行使违反法律规定必须承担相应的责任。在行政管理过程中，任何国家机关及其工作人员只能在法律授权的范围内采取行动。行政权力的运用要公正、合法，不得侵犯相对人的合法权益。否则，由此造成的损害，行政权力机关必须承担救济责任，法院也有权采取控制、矫正和给予受害者以救济的措施。而对于受害者而言，有获得"救济"的请求权。由此可见，法律救济制度的确立加强了国家机关及其工作人员相应的责任，将有力地促进国家机关加强内部管理，完善监督机制，大大增强国家工作人员的责任感，促使他们依法律己、审慎行事、依法行政，提高行政工作效率。高校行政权力的行使亦是如此，学生作为相对弱势的一方，行政管理人员不能因为手握权力就随意侵害大学生日常享有的合法权利，更应该依法依章行事，切实提升行政工作能力，为学生提供优质便捷的服务。

4. 培养新世纪人才的必然需要

高校大学生是社会主义建设的主力军，是中华民族的希望，肩负振兴中华的历史使命。大学生除了学习专业知识和技能外，还应具备一定的法律知识以及较强的法律意识，才能适应未来社会对高素质人才的需求，在激烈的竞争中保持优势，在保证其全面发展、实现自身价值的同时服务社会。另外，大学生法律素质的提高和法律意识的增强对于建设社会主义法治国家，完善市场经济建设，加强物质文明和精神文明建设，具有积极的意义。一个不懂法、不守法的大学生，掌握再多的科学知识，仍然是危险的，因为他可能因缺乏法律知识而不自觉地陷入违法犯罪当中，并且也可能无法有效地保障自己的合法权益。因此，大学生必须加强对法律知识的学习和了解，学习法律法规，增强法律意识，做到知法、懂法、守法，懂得运用法律的手段实现权利的救济。

5. 加强教育法治建设的需要

加强社会主义法治建设，全面步入依法治国的轨道，是我国社会主义现代化建设的重要任务之一。而建立完善的社会主义教育法治，是"依法治国"方针在教育领域里的具体体现。这不仅需要有完备的教育立法，更需要有严格的教育执法，需要建立法律救济制度，健全、完善教育法律实施的监督机制，明确教育行政执法主体的法律责任，纠正教育行政机关的违法或不当行为，确保各项教育活动有条不紊地进行。与此同时，还需要建立、健全教育申诉制度和有关的调解制度，完善教育行政复议、教育行政诉讼、教育行政赔偿等各种法律救济制度，对教育纠纷及时妥善地加以处理。无疑，教育法律救济制度的确立，对于我国教育事业全面步入依法治教的轨道将是十分必要的。

二、大学生权利法律救济的途径

目前，公民的权利救济途径主要有三种：私力救济、公助救济和公力救济。私力救济往往需要发挥私人力量救济被侵害的合法权利及制裁不当侵害的主体。公助救济则主要运用公共影响力解决主体间的矛盾冲突，调解是一种典型公助救济的表现形式。公力救济是大学生维权最可能、最常用的途径。公力救济主要是权利人向公权力申请保护自身合法权利及制裁不法侵害主体的措施。其最主要的表现形式便是司法诉讼辅以必要的行政救济。司法诉讼包括民事诉讼、刑事诉讼以及行政诉讼，而行政救济主要由行政复议和申诉两种方式组成。

教育法律救济的途径主要通过三种方式来实现。

一是诉讼方式。包括民事诉讼、行政诉讼和刑事诉讼。凡符合上述条件和受案范围的，可以通过诉讼的途径获得法律救济。

二是行政方式。包括行政申诉、行政复议、行政赔偿。行政申诉包括教育行政人员的一般申诉、教师申诉、学生申诉等。

三是仲裁和调节等方式。主要通过教育组织内部或机构以及其他民间渠道来实施法律救济。

常见教育法律救济的途径见表6-1。

表 6-1 教育法律救济途径的列表

类型＼名称	学生申诉制度	教育行政复议	教育行政诉讼
概念及其特点	是指学生的权益受到学校或教育行政机关的侵害时，可以依法向主管机关或有关部门申诉理由，请求给予处理的制度。	是指教育行政机关或个人在行使教育行政职权时，与作为管理对象的相对人就已生效的具体行政行为发生争议，根据相对人的申请，由该教育行政机关的上一级教育行政机关，对引起争议的具体行政行为进行复查并作出决定的一种法律制度。	是指教育行政相对人公民、法人或其他组织认为教育行政机关或其他行政机关所实施的具体行政行为侵犯其合法权益，可依法向人民法院起诉，人民法院对被诉行为的合法性进行审查，并依法作出裁决，以保证教育行政的公正性和合理性，保护行政相对人的合法权益。
受理范围	1. 学生对学校给予的处分不服；2. 学校或教师违反规定乱收费；3. 学校或教师侵犯学生人身权；4. 学校或教师对学生的评价不公正；5. 学生的其他合法权益受到侵害。	1. 对教育行政处罚行为不服的；2. 对教育行政强制措施行为不服的；3. 不作为违法的；4. 对教育行政的侵权行为；5. 符合一般性政府的规定，所侵犯的应是教育法保护的法律关系。	1. 对行政处罚不服的；2. 对行政强制措施不服的；3. 对行政机关侵犯法定权限不服的；4. 对行政机关拖延或拒不履行其行政职责的；5. 行政机关违法要求其管理相对人履行义务；6. 行政机关侵犯相对人其他人身权、财产权。
受理程序	1. 学生申诉的提出；2. 学生申诉的受理；3. 学生申诉的处理。	1. 复议申请的提出；2. 复议申请的受理；3. 复议的审理；4. 教育行政复议决定；5. 教育行政复议决定的执行。	1. 教育行政案件的起诉与受理；2. 教育行政案件的审理（一审与二审）；3. 教育行政诉讼中的判决与执行。

（一）校内调解

调解是指经过第三者的排解疏导、说服教育，促使发生纠纷的双方当事人就争议的实体权利、义务进行协商与沟通，寻求分歧中的共同点以自愿达成协议、消除纷争的一种活动。高校教育纠纷的校内调解是为了避免司法介入的"高成本"，本着解纷息讼的原则，以一种非诉讼性的纠纷解决程序来完成"定分止争"。公平是调解的前提。调解部门需要由兼顾各方利益的代表组成，所以调解部门一般由调解委员会来承担，其委员有学校代表、学院代表、学生及学校法律顾问等。在调解的过程中，调解组织作为中立第三方的角色出现以促进高校管理者与大学生之间合意的达成。调解组织没有资格对争议的双方当事人施加外部强制力、要求高校管理者或者学生接受某个决定，其作用在于凭借组织的权威性、专业性以及协调教育管理纠纷的较高技术能力来发现和促进双方的合意，协助高校管理者与学生之间进行符合实际的、有效的沟通，寻求分歧中的共同点，并在协商可能破裂的情形下使各方保持克制。根据我国《人民调解法》以及《学生伤害事故处理办法》等法律法规的规定，高校调解委员会应当受理和调解以下纠纷。第一，调解涉及学校内部教育教学工作和生活的教师之间、教师与大学生之间、学生与学生之间的各类矛盾纠纷。教师和大学生是高校中最为重要的两个主体，在教育活动和日常生活中，难免会发生矛盾冲突，教师基于自己的身份有时会对学生进行训斥或处罚，若方式不当，则会侵害学生的合法权益；学生在学习过程中，也会发生顶撞教师的情况。因此，可以向调解委员会寻求帮助，调和矛盾。第二，调解涉及学校外部的学校与家长之间及其他各类矛盾纠纷。大学生入学之后，大部分时间都在学校生活学习，当学生在学校发生意外事件时，有些学生家长会纠结大量社会人员围堵学校，大肆喧闹，给学校造成不良影响，侵害其他学生正常受教育的权利。由此，可以先通过调解委员会介入调解，了解双方诉求并从中协调。第三，调解与有关单位配合调处本校师生与其他单位人员之间的矛盾纠纷。高校承担管理大学生的职责，校内设有各类管理部门。管理人员依据国家法律法规的规定以及校纪校规对学生进行处分时，往往会因为处罚的程度过高或是处分的依据不合理等问题产生争议。通常，管理人员和学生各执一词，调解委员会可以听取双方意见，进而消解彼此之间的矛盾和分歧。第四，其他属于人民调解范围内的校园矛盾纠纷。总而言之，调解应当在当事人自愿、平等的基础上进行；不违背法律、法规和国家政策；尊重当事人的权利，不得因调解而阻止当事人依法通过仲裁、行政、司法等途径维护自己的权利。

■ 案例 6-9 培训内容成效不佳 社会人员大闹学校

上海某高校计算机学院（以下简称学院）面向社会开办了动漫制作培训班，某地社会人员张某慕名前去学习，在参加培训 2 个月后，张某发现上课听不懂，什么东西都没有学到，认为自己上当受骗了，要求学院退费并赔偿一定的费用。但学院认为，张某的赔偿请求纯粹是无稽之谈，对张某采取不理不睬的态度。结果张某就大闹学院，造成很多不了解真相的学生、教师围观，严重扰乱了校园正常的教学秩序。学校紧急成立该事件处理小组，由学校、学院代表、学员代表及作为学校法律顾问的律师（以下简称律师）组成临时调解小组，接待处理张某事件。

【请思考】张某和学校之间存在什么问题？运用何种方式解决最合理？

【参考答案】学院和张某都希望尽快解决纠纷。若要在 2 天内解决纠纷，唯一的选择是调解。因为其他方式都需要有一定的周期，要严格按照法定或规定的程序来办事，不可能在 2 天内解决问题。向上级投诉，从受理到解决，最快的合理期限要 2 周时间。仲裁一般需要 1~2 个月时间。诉讼，一审一般为 3~6 个月时间；若有二审，再需要 3~6 个月时间，最终一个案子可能需要 1 年多时间。因此，律师分别给学院和张某提出调解方案，最终学院退还张某学费 5000 元，张某当天拿到退款后，购火车票返乡。以上校园纠纷的高效解决，让校园恢复了应有的和谐。律师通过调解，成功化解了张某和高校之间的纠纷，这个看似不起眼的小问题，若不能得到及时解决，可能随时通过网络媒介快速扩散，造成不良的社会影响，使高校校园出现不和谐因素。

（二）学生申诉

学生申诉制度确立的法律依据是 1995 年《教育法》第四十二条有关学生申诉权的规定："当学生受到学校的任何惩处表示不服或有异议时，有权向相关部门提出申诉。当学生的财产权、人身权等合法权益受到非法侵犯时，有权向有关部门提出行政申诉或者提请司法诉讼。" 2005 年教育部新颁布的《普通高等学校学生管理规定》在原 1990 年相关规定的基础上对学生申诉制度予以规范化和完善化。大学生申诉制度，具体是指在高校管理过程中，如果学生认为学校的教育管理行为侵犯其合法权益而与管理者发生纠纷和争议的，可向学校学生申诉委员会及学校所在地省级教育行政部门提出要求复查教育管理行为并重新作出处理的请求。由此可知，申诉的途径分为校内申诉和行政申诉。校内申诉要求高校成立学生申诉处理委员会，并且《普通高等学校学生管理规定》第六十条对申诉处理委员会的构成作出具体规定，要求："学生申诉处理委员会应当由学校负责人、职能部门负责人、教师代表、学生代表组成。" 行政申诉是指《普通高等学校学生管理规定》第五条第五款规定的 "学生受到学校的任何惩处不服或持有异议，有权向相关部门提起申诉，当学生的人身权、财产权等合法权益受到教职员工侵犯时,有权向有关部门提出行政申诉或者提起司法诉讼"。大学生的申诉范围具体包括如下几个方面。第一,对于学校给予的处理不服,具体来说包括学籍管理、考试、校纪校规问题等方面。第二,对学校侵犯其合法财产权利的行为,例如学校巧立名目乱收费的行为,学生有权提出申诉。第三,对学校侵犯其人身权利的行为,例如学校作为管理者在对学生进行管理的过程中,因为处理不当而侵犯学生的名誉权、隐私权等行为,有权申诉。第四,对教师侵犯其合法财产权利的行为,例如一些教师在授课过程中违规发书或购买与课程内容无关的物品的行为,或是用各种名义对学生进行罚款,这些行为学生都有权申诉。第五,对教师侵犯其人身权利的行为,例如教师当众侮辱、训斥学生,给学生名誉权等造成伤害,有权申诉。第六,对学校或教师侵犯其知识产权的行为,例如教师剽窃学生的著作权、发明权或其他科技成果权,或是学校强行将学生独自享有的知识产权收归学校的行为,侵害学生人身权的同时,也侵犯其财产权,学生有权提出申诉。

当然,大学生申诉要遵循一定的程序。一般步骤包括:提出申诉,等待主管机关的受理审查;听取申诉的处理结果。申诉可以以口头或书面的方式提出,以口头形式提出的要讲明被申诉人的自然状况、申诉的理由和事件发生的基本事实经过,最后提出申诉要求。书面形式的申诉要求:写明申诉人的年龄、性别、住址、与被申诉人的关系等;写明被申诉人的名称、地址,法定代表人的姓名、性别、职务等;写明申诉要求,主要写明申诉人对被申诉人因侵犯其合法权益或对某个具体行为的实施,要求受理机关重新处理或撤销决定的具体要求;申诉理由和事实经过,要求写明被申诉人侵害申诉人合法权益的事实经过和处理决定的事实与法律政策依据,并陈述理由。只要认为受到侵害,都可提出申诉。

(三)行政复议

行政复议是与行政行为具有法律上利害关系的人认为行政机关所作出的行政行为侵犯其合法权益,依法向具有法定权限的行政机关申请复议,由复议机关依法对被申请行政行为的合法性和合理性进行审查并作出决定的活动和制度。"教育领域内的行政复议,是指公民、法人或其他组织认为教育行政主体的具体教育行政行为侵犯其合法权益,依法向其上级机关或其他机关提出重新处理的申请,复议机关依法对该行政行为的合法性和适当性进行审查并作出决定的行政法律制度。"❶ 教育行政主体不仅包括教育行政机关，同时也包括学校。学校虽然不是国家行政机关，但相关法律法规授权学校享有颁发学位证、纪律处分等行政性职权，所以学校成为行政主体中的法律法规授权组织，具有行政主体资格。因而因为毕业证颁发和学位授予、学校处分、学校招录取行为等引起的学校与学生之间的纠纷属于行政纠纷，可以适用行政复议。实践中，大学生可以通过行政复议的方法来维护自身权益的情形主要包括以下几种。第一，对行政申诉的处理结果不服，向申诉受理机关的上一级主管机关申请行政复议。例如，涉及学校对学生学籍变动，影响学生身份的处分，向学校所在地省级教育行政部门提出书面申诉。若对教育行政部门作出的申诉处理结果不服，可进一步向教育部提起行政复议，请求其对处理决定作出合法性、适当性审查。第二，对行政机关做出的警告、罚款、没收违法所得、没收非法财物等行政处罚不服，向有权的行政复议机关申请行政复议。例如，某学校乱收费、乱罚款，当地物价局对此作出了没收学校多收费的行政处罚决定。学生若对此处罚决定不服的，认为学校应当退还所交费用，则可向该地人民政府或上一级物价主管部门申请行政复议。第三，申请行政机关履行保护人身权利、财产权利、受教育权利的法定职责，行政机关没有依法履行的，向有权的行政复议机关申请行政复议。例如，高考招生单位在招生工作中违规操作，导致学生未能顺利入学。学生认为此种行为侵犯自己的受教育权，要求教育部予以查处的，如果教育部不予理会，不履行其指导监督招生工作的法定职责，那么学生可向教育部申请行政复议。

(四) 司法救济

司法救济，又称为司法机关的救济或者诉讼救济，是指人民法院在权利人权利受到侵害时依法提起诉讼后，依其职权按照一定的程序对权利人的权利进行补救。司法救济主要是通过诉讼的模式得以实现的。诉讼，通俗地讲就是"打官司"，是指国家司法机关按照法定程序处理案件的活动。我国目前已经形成了以民事、刑事、行政三大诉讼法为主体的司法救济体系，在合法权益受到侵害时，大学生可以通过这三种途径进行维护。

1. 民事诉讼

民事诉讼是公民、法人为解决人身权、财产权等民事权利纠纷，保护自己的合法权益，依法向人民法院提起诉讼，由人民法院进行审理并作出裁判

---

❶ 陈邵峰. 受教育权纠纷涉及的法律救济途径 [M]. 北京：教育科学出版社，2010：73.

的制度。高校内部学生与学校、教师，学生与学生或社会其他平等主体之间都可能发生民事纠纷，学生的人身权、名誉权、隐私权等受到侵害时，都需要诉诸民事诉讼。近年来随着高校后勤社会化改革的推进，学生在住宿、饮食、医疗服务等领域的纠纷也逐渐增多，后勤领域引起的财产权、名誉权、人身自由权等纠纷也可以通过民事诉讼来解决。

2. 刑事诉讼

刑事诉讼是指国家专门机关在当事人及其他诉讼参加人的参加下依照法律规定的程序，追诉犯罪，追究被追诉人刑事责任的活动。刑事诉讼是由国家专门机关主持进行的，公安司法机关行使国家刑罚权的活动。这里的国家专门机关包括人民法院、人民检察院、公安机关（包括安全机关）。高校中常见的刑事犯罪问题主要包括以下几点。

（1）教师对学生的犯罪。教师对学生的犯罪一般是指教师以学生为侵害对象，其主观方面或为故意，或为过失。其犯罪行为主要表现为以下几个方面。

第一，过失致人死亡罪。指行为人由于过失致使他人死亡的行为。教师在日常生活中（如体罚学生的过程中或在组织集体活动中）对学生的生命安全缺乏应有的关注，因作为或不作为致使学生死亡的，构成过失致人死亡罪。

第二，过失重伤罪。指由于过失，致他人重伤的行为。教师体罚学生因过失可能会致学生重伤从而犯过失重伤罪。

第三，故意伤害罪。指故意非法伤害他人身体的行为。教师对学生的故意伤害，通常也是出现在教师体罚学生的过程中，教师体罚学生，情节严重的，可构成故意伤害罪。

第四，侮辱罪。指以暴力或者其他方法公然贬低他人人格，破坏他人名誉，情节严重的行为。教师侮辱学生的人格尊严，情节严重的，可构成此罪。

第五，侵犯通信自由罪。指隐匿、毁弃或者非法开拆他人信件，侵犯公民通信自由权利，情节严重的行为。教师擅自拆看、隐匿甚至丢弃学生信件，情节严重的，构成此罪。

第六，强奸罪。指以暴力、胁迫或者其他手段，违背妇女意志强行与妇女性交的行为。教师队伍中的个别教师品行不良，利用师生关系的特殊优势，对学生实施奸污行为，从而构成强奸罪。

第七，猥亵罪。指以暴力、威胁或者其他手段，违背男性、女性或者儿童的意志，强制猥亵男性、女性或者儿童，并且情节严重，构成犯罪。现实生活中，比起强奸，某些品行恶劣的教师更容易采用猥亵、侮辱的手段侵害学生。

第八，非法拘禁罪。指非法拘禁他人或者以其他方法非法剥夺他人人身自由的行为。个别教师可能会以教育学生为借口对学生进行拘禁或采用其他强制方法非法剥夺学生人身自由，构成此罪。

（2）学生对学生的犯罪。学生对学生的犯罪，主要是学生之间发生的事故，通常表现为以下几类。

第一，故意杀人罪。指故意非法剥夺他人生命的行为。故意杀人罪的主体为一般主体。

第二，故意伤害罪。学生故意伤害的对象主要是其老师和同学。

第三，盗窃罪。指以非法占有为目的，秘密窃取数额较大的公私财物或者多次盗窃公私财物的行为。

第四，抢劫罪。指以非法占有为目的，以暴力、胁迫或者其他方法，强行劫取公私财物的行为。

第五，放火罪。指故意放火焚烧公私财物，危害公共安全的行为。

3. 行政诉讼

行政诉讼，是指公民、法人或者其他组织认为行使国家行政权的机关和组织及其工作人员所实施的具体行政行为，侵犯了其合法权利，依法向人民法院起诉，人民法院在当事人及其他诉讼参与人的参加下，依法对被诉具体行政行为进行审查并做出裁判，从而解决行政争议的制度。高校中产生的行政诉讼主要涉及学生与学校（教师）之间因行政管理关系发生的纠纷，21世纪以来，学生因不服相关主体的管理行为将学校告上法院的案件越来越多，对作为行政管理主体的学校，提出了更高的管理要求。大学生不但可以对学校因违反管理程序发生纠纷的案件提起诉讼，而且也渐次开始对学校具体管理行为中的实体性争议问题提起诉讼。目前，涉及高校、涉及行政诉讼的类型主要有：

（1）招生类案件。招生类案件中主要涉及的是不予录取的问题。争议焦点在于学生认为自己满足入学条件，但学校根据相关规定认为学生不具备相应资格。每个学校的招生工作都是学校吸纳新生的首要环节，我国《教育法》第二十八条中明确规定学校有招收学生及其他受教育者的权利。学校实施这一权利直接关系到学生受教育权能否得到实现。因此，该类案件产生纠纷的问题主要在于原告认为自己有权利被学校录取，而被告学校或者其他行政机关基于各种原因得出该学生应不予录取的结果。

（2）开除学籍类案件。"学籍是指一个学生属于某学校的一种法律上的身份或者资格，登记学生姓名的册子，专指作为某校学生的资格。目前开除学籍类的案件大多涉及学生累计旷课次数过多、考试期间存在作弊或替考行为、抄袭论文等违反学校规章制度的行为，其中以考试作弊为多数。"❶ 开除学籍是对学生最为严厉的一种处分，通过强制手段使学生丧失在学校继续学习的机会，改变学生与学校之间的法律关系，因此高校在管理学生时，需要严格遵守法定程序，谨慎行使这一权利。

（3）学位纠纷类案件。学位证书又称学位证，是为了证明学生获得的专业知识和拥有的技术水平而授予的证书，获得证书表明被授予者的受教育程度和学术水平达到了相关规定的学术称号要求。依据教育法、高等教育法以及学位条例等法律规定，高校学位授予是高校内部管理权的一种，是国家教育管理权的延伸，体现为行政法律关系上的具体行政权力。因此，学位授予是学校的行政权力，那么针对与学生发展切实相关的学位证书纠纷，学生可以提起行政诉讼。

---

❶ 祁占勇，康韩笑. 受教育权视域下高等教育领域司法案件的发展特点及其展望[J]. 高教探索，2017（11）：17-23，82.

第七章

大学生在宪法方面的常见问题与解决对策

第一节 宪法概述

一、宪法的概念

（一）宪法的定义

学习宪法，首先要明确什么是宪法，即宪法的定义。然而，各国宪法赖以生存和发展的文化背景差异较大，中外宪法学界对宪法的具体定义也就各不相同。因此，在明确宪法定义时就不必追求完全统一的模式和标准。

概括来说，中外学者对于宪法定义的认识主要分为三类。

1. 从宪法所规定的内容角度来定义

这种定义方法主要是通过立足于宪法典或宪法性法律中一个或者几个方面的内容，提出对于宪法的认识，或者说以宪法调整的内容为根据确定宪法的内涵和外延。例如，法国《人权宣言》第十六条规定："凡权利无保障和分权未确立的社会，就没有宪法。"德国学者叶林涅克认为，宪法是"规定最高国家机关及其履行职能的程序，规定最高国家机关的相互关系和职权，以及个人对国家政权的原则地位和各种原则的总和"。

2. 从宪法的法律特征角度来定义

这主要是立足于宪法典或者宪法性法律与其他法律不同的法律形式特征，提出对于宪法的认识。例如，《美国百科全书》认为，"宪法是治理国家的根本法和基本原则的总体"。现代韩国学者中具有代表性的宪法定义是，宪法是规定国家统治体制与国民基本权利保障的国家的基本法。

3. 从宪法的阶级本质角度来定义

这主要是立足于宪法典或者宪法性法律所反映的阶级意志，以及这种意志赖以存在的社会物质条件，提出对于宪法的认识。例如，许崇德教授认为，"宪法是统治阶级的重要工具，是国家根本法，具有一般法的本质特征，同时又具有不同于普通法律的实质上的特点和形式上的特点"。❶ 何华辉教授认为，"宪法是集中表现统治阶级意志的国家根本法"。❷

此外，如果我们从宪法的发展历史和条文内容等方面出发，考察世界各国的宪法就会发现，无论哪一部宪法都在实质上或者形式上与民主有关。也就是说，宪法内容上的本质属性就是以民主精神为指导，以民主事实为基础，集中表现了统治阶级建立民主制国家的意志和利益；同时，各国宪法规定的都是国家最根本、最重要的问题，在绝大多数国家，宪法一旦制定颁布，即具有最高的法律效力。所以，宪法形式上的本质属性就是指它是国家的根本法。因此，我们可以将宪法定义为：宪法是集中表现统治阶级建立民主制国家的意志和利益的国家根本法。❸

（二）宪法的本质

宪法是什么？列宁指出："宪法就是一张写着人民权利的纸。"我们都知道，宪法是一个国家的根本大法，但又不仅仅是根本法。如果宪法仅仅与国家顶层政治活动有关，仅仅与国家主席、总理、全国人大常委会委员长有关，与百姓的日常生活无关，与其他社会关系无关，那么，就不会有国家宪法日，就不需要全面学习宣传宪法。所以，宪法除了规定国家的政治体制外，更重要的是它还规定了公民的基本权利和义务等根本性问题。

1. 宪法是生活日用的法

正如《庄子·知北游》中庄子所论述的，"所谓道，恶乎在？""无所不在。"宪法就像道一样，它是无所不在的，与每一个人的生活息息相关，弥漫于每个人的思维言行，出现在政府文件的字里行间，关切到普通人家的每一件财物，甚至覆盖于拆迁后的残垣瓦砾之中。宪法规定了公民在私人生活、政治生活、经济生活、社会生活各方面的权利，这些权利就像阳光、水和空

---

❶ 许崇德. 中国宪法学 [M]. 天津：天津人民出版社，1986：7.
❷ 何华辉. 比较宪法 [M]. 武汉：武汉大学出版社，1988：17.
❸ 周叶中. 宪法 [M]. 高等教育出版社，2016：40.

气一样是须臾不可或缺的生活必需品。社会中的每个人，无论是普通百姓还是政府公务人员，其基本权利都平等地受宪法保护；它构成社会的权力系统，无论是公检法还是政府机关，其权力都受宪法制约。由此可见，宪法不仅是根本法、政治法，更应该是在平常日用中的人民群众的生活法——"道"。

2. 宪法是民主事实的法律化

正如毛泽东同志说过的那样："世界上历来的宪政，不论是英国、法国、美国或者是苏联，都是在革命成功有了民主事实之后，颁布一个根本大法去承认它，这就是宪法。"❶ 当各国陆续从封建的枷锁下解放出来时，人民主权和天赋人权理论，以及自由、平等、法治等理念必然要体现在国家治理的各个方面之中。为此，通过斗争获得的民主事实，必定要通过法律化和制度化的形式予以体现，作为国家根本法的宪法则当仁不让。由此可见，宪法与民主事实密不可分，民主是宪法的前提和基础，必须由宪法予以确认和保障。基于宪法在整个国家法律体系中的根本法地位，以及宪法确认的基本内容主要是国家权力的正确行使和公民权利的有效保障，可以说，宪法是民主事实法律化的基本形式。

3. 宪法是人权的保障书

宪法最主要、最核心的价值就在于，它是公民权利的保障书。世界历史上第一部宪法性文件是英国1215年《自由大宪章》。《自由大宪章》明文规定：国王不得任意征税；未经同等贵族审判，国王不得逮捕或关押任何人。其目的就是保障人身权和财产权。人类历史上第一部成文宪法，制定于独立后的美国，美国的独立同样是为了保障财产权。从各国现有宪法的基本内容来看，尽管其作为国家根本法，涉及国家生活的各个方面，但其基本内容仍然可以分为两大块，即国家权力的正确行使和公民权利的有效保障。然而，这两大块并非地位平行的两部分，就它们之间的相互关系来说，公民权利的有效保障居于支配地位。因此，在国家法律体系中，宪法不仅是系统全面规定公民的基本权利的法律部门，而且其基本出发点就在于保障公民的权利和自由。宪法保护公民的基本权利，国家和政府有保证其实现的责任。正是因为如此，宪法被称作人权的保障书。

4. 宪法是授权法

宪法是近代资产阶级革命的产物，是在一个国家出现了民主事实之后才

---

❶ 毛泽东选集（第二卷）[M]. 北京：人民出版社，1991：735.

产生的。作为宪法实践状态的宪政，正如毛泽东同志所概括的，是"民主的政治"。而民主简而言之即人民当家作主。宪法以国家根本大法的形式，确认民主事实，确认了人民当家作主的地位。民主国家条件下，一切权力来源于人民，人民通过宪法"授权"组织政府，授予一切国家机关以国家权力。在近现代民族国家，由于疆域广阔、人口众多，人民不可能每个人都亲自去管理公共事务，所以把手中的一部分权力授予国家机关和领导干部，由他们来管理国家的公共事务，而这个授权就是通过宪法来实现的。根据宪法的规定，人民先选举人民代表大会的代表，组成各级人民代表大会，这形成一次授权；各级人民代表大会再选举出同级人民政府、人民法院和人民检察院的官员，赋予他们管理公共事务的权力，这又形成一次授权。"权为民所赋"，所以我们说宪法是授权法。从这个意义上来说，宪法是现代国家方略及其领导人的权力来源法。

5. 宪法是控权法

如何控制庞大的公共权力呢？宪法的一个重要措施就是对公权力进行分解，它从制度层面对公权力的行使设置了各种控制措施，以免权力被滥用并侵犯公民的权利。宪法对于权力的分解主要从两方面进行，一个是横向分解，另一个是纵向分解。横向分解把公权力划分为立法权、行政权和司法权，不同的权力由不同的部门行使，各部门各司其职，并且互相监督。纵向分解是在中央和地方之间进行权力分解。由于不同国家的权力分解模式不一样，因而形成两种不同类型的国家，一种是单一制国家，另一种是联邦制国家。我国是单一制国家，地方政府接受中央政府的统一领导，地方政府的权力由中央政府授予；同时，地方政府也有自己的权限，省、自治区、直辖市以及省会城市、较大的市的人大及其常委会还有权制定地方性法规。这样就能在较大程度上避免因为权力集中而导致的权力失去控制的现象。因此，宪法作为控权法，只有通过对公权力进行限制——"法无授权不可为"，才能更好地实现公民的私权利。

6. 宪法是法治标准法

检验一个国家是否是法治国家的标准，不在于它是否拥有完备的法律，而在于它是否拥有切实发挥作用的宪法。"法律是治国之重器，良法是善治之前提。"法律是否良善，判断标准是宪法。只有以维护、扩大人民权利为目的的法才是良法，能够实实在在地充分发挥作用的国家，就是宪政国家，也就是法治国家。一方面，宪法以其最高法律效力，为促进其自身的充分实施提供了制度依据。宪法所确立的原则是其他法律的立法基础和立法依据；与法律相比，宪法在法律体系中具有最高的权威，法律、行政法规的内容和精神都不得与宪法的原则和规定相抵触、相违背，否则就会因违宪而无效；宪法是一切组织和个人的根本活动准则。另一方面，宪法尚需要具体实施，才能从"最高法"的神坛走下，步入社会生活，成为"活"的法，方能真正发挥其作为法治标准法的作用。

二、宪法的特征

（一）宪法的内容与普通法律不同，具有根本性

普通法律规范国家生活和社会生活某一领域内的事项和问题，为人们的具体行为提供尺度和指导。如刑法规定犯罪与刑罚问题，民法则规定财产关系和人身关系，等等，它们都与公民的个人生活和个人行为直接联系。而宪法通常规定的是有关国家制度和社会制度的基本原则和主要问题，包括如何确认国家和公民的相互关系、国家阶级本质、政权组织形式、国家机构、公民基本权利和义务等内容，为国家生活和社会生活的总体运行提供规范和约束。因此，我们通常将宪法称作治国安邦的"总章程"或"根本法"，而普通法律的内容则是根据宪法创制出来的，是由宪法的相关规定派生出来的。

（二）宪法效力与普通法律不同，具有最高的法律效力

宪法在国家法律体系中居于最高地位，具有最高的法律效力。宪法的效力与普通法律不同，是由宪法内容的重要性和权威性所决定的。正因为宪法是国家的总章程和根本法，才必须赋予其最高的法律效力，使其取得一体遵行的效力，达到规范社会生活和国家生活运行的目的。

具体来讲，宪法的最高法律效力主要表现在以下几个方面。第一，宪法是普通法律的立法依据和基础。普通法律的制定要以宪法为依据，把有关宪法的规定具体化，以保证宪法从基本精神、基本原则到具体条文的贯彻落实。第二，普通法律不得和宪法相抵触。我国《宪法》第五条第三款规定："一切法律、行政法规和地方性法规都不得同宪法相抵触。"《立法法》第七十八条进一步明确："宪法具有最高的法律效力，一切法律、行政法规、地方性法规、自治条例和单行条例、规章都不得同宪法相抵触。"第三，宪法是一切国家机关、社会团体、公民等主体的根本活动准则。我国宪法序言中规定："全国各族人民，一切国家机关和武装力量、各政党和各社会团体、各企事业组织，都必须以宪法为根本的活动准则，并且负有维护宪法尊严，保证宪法实施的职责。"

(三) 宪法的制定和修改比普通法律严格

由于宪法是国家的根本法，需要有相对的连续性和稳定性，因此，制定宪法和修改宪法就必须特别慎重。宪法制定和修改比普通法律更为严格，这主要表现在对制定和修改的主体和程序要求方面。首先，宪法一般由专门的制宪机关制定。普通的立法机关之所以不能拥有制宪权，在于它的存在和职权本身源于宪法的设定和授予，它当然无权创制宪法。制宪权只能属于经过选举产生的专门机构，在绝大多数实行成文宪法的国家均不例外。其次，宪法的修改程序一般比普通法律的修改程序更为严格。这主要表现在两个方面。一是修宪提案权主体有特别限制。普通法律的修改案的提出，依照立法机关的工作程序，由通常在议会拥有提案权的主体提出，而修宪提案的主体则完全不同。我国宪法规定，宪法修改案只能由全国人大常委会或者1/5以上的全国人大代表提出。二是宪法修改案的通过程序比普通法律严格，通常要求以立法机关绝对多数票或特定方式通过。我国现行宪法规定，宪法修改必须经全国人民代表大会以全体代表的2/3以上的多数通过。❶

三、宪法的基本原则

(一) 坚持中国共产党的领导原则

坚持中国共产党的领导作为宪法的基本原则，从根本上来说，是由宪法确立的我国的国体所决定的。中国共产党的领导是中国人民当家作主的根本保证。我国现行宪法集中体现了新时期党的主张和人民意志的高度统一，现行宪法序言中对中国共产党领导地位和执政地位都有明确规定，这既是对党领导人民进行革命、建设和改革历史经验的总结和胜利成果的确认，也是对我国国体和社会主义制度的确认。全国各族人民、一切国家机关和武装力量、各政党和各社会团体、各企业事业单位，都必须以宪法为根本活动准则，严格遵守和实施宪法，毫不动摇地坚持中国共产党的领导。❷

(二) 人民主权原则

法国启蒙思想家卢梭创立了人民主权学说，成为资产阶级反对封建专制主义的思想武器，是资产阶级民主思想的核心。该原则最早于1776年的美国《独立宣言》和1789年法国的《人权和公民权宣言》中得到确认，后来随着

---

❶ 侯西勋. 宪法学概论 [M]. 北京：中国政法大学出版社，2011：5.
❷ 《宪法学》编写组. 宪法学 [M]. 北京：高等教育出版社，人民出版社，2011：94-104.

资产阶级革命和近代民主政治制度的普及而传播于世界各国，最终成为资产阶级各国宪法的基本原则之一。在社会主义国家的宪法中，并没有像资本主义国家宪法那样在文本上明确规定人民主权原则，而是使用"一切权力属于人民"来表述这一原则，"一切权力属于人民"实质上也就是主权在民或人民主权。

人民主权原则，也称主权在民原则，它是指：第一，一切权力属于人民，这是社会主义宪法人民主权原则的基石，也是社会主义国家制度的核心内容和根本准则；第二，人民行使主权的方式是实行人民代表大会制度，人民代表机关由人民选举，对人民负责，受人民监督，人民代表机关组织产生国家行政机关、审判机关和检察机关，它们都对人民代表机关负责，受人民代表监督。

（三）基本人权原则

该原则是以卢梭的"天赋人权"学说为理论基础的，按照这一学说，每个人都有与生俱来的自然权利；这种权利既不能被剥夺，亦不能被转让；人们达成契约成立国家，其目的就是保障自己的权利和自由，因此国家必须保障人的基本自然权利；一切人定的法则和一切政治活动都应该以保障人权为宗旨，应该是人权要求的具体化。❶

人权是指作为一个人所应该享有的权利，人权的具体内容直接反映在我国宪法所确认和规定的公民的基本权利和义务之中，而且在实践中我国始终把生存权和发展权放在首位。生存权是第一人权，是其他人权的基础。同时，民族的发展权在我国也得以充分实现，这对我国民族的繁荣富强有着深远意义。

（四）权力监督与制约原则

权力监督与制约原则是指国家权力的各部分之间相互监督、彼此牵制，以保障公民权利的原则。在资本主义国家的宪法中，这一原则主要表现为"权力分立与制衡"原则，简称分权制衡原则。分权是指把国家权力分为几部分，分别由不同的国家机关独立行使；制衡是指这几个国家机关在行使权力的过程中，保持一种相互牵制和平衡的关系。在社会主义国家的宪法中，该原则主要表现为民主集中制和监督原则。我国权力监督与制约原则更注重权力分工与集中相统一基础上的权力的相互监督。根据宪法的相关规定，权力

---

❶ 董和平. 宪法［M］. 北京：中国人民大学出版社，2010：50.

监督与制约原则主要体现在以下三个方面。第一，人民对国家权力的监督。其理论依据是一切权力属于人民。如现行《宪法》第二条、第三条、第七十七条、第一百零二条都有相关规定。第二，公民对国家机关和国家工作人员的监督。如现行《宪法》第三十五条和第四十一条都有相关规定。第三，国家机关之间的监督。如现行《宪法》第一百零八条、第一百二十七条、第一百三十二条、第一百三十五条都有相关规定。

（五）法治原则

法治原则，又称依法治国，最早由法国的《人权宣言》予以政治确认，其基本含义是必须依法办事，按照法律来治理国家，建立秩序，任何组织或个人均不得有法外特权。法治是以人民主权和平等权为基础的，是与"人治"相对立的一个概念，是对"人治"状态的否定。该原则以公平正义为价值取向，以民主政治为基础，以宪法法律至上为前提，以严格依法办事为核心，以确保权力正当运行为重点，以执法为民为本质要求，以服务大局为重要使命。在我国，法治原则具体表现为"有法可依、有法必依、执法必严、违法必究"，其核心是依法办事，不允许有超越宪法和法律的特权存在。我国宪法还把依法治国原则直接规定在宪法条文中，公开宣示和保障宪法的最高法律效力和反对法外特权。[1]

第二节 大学生的宪法权利

一、我国公民的基本权利

法国思想家卢梭曾经说过："人一出生就口含一枚金币，一面写着平等，一面写着自由，这枚金币叫人权。"人权被宪法所确认和具体化，形成了公民的基本权利，因此，基本权利就是由宪法规定的公民享有的最重要、最根本的权利。宪法所确认并保障的公民的基本权利和自由的范围是非常广泛的，我国宪法规定公民享有以下几个方面的基本权利和自由。

（一）平等权

我国《宪法》第三十三条第二款规定，"中华人民共和国公民在法律面前一律平等"；总纲第五条第四款规定，"任何组织或者个人都不得有超越宪法

---

[1] 周叶中. 宪法 [M]. 高等教育出版社, 2000: 94-109.

和法律的特权"。平等权是指公民平等地享有权利，平等地履行义务，要求国家同等保护的权利和原则。它既是公民的基本权利，又是法治国家的宪法原则。平等权的内容包括法律面前人人平等、禁止歧视、反对特权等。在我国宪法中，还有民族平等权、选举平等权、宗教信仰的平等权和性别平等权等具体规定。

现实生活中，关于平等权的争议不胜枚举。例如，最近发生的有关"非全日制法考生呼吁平等保护"的问题。我国高等教育分为全日制和非全日制，长期以来，国家一直给予非全日制和全日制毕业生同等的考试权利。但是2017年12月27日提交审议并面向社会公开征求意见的《法官法》《检察官法》却涉嫌违反宪法和法律。该草案修改了以前非全日制和全日制毕业生同等报考通过司法考试从事法律职业的规定，禁止非全日制毕业生参加国家司法考试、从事法律职业，只允许全日制毕业生通过考试从事法律职业。这两部法律草案表面上限制的是非全日制毕业生报考司法考试的资格，但实施后极易引起其他国家考试效仿对非全日制考生进行限制，如此，更多非全日制毕业生参加考试的权利将会面临可能的侵害。

■ 案例 7-1 中国乙肝歧视第一案

2003年6月30日，安徽芜湖市人事局在芜湖境内组织实施了公务员招录考试，安徽大学生张某报考了芜湖县委办公室经济管理职位，他的笔试和面试成绩均排在第一位，但在其后的体检中张某被检查出感染了乙肝病毒。9月25日，芜湖市人事局依据《安徽省国家公务员体检标准》正式宣布张某因体检不合格不予录用。10月18日，张某向安徽省人事厅提请行政复议但被驳回，理由是体检不合格的结论是医院作出的，而非芜湖市人事局作出的行政行为，张某的律师认为：芜湖市人事局的做法已经侵害了张某基于《宪法》第三十三条而享有的平等权，构成了对他的歧视。11月10日，张某以芜湖市人事局"歧视乙肝患者"为由向芜湖市新芜区（2005年撤）人民法院提起了行政诉讼。2004年4月2日，芜湖市新芜区人民法院作出一审判决，确认被告芜湖市人事局在2003年安徽省国家公务员招录中，以体检不合格的理由取消原告张某录取资格的决定，主要证据不足，决定予以撤销。但法院同时认为，去年的公务员招考工作已结束，原报考的位置已被别人顶替，因此，对原告要求被录用至相应职位的请求不予支持。4月19日，芜湖市人事局不服

一审判决，向芜湖市中级人民法院提起上诉。经过审理，芜湖市中院作出裁定：驳回上诉，维持原判。❶

【请思考】1. 本案涉及的是平等权问题还是劳动权问题？二者如何区分？2. 如何认定歧视与合理差别对待？

【参考答案】本案被称为"中国乙肝歧视第一案"，在国内外产生了非常重要的影响。分析此案，首先，需要清楚地界定区分本案中被告的行为涉及的是原告的平等权还是劳动权，然后才能在此基础上准确认定被告的行为。其次，本案还涉及了如何认定歧视的问题，应该把歧视与合理差别对待作出明确的区分。

1. 平等权的界定

在我国宪法规定的基本权利体系中，平等权是被置于首位的，这就表明"平等权在宪法上主要是作为一种基础性权利而存在的，但它与其他基本权利不同，在整个宪法的基本权利体系中具有一定的超越地位。它是一种原理性的、概括性的基本权利"❷。而劳动权又称工作权，它的实现则首先必须要有受雇用的机会。

本案中，芜湖市人事局因为原告张某是乙肝病毒携带者，以其体检不合格为由取消他的录用资格。这一行为从表面上来看，不仅涉及了原告所享有的宪法上规定的平等权，也关联到原告的劳动权，原告因此而丧失了成为芜湖市公务员的机会。然而实质上，本案被告的行为并不涉及原告的劳动权，而是一个平等权的问题，主要可以从以下几方面来分析。首先，要先有权利，然后才有权利被侵犯的可能。从这个角度考虑，本案中的劳动权还未形成，当然不存在被侵犯的问题。芜湖市人事局的行为实际上是违背了宪法关于平等权的规定，侵犯的是平等就业的机会。其次，作为宪法权利之一的劳动权，是属于受益权的范畴。它只能通过国家主动采取各种措施，来保障公民能够获得劳动机会，而不是直接向国家提出要求劳动的请求。因此，公民在未能获得合适的劳动机会时，不能直接行使请求权。所以，本案涉及的是公民的平等就业权问题，这是公民在宪法上享有的平等权在劳动领域的具体表现。❸

2. 歧视与合理差别对待的区分

平等权的内涵包括三个方面：第一，法律面前人人平等；第二，禁止不

---

❶ 周瑞平. "乙肝歧视案"有了"说法"[J]. 时代潮，2004（8）.
❷ 许崇德. 宪法 [M]. 北京：中国人民大学出版社，1999：153-154.
❸ 董和平，秦前红. 宪法案例 [M]. 北京：中国人民大学出版社，2006：228-234.

合理的差别对待；第三，任何人不得享有超越法律的特权。而从其性质上来说，平等可以分为形式上的平等和实质上的平等，两者是相辅相成的。因此，各国宪法在规定平等权的同时，一般都根据个人自然的、生理的和社会的不同情况，作出了差别待遇的规定。

本案争议的关键就在于界定芜湖市人事局的行为是否构成了"歧视"，即在招录公务员时所依据的体检标准是一种歧视还是合理的差别对待。我们可以从以下几个方面来具体分析。首先，我国宪法和法律规定，可以在以下几个方面设定合理差别：第一，根据履行特定国家职务的需要而对公民行使某些权利在宪法和法律上采取合理差别对待；第二，根据人的生理自然差异存在着与他人的不平等，而在宪法和法律上采取合理差别对待；第三，根据民族、性别等原因造成的人们事实上存在的不平等，在法律上采取合理差别规定；第四，根据特定职业需要而对任职资格采取合理限制；第五，根据实际负担能力情况进行合理差别对待。❶ 由此结合本案来看，芜湖市人事局体检标准中设定的区别对待缺乏事实依据。因为，就本案中所招录的公务员的工作岗位性质而言，并不需要其工作人员必须不能是乙肝病毒携带者，张某的身体状况并不会影响他的工作效率。所以，芜湖市人事局因此原因剥夺张某就业机会的行为是不合理的，构成了一种歧视。其次，合理的差别对待除了要有合理的依据之外，还必须限定在合理的限度范围内，超过合理限度的"合理差别"，也会导致不平等。本案中，芜湖市人事局从政府机构的利益角度出发，没有录用张某，对乙肝病人以及乙肝病毒携带者而言，构成了对他们权利的侵犯。因为，从专业的医学角度分析，乙肝病毒携带者的传染性是非常微弱的，几乎与所有的职位申请条件都没有联系。所以，在公务员招录过程中，基于职务需要对公务员的健康状况进行合理限制是允许的，但必须保持在合理的限度内，一旦超出了合理限度，就会构成歧视。

(二) 政治权利

政治权利是公民依据宪法和法律规定，参与国家政治生活的行为可能性。一方面表现为以选举权和被选举权的行使参与国家和社会的组织与管理，即政治权利；另一方面表现为在国家政治生活中自由地发表意见、表达意愿的自由，即政治自由。

---

❶ 周伟. 宪法基本权利司法救济研究 [M]. 北京：中国人民公安大学出版社，2003：83.

1. 选举权与被选举权

选举权是选民依法选举代议机关代表和特定国家机关公职人员的权利。被选举权是指选民依法被选为代议机关代表和特定国家机关公职人员的权利。没有选举就没有民主。我国《宪法》第三十四条规定："中华人民共和国年满十八周岁的公民，不分民族、种族、性别、职业、家庭出身、宗教信仰、教育程度、财产状况、居住期限，都有选举权和被选举权；但是依照法律被剥夺政治权利的人除外。"

2. 言论、出版、结社、集会、游行、示威自由

我国《宪法》第三十五条规定："中华人民共和国公民有言论、出版、集会、结社、游行、示威的自由。"言论自由是公民通过各种语言形式宣传自己思想和观点的自由，宪法中主要指政治言论自由，是公民参与国家管理的有效形式。出版自由指公民可以通过公开发行的出版物，自由地表达自己对国家事务、社会事务、经济和文化事务的见解和看法。结社自由指公民为了一定的宗旨而依法律规定的程序组织某种社会团体的自由。集会是指聚集于露天公共场所，发表意见，表达意愿的活动。游行是指在公共道路、露天公共场所列队进行，表达共同意愿的活动。示威是指在露天公共场所或公共道路上以集会、游行、静坐等方式，表达要求、抗议或者支持、声援等共同意愿的活动。集会、游行、示威自由是言论自由的延伸和具体化，是公民表现意愿的强烈形式和手段。

（三）宗教信仰自由

《宪法》第三十六条第一款规定："中华人民共和国公民有宗教信仰自由。"宗教信仰自由是指公民依据内心的信念，自愿地信仰宗教的自由。内容上包括有信仰或不信仰宗教的自由，信仰这种或那种宗教的自由，在同一宗教里信仰这一教派或那一教派的自由，过去信教现在不信教的自由，过去不信教现在信教的自由。

（四）人身自由

人身自由又称身体自由，指公民的人身不受非法侵犯的自由，是以人身保障为核心的权利体系，是公民参加政治生活和社会生活的基础。人身自由的内容包括：

1. 人身自由不受侵犯

人身自由不受侵犯是指公民享有人身不受任何非法搜查、拘禁、逮捕、

剥夺、限制的权利。《宪法》第三十七条规定："中华人民共和国公民的人身自由不受侵犯。任何公民，非经人民检察院批准或者决定或者人民法院决定，并由公安机关执行，不受逮捕。禁止非法拘禁和以其他方法非法剥夺或者限制公民的人身自由，禁止非法搜查公民的身体。"

2. 人格尊严不受侵犯

人格尊严不受侵犯是指与人身有密切联系的名誉、姓名、肖像等不容侵犯的权利。我国《宪法》第三十八条规定："中华人民共和国公民的人格尊严不受侵犯。禁止用任何方法对公民进行侮辱、诽谤和诬告陷害。"

3. 公民住宅不受侵犯

即住宅安全权，指公民居住、生活的场所不受非法侵入和搜查。我国现行《宪法》第三十九条规定："中华人民共和国公民的住宅不受侵犯。禁止非法搜查或者非法侵入公民的住宅。"

4. 通信自由

通信自由是指公民通过书信、电话、电信及其他通信手段，根据自己的意愿进行通信，不受他人干涉的自由。《宪法》第四十条规定："中华人民共和国公民的通信自由和通信秘密受法律的保护。除因国家安全或者追查刑事犯罪的需要，由公安机关或者检察机关依照法律规定的程序对通信进行检查外，任何组织或者个人不得以任何理由侵犯公民的通信自由和通信秘密。"

（五）社会经济权利

社会经济权利是指公民依照宪法规定享有物质利益的权利，是公民实现其他权利的物质上的保障。我国宪法规定了以下社会经济权利：

1. 财产权

财产权是指公民个人通过劳动或其他合法方式取得财产和享有占有、使用、收益、处分财产的权利。《宪法》第二十二条规定："公民的合法的私有财产不受侵犯。国家依照法律规定保护公民的私有财产权和继承权。国家为了公共利益的需要，可以依照法律规定对公民的私有财产实行征收或者征用并给予补偿。"

2. 劳动权

劳动权是指一切有劳动能力的公民有从事劳动并取得劳动报酬的权利。《宪法》第四十二条规定："中华人民共和国公民有劳动的权利和义务。国家通过各种途径，创造劳动就业条件，加强劳动保护，改善劳动条件，并在发展生产的基础上，提高劳动报酬和福利待遇。"

3. 休息权

休息权是指劳动者休息和休养的权利，是劳动力延续的条件，也是劳动者享受文化生活、自我提高的权利。《宪法》第四十三条规定："中华人民共和国劳动者有休息的权利。国家发展劳动者休息和休养的设施，规定职工的工作时间和休假制度。"

4. 获得物质帮助权

获得物质帮助权，也称为社会保障权，是公民因失去劳动能力或暂时失去劳动能力而不能获得必要的物质生活资料时，有从国家和社会获得生活保障，享有集体福利的一种权利。《宪法》第四十五条第一款规定："中华人民共和国公民在年老、疾病或者丧失劳动能力的情况下，有从国家和社会获得物质帮助的权利。国家发展为公民享受这些权利所需要的社会保险、社会救济和医疗卫生事业。"

（六）文化教育权利

文化教育权是一种综合的权利体系，在基本权利体系中处于基础地位。教育方面体现为受教育权，文化方面体现为科学研究自由、文艺创作自由和其他文化活动自由。

1. 受教育权

受教育权是指公民接受文化科学知识等方面训练的权利。公民按照能力受教育，享受教育机会平等。《宪法》第四十六条第一款规定："中华人民共和国公民有受教育的权利和义务。"

2. 科学研究自由

科学研究自由是指公民有自由地对科学领域的问题进行探讨的权利，不允许非法干涉；公民有权通过各种形式发表自己的研究成果，国家有义务提供必要条件；国家应奖励和鼓励科研人员，保护科研成果。《宪法》第四十七条规定："中华人民共和国公民有进行科学研究、文学艺术创作和其他文化活动的自由。国家对于从事教育、科学、技术、文学、艺术和其他文化事业的公民的有益于人民的创造性工作，给以鼓励和帮助。"

3. 文艺创作自由

文艺创作自由是指公民有权自由地从事文艺创作并发表成果。允许不同风格、不同流派存在，国家权力不得非法干涉文艺创作，做出限制时应注意合理界限。

4. 其他文化活动自由

其他文化活动自由，包括观赏、欣赏、享用文化作品和从事各种娱乐活动的自由。

（七）监督权与请求权

1. 监督权

监督权指公民监督国家机关及其工作人员活动的权利，是人民主权原则的体现。《宪法》第四十一条第一、第二款规定，"中华人民共和国公民对于任何国家机关和国家工作人员，有提出批评和建议的权利；对于任何国家机关和国家工作人员的违法失职行为，有向有关国家机关提出申诉、控告或者检举的权利，但是不得捏造或者歪曲事实进行诬告陷害"，"对于公民的申诉、控告或者检举，有关国家机关必须查清事实，负责处理。任何人不得压制和打击报复"。

2. 请求权

请求权指公民依照宪法规定，要求国家作一定行为的权利。这是基本权利实现的手段性权利，是具有一般效力的具体的现实的权利。《宪法》第四十一条第三款规定："由于国家机关和国家工作人员侵犯公民权利而受到损失的人，有依照法律规定取得赔偿的权利。"

（八）其他权利

除此之外，我国宪法规定的基本权利中，还包括对妇女、儿童、老年人、残疾人、华侨、归侨和侨眷等特定主体的保护。

二、具体分析与大学生相关的宪法权利

我国宪法中规定的公民的基本权利中，与大学生的切身利益息息相关的主要就是文化教育权利中的受教育权和科学研究自由。

（一）受教育权

受教育权是公民接受文化、科学等方面教育训练的权利，是教育领域里至关重要的权利。受教育权具有双重性质，它既是一项权利，又是一项义务。根据我国宪法和有关教育立法的规定，受教育权的具体内容包括如下一些。首先，按照个人能力接受教育的权利。即公民按照个人能力的大小，接受相应的教育。其次，享受教育机会的平等。受教育机会平等，主要体现在《宪

法》第四十六条："中华人民共和国公民有受教育的权利和义务。国家培养青年、少年、儿童在品德、智力、体质等方面全面发展。"从条文来看，此条更侧重于对青少年及儿童这些义务教育主体的受教育权利保护。但是条文中公民一词显然应当包括所有受教育主体，那么对于高等教育来说，并不是每一个公民都有接受高等教育的权利，因此公民平等进入大学接受教育的权利不过是平等权在教育领域的投射而已。❶ 对于高等教育来说，保障学生的受教育权，除了要保证学生入学时的平等，即保证筛选学生的制度公开、公平、公正，更多的是对大学生自由学习或自由研究的权利不作限制，即保障在校受教育者的科学研究自由的权利。

最后，受教育权通过不同阶段和不同形式得到了具体实现。在我国的教育体系中，主要包括幼儿教育、初等教育、普通高等教育等，我国也已经建立了相对完善的受教育权保障体系，颁布了《义务教育法》《教育法》《高等教育法》《学位条例》等相关的法律法规。如《义务教育法》第四条规定："凡具有中华人民共和国国籍的适龄儿童、少年，不分性别、民族、种族、家庭财产状况、宗教信仰等，依法享有平等接受义务教育的权利，并履行接受义务教育的义务。"《教育法》第九条规定："中华人民共和国公民有受教育的权利和义务。公民不分民族、种族、性别、职业、财产状况、宗教信仰等，依法享有平等的受教育机会。"《高等教育法》第九条规定："公民依法享有接受高等教育的权利。国家采取措施，帮助少数民族学生和经济困难的学生接受高等教育。"

■ 案例 7-2 田某诉北京科技大学拒绝颁发毕业证、学位证案

1996 年 2 月 29 日，北京科技大学本科生田某在大学二年级时，在电磁学课程补考中，因其携带记有公式的字条被监考老师发现。监考老师虽未发现其有偷看行为，但还是当即停止其考试并上报学校。北京科技大学依据校发（1994）年第 068 号《关于严格考试管理的紧急通知》第三条第二项关于"夹带着，包括写在手上等作弊行为者"的规定，认定田某的行为是考试作弊，并根据该通知第一条"凡考试作弊者，一律按退学处理"的规定，对田某作出"退学处理"的决定。但田某未收到正式通知，该退学处理决定并未

---

❶ 管华. 大学要求学生晨读的合法性分析［A］//中国教育法制评论：第 11 辑［C］. 北京：教育科学出版社，2013：172.

得到实际执行。在以后的两年，田某仍以北京科技大学学生的身份进行正常的学习，继续缴纳学费，使用学校的各种教学设施，享受学校补助金，修完了所有学分并完成了毕业实习、毕业设计和毕业答辩。但在临毕业时，学校通知田某所在院系，田某不能毕业，拒绝为其颁发毕业证、学位证及派遣证，理由是田某已被退学。田某不服，认为学校的行为侵犯了其合法权益，于1998年10月19日向北京市海淀区人民法院提起诉讼，请求法院判令学校履行发放毕业证、学位证及派遣证的法定职责。1999年2月14日，一审法院即北京市海淀区人民法院在查明事实的基础上认定，北京科技大学制定的《关于严格考试管理的紧急通知》与有关规章的规定相抵触，对田某的退学处理属于无效行为，并判令北京科技大学颁发田某毕业证，评定田某的学士学位资格，上报田某的毕业派遣手续。北京科技大学不服，提起上诉。1999年4月26日，二审法院即北京市第一中级人民法院驳回上诉，维持原判。❶

【请思考】1. 高等学校规章制度制定、学籍管理和学位授予等职权行使的合法性如何确定？2. 高等学校能否制定规则规定学生违反学籍管理规定而勒令其退学？

【参考答案】本案涉及学生的受教育权与高校的退学权之间的冲突，主要争议焦点首先涉及学生享有受教育权的具体内容，其次涉及学校"退学权"的权限，最后涉及学生不服高校处理决定时的救济途径。

1. 大学生受教育权的相关内容

我国《宪法》第四十六条及第十九条规定了我国公民享有受教育的权利和义务，国家有保障公民享有受教育权利的义务。《经济、社会、文化权利国际公约》也规定了人人享有受教育权。公民的受教育权依据其产生、发展的时间顺序，可以划分为以下三个阶段的权利。首先，学习机会权。学习机会权是指受教育者有权通过学习获得生存与发展能力的可能性空间和余地，是接受任何等级教育的起点、资格或身份。第一，表现为入学升学机会权；第二，表现为受教育的选择权，即对接受教育的种类、学校、教师等自由选择的权利；第三，表现为学生身份权（学籍权），任何人一旦有权进入某一教育机构学习，经登记注册后就成为该教育机构的学生，获得学生身份权。一旦丧失学生身份权，其他形式的受教育权也一同丧失。因而剥夺学生的身份权

---

❶ 案情来源于《中国裁判文书网》，网址：http://wenshu.court.gov.cn/Index，参见北京市海淀区人民法院行政判决书（1998）海行初字第142号，北京市第一中级人民法院行政判决书（1999）一中行终字第73号。

是最严重的处理，法律对其保障也极为严格。在义务教育阶段，学生的身份权不得被剥夺；在非义务教育阶段，非因法定理由并经法定程序，学生的身份权也不得被剥夺。其次，学习条件权。学习条件权是学生要求国家采取积极主动措施予以保障的社会权。根据《宪法》和《教育法》的相关规定，学习条件权主要包括教育条件建设请求权、教育条件利用权和获得教育资助权三种表现形式。最后，学习成功权。学习成功权是受教育权结束时的结果权利。按照国家教学大纲的要求，修完规定的课程并达到规定的标准，学习者就应该享有学习成功权，有权要求国家颁发学习成功的相应证明或者证书。❶

本案中，学校由于认定田某考试作弊，而作出"退学处理"决定，事实上剥夺了田某的学生身份权，使其丧失了学籍。虽然田某在学校享受了学习条件权，但是学校仍以田某没有学籍为由，拒绝颁发给田某相关证书。由此可见，田某首先被学校强行剥夺了学习机会权中的学习身份权，并以此为基础剥夺了田某的学习成功权，极大地限制和剥夺了田某的受教育权。

2. 高等学校退学权的界定与救济

"退学权"在我国现行教育立法中尚不是一个明确的法律用语，理论上也没有权威性的定义。而本案中的按"退学处理"决定与学生处分中的勒令退学和开除学籍都属于学校对学生的受教育权的一种强制性处分，这三种情形是学校退学权的三种表现形式。根据我国《教育法》和《高等教育法》的有关规定，退学权的实施是高校的法定职权，属于高校根据法律授权行使教育权的范畴。但是，高校退学权的权限行使也是有必要性限制的。高校退学权的行使需要法律和法规的授权，此处的法律和法规都应当采用狭义解释，高校的规范性文件不能自行设定退学权。本案中，北京科技大学的068号文件中的规定与《普通高等学校学生管理规定》不一致，是属于学校自行设定的退学权，是无效的内部规范性文件。因此，学校依据该文件作出的决定也应该是无效的。

其次，高校退学权的行使也应当遵循基本的程序要求。在本案中，北京科技大学并没有以书面的形式通知本人，也没有尊重本人应有的申辩的权利从而实现救济，严重侵害了受教育者的合法权益，其行为当然属于无效，不产生法律效力。此外，学校方面没有足够的证据去证明田某在考试期间抄袭纸条上的内容，学校认为其作弊是不合理的。因此，本案中北京科技大学对田某作出的"退学处理"决定，具有严重的瑕疵，不满足程序正当原则的要求。❷

---

❶ 龚向和. 受教育权论 [M]. 北京：中国人民公安大学出版社，2004：36-59.
❷ 焦洪昌，姚国建. 宪法学案例教程 [M]. 北京：知识产权出版社，2007：180-186.

(二) 科学研究自由

"科学研究自由"这一基本权利的相关内容主要体现在《宪法》规定的第十九条、第二十条和四十七条中。第十九条、第二十条中规定，国家发展"高等教育""发展自然科学和社会科学事业"，其载体只能是大学和研究机构，要求国家履行保护义务，为科学研究自由提供制度保障、组织保障和程序保障。这集中体现为大学的办学自主权和大学自治制度。即便是立法机关，也不能完全废除它。❶ 在保护对象上，上述条文规定侧重对高等教育阶段师生权利的保障，包括高校的教师、研究人员、学生，具有进行科学研究、文学艺术创作和其他文化活动的自由。这些自由包括了研究自由、教学自由、学习自由、创作自由以及参与各类文化活动的自由。具体而言，在进行上述范围内的学术活动时，相关人员具有自主选择及决定的权利，包括进行学术活动的时间、地点、主题、相关的材料、活动的形式等，在从事研究、教学、创作及参加文化活动时，只要活动没有违反法律法规及相关规定，没有侵犯他人利益或社会公共利益，任何个人及组织不得以任何理由干涉相关人员的研究活动，限制他们自主进行科研活动的权利。除此之外，《高等教育法》第十条规定："国家依法保障高等学校中的科学研究，文学艺术创作和其他文化活动的自由。"

第三节　大学生的宪法义务

公民的权利和义务是相对的。权利是相对义务而言，没有无义务的权利，也没有无权利的义务。公民的基本义务又称宪法义务，是指由宪法规定的公民必须履行的法律责任。义务只能由法律规定，在缺乏法律规定条件下，不得强加给公民以一定的义务；义务只能由立法机关设定，行政机关不具备设定义务的权力；法律规定公民履行义务必须符合宪法关于基本义务的规定。

一、维护国家统一和民族团结的义务

《宪法》第五十二条规定："中华人民共和国公民有维护国家统一和全国各民族团结的义务。"《宪法》第四条第一款规定："中华人民共和国各民族

---

❶ 管华，陈鹏. 高校学术委员会权力的性质、来源与界限——兼评《高等学校学术委员会规程》[J]. 陕西师范大学学报，2015（11）：151.

一律平等。国家保障各少数民族的合法的权利和利益，维护和发展各民族的平等、团结、互助关系。禁止对任何民族的歧视和压迫，禁止破坏民族团结和制造民族分裂的行为。"

作为新时代的大学生，我们更应该发扬维护民族团结、反对分裂的爱国精神。对此，大学生应该做到以下几个方面：尊重各少数民族的风俗和文化习惯；积极参与并帮助不发达地区进行政治经济文化等全方位的建设与发展；反对恐怖主义，同一切危害民族团结的言论和行为作斗争。

二、遵守宪法和法律的义务

《宪法》第五十三条规定："中华人民共和国公民必须遵守宪法和法律，保守国家秘密，爱护公共财产，遵守劳动纪律，遵守公共秩序，尊重社会公德。"

作为一名合格的大学生，我们不仅要遵守法律法规，而且要遵守校规校纪。严格服从学校的教育管理模式，认真学习，按时完成学业，避免发生"甘某案""于某某案"等类似的情况。

三、维护国家安全、荣誉和利益的义务

《宪法》第五十四条规定："中华人民共和国公民有维护祖国的安全、荣誉和利益的义务，不得有危害祖国的安全、荣誉和利益的行为。"

作为一名大学生，我们要牢固树立国家安全高于一切的理念。在对外交流中，要保持警惕性，增强保密意识，善于识别各种伪装。一旦发现有危害国家安全的行为，要及时向有关部门报告，并为国家安全工作提供便利与协助。

四、依法服兵役的义务

《宪法》第五十五条规定："保卫祖国、抵抗侵略是中华人民共和国每一个公民的神圣职责。依照法律服兵役和参加民兵组织是中华人民共和国公民的光荣义务。"这一义务实际上是公民维护国家安全、荣誉和尊严的具体行为。国家的主权独立、领土完整是我国现代化建设能够顺利进行的关键，因此，保卫祖国、依法服兵役是每个公民的光荣职责。

依法服兵役，献身国防、报效祖国是每一位公民应尽的义务，也是大学生义不容辞的职责。作为一名大学生，在校学习期间，我们应该积极响应国家政策，积极应征入伍，努力提高个人综合素质，为国防和军队建设贡献

力量。

五、依法纳税的义务

《宪法》第五十六条规定:"中华人民共和国公民有依照法律纳税的义务。"纳税义务是指纳税义务人依照法律规定向税务部门按照一定的比例缴纳税款的行为。税收是国家的财政基础,也是国家为公民提供社会保障的物质基础。

现阶段,大学生创业问题已经屡见不鲜。大学生是国家未来的建设者,我们要从学生时代就养成纳税意识,增强社会责任感,遵守公司法等相关的法律法规,做一名合格的纳税人。

第四节 宪法基本制度

一、国家性质

国家是政治学中的基本概念,一切政治活动和政治现象都是以国家为中心的。那么,国家到底是什么?这是古往今来众多学者研究的重要问题之一。在政治学上,国家性质和国家本质、国体等都是同义词,指的是国家的阶级本质,即一个国家里各个阶级在国家政治生活中的地位。在宪法学上,国家性质就是指通过特定的宪法规范和宪法制度所反映的一个国家在政治、经济、文化等方面的基本特征,它反映着该国社会制度的根本属性。任何国家都有其特定的性质,各立宪国家的宪法也都规定或反映了该国的国家性质,不同国家的宪法对其国家性质的规定或反映的方式也都各不相同。在资本主义国家的宪法中,大都没有关于国家性质的明文规定,一般只是以"主权在民""增进全民福利"等笼统的语言来概括其资产阶级专政的本质。而社会主义国家宪法大都以规范的形式明确规定了国家的性质。例如,我国《宪法》第一条明确规定了:中华人民共和国是工人阶级领导的、以工农联盟为基础的人民民主专政的社会主义国家。社会主义制度是中华人民共和国的根本制度。这表明了我国的国家性质是社会主义。宪法从人民民主专政的国家政权、有中国特色的社会主义经济制度以及文化制度等方面全面反映了我国的社会主义性质。

二、国家基本制度

（一）国家的基本经济制度

经济制度是指通过宪法和法律确认、调整的，在人类社会发展到一定阶段时占主要地位的生产关系以及在此基础上建立的各种经济关系的总和，又被称为社会经济结构。国家经济制度是国家制度的基础，并且决定了国家的政治制度、法律制度和人们的社会意识等上层建筑的性质。宪法学所研究的经济制度就是作为上层建筑体系中制度范畴之一的经济制度。

新中国成立之后，制定的历部宪法都对经济制度作出了明确规定。现行《宪法》第六条、第七条、第八条、第十一条、第十五条等相关条文都具体规定了我国的经济制度，即生产资料的社会主义公有制是我国经济制度的基础；在社会主义初级阶段，实行公有制经济为主体、多种所有制经济共同发展的基本经济制度；实行按劳分配为主体、多种分配方式并存的分配制度；国家实行社会主义市场经济体制；农村集体经济组织实行家庭承包经营为基础、统分结合的双层经营体制；等等。

（二）国家的基本政治制度

政治制度是指在特定的社会中，统治阶级通过组织政权以实现其政治统治的原则和规则的总和。一个国家实行什么样的政治制度，归根结底是由这个国家的性质和基本国情来决定的。社会主义国家的政治制度是建立在生产资料公有制的经济基础之上的，其本质是实现最广大人民群众的根本利益，保障人民当家作主，保持国家长期稳定发展。宪法与政治制度密切相关，是一个国家政治制度的根本性法律依据。在我国，以宪法规定为基础，建立了人民代表大会制度、中国共产党领导的多党合作和政治协商制度、民族区域自治制度、基层群众自治制度，共同构成了我国政治制度的核心内容与基本框架。

1. 人民代表大会制度

人民代表大会制度是我国的根本政治制度，是我国人民当家作主、行使国家权力的重要途径和最高实现形式；它直接反映了我国的国家性质，并决定了国家的各种具体制度和社会生活的各个方面。该制度建立在适应我国基本国情的基础上，既保证坚持中国共产党的统一领导，又充分发挥地方的主动性和积极性，使一切权力属于人民的原则得到充分落实。全国人民代表大会和地方各级人民代表大会通过民主选举产生，是人民行使国家权力的机关。

我国现行《宪法》第二条、第三条对该制度的相关内容作了具体规定。

2. 中国共产党领导的多党合作和政治协商制度

中国共产党领导的多党合作和政治协商制度，是马克思主义统一战线理论、政党理论、社会主义民主政治理论与中国具体实践相结合的产物，是带有中国特色社会主义性质的新型政党制度，是在长期革命、建设和改革中形成和发展起来的。在政党关系上，坚持共产党领导、多党派合作；在政权运作方式上，坚持共产党执政、多党派参政；在协调利益关系上，坚持维护国家和人民的根本利益、照顾同盟者的具体利益；在民主形式上，坚持充分协商、广泛参与。

3. 民族区域自治制度

民族区域自治制度是指在国家的统一领导下，以少数民族聚居区为基础，建立相应的民族自治地方，设立民族自治机关，行使宪法和法律规定的自治权的制度。我国现行《宪法》第四条、第一百一十二条至第一百二十二条对此作了具体规定。我国的民族区域自治制度是解决我国民族间问题的基本政策，是我国的一项基本政治制度。我国的民族区域自治是在国家统一领导下的自治，既维护了国家的统一，又保障了各少数民族当家作主的权利，实现了民族平等、民族团结、各民族共同繁荣发展。

4. 基层群众自治制度

基层群众自治制度是指依照宪法和有关法律规定，由居民（村民）选举的成员组成居民（村民）委员会，实行自我管理、自我教育、自我服务、自我监督的制度。现行《宪法》第一百一十一条对此作了具体规定。基层群众自治组织不同于国家政权组织形式，它是以群众为基础建立起来的一个具有自治性的社会组织，其所从事的工作都是居民（村民）居住范围内社区的公共事务和公益事业等。

（三）国家的基本文化制度

文化制度是指一国通过宪法和法律规范社会文化生活，调整以社会意识形态为核心的各种基本文化关系的规则、原则和政策的总和。文化制度主要包括教育、科技、文艺、广播电视、医疗、卫生、体育等各方面的文化事业，以及与社会意识形态相关的基本价值观念等。现行宪法对社会主义文化制度的内容作了具体规定：《宪法》第二十四条规定了加强社会主义精神文明建设，倡导社会主义核心价值观；《宪法》第十九条、第二十条、第二十一条、

第二十二条等对科学文化体育建设作出了具体规定;《宪法》第二十三条规定了加强人才培养的相关内容。

三、国家机构

国家机构又称国家机器,是统治阶级为行使国家权力,实现国家职能而建立起来的国家机关的总和。国家机构不仅是国家职能的主要载体,而且是国家形之于外的标志。国家机构包括立法机关、行政机关、审判机关、检察机关和军事机关等。根据我国现行宪法的规定,我国国家机构从横向角度,包括国家权力机关、国家主席、行政机关、国家军事领导机关、审判机关和检察机关。从纵向角度,包括中央国家机关和地方国家机关。中央国家机关包括全国人民代表大会及其常务委员会、国家主席、国务院、中央军事委员会、最高人民法院、最高人民检察院;地方国家机关包括地方各级人民代表大会及其常务委员会、地方各级人民政府、地方各级人民法院和人民检察院、民族自治地方的自治机关和特别行政区的国家机关。

(一)全国人民代表大会及其常务委员会

我国《宪法》第五十七条规定:"中华人民共和国全国人民代表大会是最高国家权力机关,它的常设机关是全国人民代表大会常务委员会。"第五十八条规定:"全国人民代表大会和全国人民代表大会常务委员会行使国家立法权。"这表明了全国人民代表大会的性质和它在整个国家机构中的地位。全国人大的作用和它具有的全权地位,是通过它所行使的职权体现的。根据《宪法》第六十二条规定,全国人大的职权主要包括以下几个方面:修改宪法、监督宪法的实施;制定和修改基本法律;选举、决定和罢免国家机关的领导人;决定国家的重大问题;其他应当由它行使的职权。

全国人大常委会是全国人大的常设机关,是全国人大闭会期间经常行使国家权力的机关,是最高国家权力机关的组成部分,也是行使国家立法权的机关。它隶属于全国人大,受全国人大的领导和监督,向全国人大负责并报告工作。全国人大有权撤销它的不适当的决定和罢免它的组成人员。根据《宪法》第六十七条规定,全国人大常委会有下列职权:解释宪法、监督宪法的实施以及行使立法权;决定国家生活中的重大问题;决定和任免最高国家机关的领导人员;监督权;全国人大授予的其他职权。

(二)中华人民共和国主席

中华人民共和国主席是我国国家机构的重要组成部分,是一个相对独立的国家机关。《宪法》第七十九条规定：中华人民共和国主席、副主席由全国人民代表大会选举产生。有选举权和被选举权的年满四十五周岁的中华人民共和国公民可以被选为中华人民共和国主席、副主席。中华人民共和国主席、副主席每届任期同全国人民代表大会每届任期相同。根据《宪法》第八十条规定：国家主席享有公布法律，发布命令权、任免权、外交权、荣典权等职权。

在我国，国家副主席没有独立的职权，他的职责主要是协助国家主席工作。副主席可以受国家主席的委托，代替执行主席的一部分职权。副主席受托行使国家主席职权时，具有与国家主席同等的法律地位，他所处理的国务具有与国家主席同等的法律效力。

（三）国务院

《宪法》第八十五条规定：中华人民共和国国务院，即中央人民政府，是最高国家权力机关的执行机关，是最高国家行政机关，从属于全国人大，通过领导和管理各方面的行政工作来执行全国人大及其常委会通过的法律和决议。国务院由全国人大产生，受它监督，并向它负责和报告工作。在全国人大闭会期间，接受全国人大常委会的监督，向它负责并报告工作。国务院是最高国家行政机关，即国务院在整个国家行政机关系统中处于最高地位，国务院统一领导各部、各委员会的工作和全国地方各级国家行政机关的工作。《宪法》第八十九条规定的国务院的职权非常广泛，主要包括：根据宪法和法律，规定行政措施，制定行政法规，发布决定和命令；提出议案；对所属部、委和地方行政机关的监督权；领导和管理全国各项行政工作；对行政人员的任免、奖惩权；最高权力机关授予的其他职权。

（四）中央军事委员会

《宪法》第九十三条规定：中华人民共和国中央军事委员会领导全国武装力量。据此，中央军事委员会是国家最高军事领导机关，领导和指挥全国武装力量。军队是国家机器的重要组成部分，军事权力是国家权力的构成要素之一，在国家体制中占有重要地位。我国宪法正是在总结国家机构建设和人民军队建设历史经验的基础上，从实际出发，规定设立了中央军事委员会。把中央军事委员会列为国家机关，肯定了它是中央国家结构体系中的一个独立机构，这不仅纠正了过去以党代政、党政不分的不正常做法，而且进一步完善了国家机构，有利于实现中央国家机关的合理分工，把全国武装力量置于最高国家权力机关的监督之下。

(五) 地方各级人民代表大会和地方各级人民政府

《宪法》第九十六条规定：地方各级人民代表大会是地方国家权力机关。第九十九条规定：地方各级人民代表大会在本行政区域内，保证宪法、法律、行政法规的遵守和执行；依照法律规定的权限，通过和发布决议，审查和决定地方的经济建设、文化建设和公共事业建设的计划。而地方各级人民政府是地方各级国家权力机关的执行机关，是地方各级国家行政机关。根据《宪法》第一百零七条规定，县级以上地方各级人民政府的职权包括：管理本行政区域内的经济、教育、科学、文化、卫生、体育事业、城乡建设事业和财政、民政、公安、民族事务、司法行政、计划生育等行政工作，发布决定和命令，任免、培训、考核和奖惩行政工作人员。乡、民族乡、镇的人民政府有权执行本级人民代表大会的决议和上级国家行政机关的决定和命令，管理本行政区域内的行政工作。省、直辖市的人民政府决定乡、民族乡、镇的建置和区域划分。

(六) 民族自治地方的自治机关

《宪法》第一百一十二条规定：民族自治地方的自治机关是自治区、自治州、自治县的人民代表大会和人民政府。民族自治地方的人大是由实行区域自治的民族以及居住在本区域内的其他民族的公民，按人口比例产生代表组成的；民族自治地方的人大常委会中应当由实行区域自治的民族的公民担任主任或副主任；自治区、自治州、自治县人民政府的主席、州长、县长应当由实行区域自治的民族的公民担任；自治地方人民政府的其他组成人员和自治机关所属工作部门的干部，要合理配备实行区域自治的少数民族和其他少数民族的人员。民族自治地方的自治机关行使的职权具有双重性。一方面，行使一般地方国家机关的职权；另一方面，自治机关依法享有广泛的自治权。自治机关的自治权主要有：对上级国家机关的决议、决定、命令和指示的变通执行或停止执行；制定自治条例和单行条例；管理地方财政；安排和管理地方经济建设事业；管理本地方的教育、科学、文化、卫生、体育事业；使用和发展当地通用的一种或几种语言文字。

(七) 监察委员会

《宪法》第一百二十三条规定：中华人民共和国各级监察委员会是国家的监察机关。第一百二十四条规定：中华人民共和国设立国家监察委员会和地方各级监察委员会。国家监察委员会是最高监察机关，依照法律规定独立行使监察权；监察机关在办理职务违法和职务犯罪案件时，应当与审判机关、检察机关、执法部门互相配合，互相制约。

（八）人民法院和人民检察院

《宪法》第一百二十八条规定：中华人民共和国人民法院是国家的审判机关。根据宪法和法律规定，我国设立最高人民法院、地方各级人民法院和军事法院等专门人民法院。人民法院通过行使审判权完成国家权力机关赋予的任务，保障法律的实施，维护法律的尊严。一切需要通过审判解决的案件都要由人民法院依照法律的规定进行审判，其他一切国家机关、社会团体和个人都无权进行审判。我国人民法院的审级制度是四级两审终审制，即我国人民法院共设四级，一个案件最多可以经过两级人民法院审理即告终结的制度。

《宪法》第一百三十四条规定：中华人民共和国人民检察院是国家的法律监督机关。最高人民检察院是最高检察机关，人民检察院依照法律规定独立行使检察权，不受行政机关、社会团体和个人的干涉。检察权是国家权力的重要组成部分，人民检察院通过行使检察权，对国家机关、国家工作人员和公民的违法犯罪行为实行监督，以维护国家宪法和法律的尊严。

第八章

大学生在行政法方面的常见问题与解决对策

第一节 行政法的概念、原则与内容

一、行政法的概念

行政法是关于行政的法,由于人们对行政的含义有多种多样的理解,对行政法的理解也必然多种多样。因此,关于行政法的概念表述可谓众说纷纭。其中,比较具有代表性的有以下几种。

(一)行政法是规定主权行使限度与行使方式的法

这种观点以19世纪初英国著名法学家奥斯丁(John Austin)为代表。他认为,作为公法部门之一的行政法,"规定主权行使之限度与方式:君主或主权者直接行使其主权,或其所属之高级行政官吏行使主权者授予或委托之部分主权。"

(二)行政法是调整行政机关特定行政内容的法

美国法学家戴维斯(K. R. Davis)在其1978年出版的《行政法教程》一书中提出:"行政法是关于行政管理机构的权力和活动程序的法,特别还包括对行政行为进行司法审查的法。"

(三)行政法是控制政府公权力的法

美国法学家伯纳德·施瓦茨(Bernard Schwartz)指出:"行政法是管理政府行政活动的部门法。它规定行政机关可以行使的权力,确定行使这些权力的原则,对受到行政行为损害者给予法律补偿。"

(四) 行政法是行政机关制定的法

这一观点以《布莱克法律词典》的表述为代表:"行政法是行政机关制定的以条例、规章、命令和决定形式出现的法的总称。"❶

二、行政法的原则

所谓行政法的原则是指指导行政法律的制定,规范行政权力的运作,以及提供行政权力的监督者判断标准的基本原理。作为行政法精髓的基本原则是一种理念推演出来的产物,也是行政法学界长期钻研国家行政事务,所综合积累的成果。❷ 总体而言,行政法的原则主要包括以下几个方面。

(一) 法律优位原则

所谓法律优位,字面的意思是法律对行政权处于优先的地位。实质是指行政应受既存法律的约束,行政机关不得违反既存法律,不能采取与法律相抵触的措施,与法律相抵触的行政行为原则上是可以撤销和被提起诉讼的。

(二) 法律保留原则

法律保留原则又称积极的依法行政原则,主要涉及民主国家中的哪些事项应由哪一层级的规范规定的问题。它是指特定的国家事务应保留由立法者以法律的形式为之,行政机关依法律规定方能作出行政行为。❸ 法律保留有狭义、广义和最广义之分,狭义的法律保留是指某些事项只能由立法机关通过法律规定,不得委由行政机关代为规定。广义的法律保留是指某些事项虽应保留由法律加以规定,但法律也可授权行政机关以行政立法的方式加以规定,但此时法律的授权必须在授权目的、范围、内容等方面明确具体。最广义的法律保留是指只要有相当于广义"法律"位阶的规范作为依据,就符合法律保留。❹

(三) 正当程序原则

英国自 1215 年《自由大宪章》即发展出"自然正义法则"(rules of natural justice),它包括公正程序的两项基本原则。第一项原则是"一个人不能在自己的案件中做法官",其主要目的是防止偏私,要求裁决者必须是独立的。关于

---

❶ 张正钊,胡锦光. 行政法与行政诉讼法(第四版)[M]. 北京:中国人民大学出版社,2009.
❷ 陈新民. 中国行政法学原理[M]. 北京:中国政法大学出版社,2002:32.
❸ 周佳宥. 行政法基本原则[M]. 台北:三民书局,2016:67.
❹ 申素平. 教育法学:原理、规范与应用[M]. 北京:教育科学出版社,2009:152.

"独立"的判断标准,一般有以下要求:(1)不可对所裁决的案件有财务上的直接利益;(2)不可对案件中的当事人有任何偏见;(3)不可对该案当事人所主张的论点有所成见。第二项原则是"人们的抗辩必须被公正地听取",其主要目的是实现当事人受公正审判的权利,指个人或法人的权益受到行政决定的不利影响时,行政机关应举行类似于法庭调查的审讯活动,以便当事人申辩,便于行政当局弄清问题。而新近的发展则将"提供决定理由"以及"决定必须以有证明价值的证据为依据"两项新要求也纳入到自然正义原则之中。❶

在美国,宪法第十四修正案规定了"正当法律程序原则"(due process of law),并在行政、刑事等领域有广泛的适用。然而,如何灵活地适用正当法律程序原则,却是较为复杂的。正如美国联邦最高法院曾经指出的那样,正当程序是"一个难以理解的概念。其边界并不容易界定,其内容也常随具体环境的变化而变化"❷。既有的判例表明,对于何谓程序能够称得上是"正当"的,法院往往需要进行多重因素的复杂权衡。正如美国佛蒙特法律学校教授菲利普·哈特(Philip Hatter)所言,"一旦确定了某人具有财产或者自由利益,那么接下来必须确定的问题就是在宪法正当程序条款下,'什么程序是正当的'。法院认为,这取决于具体情况,需要平衡三方面因素:一是将受到行政行为影响的私人利益的性质;二是政府使用某种程序的情况下,该利益被错误剥夺的风险,以及增加额外程序保障可能的价值;三是政府的利益,包括所涉及的职能以及增加额外程序所引起的财政和行政负担。"❸

(四)比例原则

比例原则"是指行政权力在侵犯公民权利时,必须有法律依据,但是必须选择侵害公民权利最小范围内行使之"。该原则注重在实施政府公权力行为的"手段"和"目的"之间,应该存在一定的"比例"关系,不可以为达目的不择手段。比例原则源于19世纪德国的警察法学,认为警察权力的行使唯有在"必要时",才能限制公民的权利。在20世纪初,德国行政法学者弗莱纳(F. Fleiner)提出一句脍炙人口的名言"勿以炮击雀",来比喻警察权行使的限度。

---

❶ 申素平. 教育法学:原理、规范与应用[M]. 北京:教育科学出版社,2009:154-155.
❷ [美]戴维·H. 罗森布罗姆,罗伯特·S. 克拉夫丘克,德博拉·戈德曼·罗森布罗姆. 公共行政学:管理、政治与法律的途径[M]. 张成福,等译. 北京:中国人民大学出版社,2017:535-537.
❸ [荷]勒内·J. G. H. 西尔登,弗里茨·斯特罗因克. 欧美比较行政法[M]. 伏创宇,等译. 北京:中国人民大学出版社,2013:367.

比例原则有广义与狭义两种。广义的比例原则包含了三个子原则。

（1）妥当性原则，又称合目的性原则。如果行政权力所为根本无法达成目的，就是违反妥当性原则。

（2）必要性原则，指行政权力的行使，在仅达到行政目的即足，不可过度侵害行政相对人的权利。

（3）均衡原则，又称狭义的比例原则，指行政权力的行使，虽是达成行政目的所必要的，但是不可给予公民超过行政目的之价值的侵害。该原则亦可称为过度禁止原则或法益平衡原则，它侧重"价值""法益"方面的衡量。❶

（五）不当联结禁止原则

不当联结禁止原则是指行政主体在作出行政行为时，应只考虑到合乎事物本质的要素，不可将与法律目的不相干的法律上或事实上的要素纳入考虑。纵使这些要素本身具有独立的目的，且具有一定的正当性，但只要它与法律目的或行政目的间没有正当的关联性，也不得将之联结在一起加以考虑。

三、行政法的渊源

法源（rechtsquelle）即法规范构成的来源。行政法是国家整体规范的组成部分，在现代法治国家中依法行政原则又是所有行政行为所必须遵循的圭臬，讨论行政法的法源问题，即在于探究哪些规范是可以用来规范行政行为之准则。行政法的法源即是在形式上及实质上规范行政行为的法规总称。❷ 在不同的国家和同一国家的不同时期，行政法律规范的表现形式不尽相同。我国作为成文法国家，行政法的渊源主要包括以下七种类型。

（一）宪法

宪法是由全国人民代表大会制定，具有最高法律地位和效力的法源。宪法中包括行政法律制度的内容，因而能够成为行政法的渊源。调整行政活动的宪法规范主要体现在以下几个方面：关于行政活动基本原则的规范；关于中央人民政府和地方各级人民政府的组织和职权的规范；关于公民在行政领域的基本权利和基本义务的规范等。中华人民共和国成立后，曾于1954年9月20日、1975年1月17日、1978年3月5日和1982年12月4日通过四个宪法，现行宪法为1982年宪法，并历经1988年、1993年、1999年、2004

---

❶ 陈新民．中国行政法学原理［M］．北京：中国政法大学出版社，2002：44．
❷ 陈新民．中国行政法学原理［M］．北京：中国政法大学出版社，2002：45．

年、2018年五次修订。

我国先后颁布的四部《宪法》都对教育问题作出了规定，现行《宪法》（1982年通过）也有多个条文涉及教育问题，特别是第四十六条、第四十七条、第四十九条等，这些规定成为制定教育法的重要依据。任何教育法律都不得逾越宪法的理念与规范。例如，《宪法》第四十六条规定："中华人民共和国公民有受教育的权利和义务。国家培养青年、少年、儿童在品德、智力、体质等方面全面发展。"《宪法》第四十七条规定："中华人民共和国公民有进行科学研究、文学艺术创作和其他文化活动的自由。国家对于从事教育、科学、技术、文学、艺术和其他文化事业的公民的有益于人民的创造性工作，给以鼓励和帮助。"

（二）法律

法律是由全国人民代表大会及其常务委员会制定的规范性法律文件，有基本法律和一般法律之分。前者是指全国人民代表大会制定的法律，通常规定和调整某一方面具有根本性、普遍性的法律；后者是指全国人民代表大会常委会制定的法律，规定的对象相对比较具体。自1949年新中国成立以来，全国人大及其常委会先后颁布实施了《学位条例》（1980年制定，2004年修订）、《义务教育法》（1986年制定，2006年修订）、《教师法》（1993年）、《教育法》（1995年制定，2015年修订）、《职业教育法》（1996年）、《高等教育法》（1998年制定，2015年修订）、《国家通用语言文字法》（2000年）、《民办教育促进法》（2002年制定，2016年修订）8部教育法律。其中，除了1995年制定的《教育法》属于基本法律，其他都属于基本法律以外的法律。

《教育部2018年工作要点》指出，将"推动《学前教育法》《职业教育法》《学位条例》等法律起草修订"。这表明《中华人民共和国学前教育法》将有望成为我国第9部教育法律。

（三）行政法规

行政法规是国务院为领导和管理国家各项行政工作，根据宪法和法律制定的有关政治、经济、教育、科技、文化、外事等内容的条例、规定和办法的总称。目前，由国务院制定颁布的有效的教育行政法规共有13项，包括《学位条例暂行实施办法》（1981年）、《普通高等学校设置暂行条例》（1986年）、《扫除文盲工作条例》（1988年）、《高等教育自学考试暂行条例》（1988年）、《幼儿园管理条例》（1989年）、《学校体育工作条例》（1990年）、《学校卫生工作条例》（1990年）、《教学成果奖励条例》（1994年）、《残疾人教育条例》（1994

年制定，2017年修订)、《教师资格条例》（1995年）、《禁止使用童工规定》（2002年）、《中外合作办学条例》（2003年）、《民办教育促进法实施条例》（2004年）。除此之外，教育部正在研究起草《国家教育考试条例》，而《民办教育促进法实施条例》则正在修订中。

（四）地方性法规

地方性法规是省、直辖市、自治区以及省、自治区人民政府所在地的市和设区的市的人民代表大会及其常务委员会，在不与宪法、法律和行政法规相抵触的前提下，根据本地区的实际情况制定的规范性法律文件。地方性法规是地方人民政府进行本地区行政工作的法律依据之一，也是行政法的法源。

截至2015年2月，除了省、自治区和直辖市外，23个省会、5个自治区首府、18个较大的市以及4个经济特区、1个特别合作区共49个地级市拥有地方立法权。2015年3月15日，《立法法》修改，地方立法权扩大至所有设区的市。修订后实施的《立法法》第七十二条规定："省、自治区、直辖市的人民代表大会及其常务委员会根据本行政区域的具体情况和实际需要，在不同宪法、法律、行政法规相抵触的前提下，可以制定地方性法规。设区的市的人民代表大会及其常务委员会根据本市的具体情况和实际需要，在不同宪法、法律、行政法规和本省、自治区的地方性法规相抵触的前提下，可以对城乡建设与管理、环境保护、历史文化保护等方面的事项制定地方性法规，法律对设区的市制定地方性法规的事项另有规定的，从其规定。"

目前，我国各省、自治区和直辖市都有一定数量的地方性教育法规，内容集中在一些重要教育法律的实施方面，如1986年《义务教育法》颁布实施后，各地相继制定了实施《义务教育法》的地方性法规；2002年《民办教育促进法》颁布实施后，一些地方制定了相应的实施条例；2015年《高等教育法》修订后，上海市颁布实施了《上海市高等教育促进条例》，该条例于2017年12月28日通过，2018年3月15日起施行。除此之外，也有一些地方根据本地情况和现实需要先行制定地方性教育法规，如上海市2001年制定的《上海市中小学校学生伤害事故处理条例》等。

（五）自治条例与单行条例

自治条例与单行条例属于自治法规，由民族自治地方的人民代表大会制定。根据《宪法》第一百一十六条和《立法法》第六十六条规定，民族自治地方的人民代表大会，有权依据当地民族的政治、经济和文化的特点，制定自治条例和单行条例。自治区的自治条例和单行条例，报省、自治区、直辖市的人民代表大会常务委员会批准后生效。自治条例和单行条例是民族自治地方的人民政府进行行政工作的法律依据之一，也是我国行政法的法源之一。

（六）规章

规章有部门规章和地方政府规章之分。部门规章是国务院各组织部门根据法律和行政法规等在本部门权限范围内制定的规范性法律文件。地方政府规章是省、自治区、直辖市以及省、自治区人民政府所在地的市和经国务院批准的较大的市的人民政府，根据法律、行政法规等制定的规范性法律文件。

规章是我国数量最多的行政法类型，规范内容也最为全面。教育部作为国家教育行政主管部门，制定了大量的教育规章，对指导和规范全国的教育工作起到了重要作用，比较受关注的如2002年颁布、2010年修订的《学生伤害事故处理办法》，2004年制定、2012年修订的《国家教育考试违规处理办法》，2012年颁布的《学位论文作假行为处理办法》、2014年颁布的《高等学校学术委员会规程》以及2017年修订的《普通高等学校学生管理规定》和《普通高等学校辅导员建设规定》（教育部第43号令），等等。

在教育部部门规章之外，地方政府也颁布实施了一系列教育规章。例如，2017年施行的《青岛市中小学校管理办法》。

（七）有权法律解释

有权法律解释是依法享有法律解释权的特定国家机关对有关法律文件进行的具有法律效力的解释。根据1981年第五届全国人民代表大会常务委员会第19次会议通过的《关于加强法律解释工作的决议》的规定，有权法律解释包括以下四种：立法解释，即全国人大常委会依法对法律文件所作的解释；司法解释，即最高人民法院和最高人民检察院依法对法律文件进行的解释；行政解释，即国务院及主管部门依法对法律文件进行的解释；地方解释，即法定的地方人大常委会及人民政府主管部门依法对法律文件进行的解释。各种有权解释中涉及行政主体行使行政职权问题的，也都是行政法的渊源。

第二节　行政法的救济途径

我国行政法的救济途径，主要包括内部救济途径与外部救济途径两类。前者主要涉及政府系统内部设置的纠纷解决机制，以行政复议制度为代表；后者则以行政诉讼制度为代表。

一、行政复议

行政复议是指公民、法人或者其他组织认为行政机关的具体行政行为侵犯其合法权益，依法向上级行政机关提出申请，由受理申请的行政机关对具体行政行为依法进行审查并作出处理决定的活动。对行政机关而言，行政复议是行政机关系统内部自我监督的一种重要形式；对于行政相对人而言，行政复议是其对被侵犯的权益的一种救济手段或途径。

《行政复议法》第三条规定："依照本法履行行政复议职责的行政机关是行政复议机关。行政复议机关负责法制工作的机构具体办理行政复议事项，履行下列职责：（一）受理行政复议申请；（二）向有关组织和人员调查取证，查阅文件和资料；（三）审查申请行政复议的具体行政行为是否合法与适当，拟订行政复议决定；（四）处理或者转送对本法第七条所列有关规定的审查申请；（五）对行政机关违反本法规定的行为依照规定的权限和程序提出处理建议；（六）办理因不服行政复议决定提起行政诉讼的应诉事项；（七）法律、法规规定的其他职责。"

《行政诉讼法》第四十五条则规定："公民、法人或者其他组织不服复议决定的，可以在收到复议决定书之日起十五日内向人民法院提起诉讼。复议机关逾期不作决定的，申请人可以在复议期满之日起十五日内向人民法院提起诉讼。"

二、行政诉讼

行政诉讼是指公民、法人或者其他组织认为行政机关和法律法规规章授权组织的行政行为侵犯其合法权益，依法定程序向人民法院提起诉讼，人民法院在当事人及其他参与人的参加下，对行政行为的合法性进行审理并作出裁决的活动。《行政诉讼法》第一条规定：为保证人民法院公正、及时审理行政案件，解决行政争议，保护公民、法人和其他组织的合法权益，监督行政机关依法行使职权，根据宪法，制定本法。第二条规定：公民、法人或者其他组织认为行政机关和行政机关工作人员的行政行为侵犯其合法权益，有权依照本法向人民法院提起诉讼。前款所称行政行为，包括法律、法规、规章授权的组织作出的行政行为。第七十条规定："行政行为有下列情形之一的，人民法院判决撤销或者部分撤销，并可以判决被告重新作出行政行为：（一）主要证据不足的；（二）适用法律、法规错误的；（三）违反法定程序的；（四）超越职权的；（五）滥用职权的；（六）明显不当的。"据此，法院受理高等学校的行政争议案件，往往基于《行政诉讼法》第七十条规定，对高等学校作出的行政行为的合法性进行审查。

第三节 依法治校与学生的权利保障

依法治校是学生权利保障的基本途径和内在要求。我国大学生的权利保障与救济，有赖于依法治校进程的加快与持续推进。在我国，《普通高等学校学生管理规定》《高等学校学术委员会规程》等一系列教育部部门规章的颁布实施，极大地推动了高校学生管理的法治化进程，为大学生的权利保障与救济拓展了广泛的制度空间。

一、完善大学生权利救济渠道，健全校生纠纷解决机制

当前，高校法治工作开展的重点内容是完善大学生权利救济渠道，健全校生纠纷解决机制。除了传统的行政复议与行政诉讼等公法救济机制外，我国《普通高等学校学生管理规定》的颁布实施及其修订，将学生申诉制度纳入学生权利救济的渠道，为大学生权利救济提供了更为多元与便捷的途径。由1995年颁布实施的《教育法》确立❶，借由教育部21号令即《普通高等学校学生管理规定》予以明确和健全的学生申诉制度作为公立高等学校学生权利救济的重要渠道，其实效性还相当不足。尽管《普通高等学校学生管理规定》对高校学生校内申诉的申诉组织、申诉范围、申诉程序等作了制度性规定，为高校学生申诉制度建立健全提供了具体的依据。但是，这种"行政主

---

❶ 1995年颁布实施的《教育法》第四十二条规定，"对学校给予的处分不服向有关部门提出申诉，对学校、教师侵犯其人身权、财产权等合法权益，提出申诉或依法提起诉讼"。

导"模式下建立的高校学生申诉制度，在独立性、权威性和专业性方面均存在较多问题。它集中表现为"学生申诉委员会"作为学生申诉处理机构的地位、组成和人选来源不够清晰明确，致使各高校校规对"学生申诉委员会"的成员比例等"实质性问题"拥有"自由裁量"的空间。

针对该问题，有学者对安徽理工大学等30所高校"学生申诉委员会"的设置状况进行了实证调查。调查结果表明，鉴于对《普通高等学校学生管理规定》第六十条第二款规定的遵守，在这些高校中，大多数都规定"学生申诉委员会"的委员由校分管领导、学生处、教务处、监察处、保卫处、团委、法律专家和相关学院的负责人、教师代表和学生代表组成。由于教师与学生代表比例极小，"学生申诉委员会"实际上沦为高校行政结构的"微缩版"。[1] 显然，学生申诉委员会的成员构成及其具体的代表比例设置，具有鲜明的"行政支配"特性。[2] 由于学生申诉机构受高校行政权力的支配和统一领导，申诉处理委员会在处理纠纷时势必会更多考虑高校管理者的权威，而非学生权利的救济与维护。

与此同时，校内申诉制度的处理程序（如回避制度设置）以及受理范围也均存在较多的制度缺陷。例如，2005年颁布实施的《普通高等学校学生管理规定》（教育部第21号令）第六十条[3]对学生申诉制度的受案范围作了较《教育法》第四十二条更为限缩的规定。毋庸置疑，这一规定将校内学生申诉制度的受案范围限定在学生身份变更等对学生重大权益产生影响的处分，客观上不利于学生合法权益的保护与救济。在高校根据《普通高等学校学生管理规定》要求颁布实施的相关校规中，一些高校对学生申诉处理委员会的受理范围作了更为明确的限缩。[4] 显然，《普通高等学校学生管理规定》与一些高校据此制定的学生申诉处理办法，实质性地限缩了《教

---

[1] 贺奇兵，黄毅. 高校学生校内申诉制度研究 [J]. 西南大学学报（社会科学版），2009（6）：88-91.

[2] 正如湛中乐教授所言，"现行的高校申诉委员会在人员的设置上，还是以校方行政管理人员为主，以校职能部门的领导为主，而具有学术权威的教授专家比例偏少，权利真正受到影响的学生群体在学申委中也只占到极小的比例"。参见：湛中乐. 高等学校大学生校内申诉制度研究（下）[J]. 江苏行政学院学报，2007（6）：100-105.

[3] 《普通高等学校学生管理规定》第六十条规定："学校应当成立学生申诉处理委员会，受理学生对取消入学资格、退学处理或者违规、违纪处分的申诉。"

[4] 以清华大学为例，《清华大学学生申诉处理办法》将学生申诉制度的受理范围界定为"学校作出取消入学资格，给予退学处理，给予警告、严重警告、记过、留校察看或者开除学籍处分的处理决定"。

育法》所规定和保障的学生申诉权的权利范围。❶ 除此之外，更为根本的问题在于，"如果不赋予学申委以一定的变更学校原处分决定的权力，则学申委的作用就形同虚设，根本无法维护学生权利"❷。不难想象，2005 年《普通高等学校学生管理规定》（第 21 号令）以及高校据此制定实施的有关学生申诉的校规，对学生合法权益的救济与保障能力可谓极为有限。

值得关注的是，在最新修订的《普通高等学校学生管理规定》（第 41 号令）中，对高等学校学生申诉制度作了更为具体翔实的规定❸。在"新规定"中单独设立"学生申诉"一章，对学生申诉机构的成员构成与权限范畴、学生申诉的具体程度等重要事项予以明确规定。据此，拓展了高等学校学生申诉处理委员会的受理范围，完善了该委员会的成员构成❹、议事规则以及相关程序。以受理范围为例，"新规定"不再对学生申诉委员会的受理范围作列举式的规定，而是将其界定为"学生对处理或者处分决定不服"的权益纠纷。❺ 最值得肯定的是，在此次修订中，"新规定"明确赋予高等学校学生申诉处理委员会以变更学校原处分决定的权力。❻ 此外，"新规定"还对教育行政部门的行政申诉制度予以更为明确的规定，要求省级教育政部门，"根据调查结论，区别不同情况，分别作出"不同的决定。

尽管，"新规定"已经对学生申诉制度作了较为完善和全面的规定。但是，高等学校学生申诉制度依旧存在较大不足。例如，"新规定"对学生申诉

---

❶ 申素平，陈瑶. 论非诉讼纠纷解决机制及其在我国教育领域的适用［J］. 中国高教研究，2017（1）：64-69.

❷ 湛中乐. 高等学校大学生校内申诉制度研究（下）［J］. 江苏行政学院学报，2007（6）：100-105.

❸ 目前，《学生申诉办法》尚未制定。此次《普通高等学校学生管理规定》的修订中，对学生申诉制度的详细规定，可以被视为《学生申诉办法》出台的前奏。而根据教育部发布的《依法治教纲要（2016—2020）》的要求，将"制定《教师申诉办法》《学生申诉办法》，健全教师和学生申诉制度"。显然，《学生申诉办法》等部门规章的制定，将进一步完善我国高等学校学生申诉制度。

❹ 2017 年修订后颁布实施的《普通高等学校学生管理规定》（教育部 41 号令）第五十九条规定："学生申诉处理委员会应当由学校相关负责人、职能部门负责人、教师代表、学生代表、负责法律事务的相关机构负责人等组成，可以聘请校外法律、教育等方面专家参加。"显然，相比于 2005 年的"旧规定"，此次规定更加重视专家的参与，以凸显学生申诉制度的权威性、专业性。但是，在学生申诉处理委员会中各方代表的比例如何，教育部 41 号令也未能作出具体规定。实际上，"新规定"依旧存在着与"旧规定"类似的关于学生申诉处理委员会成员构成过度"行政化"的风险，学生申诉处理委员会的"中立性"依旧存疑。

❺ "新《规定》"第五十九条规定："学校应当成立学生申诉处理委员会，负责受理学生对处理或者处分决定不服提起的申诉。"

❻ "新《规定》"第六十条规定："学生申诉处理委员会经复查，认为作出处理或者处分的事实、依据、程序等存在不当，可以作出建议撤销或者变更的复查意见，要求相关职能部门予以研究，重新提交校长办公会或者专门会议作出决定。"

处理委员会的受理范围、成员构成还缺乏更为明确具体的规定，各高校在出台自身申诉办法时，依旧存在着较大的"自由裁量"空间。对于"新规定"，高校可能会作出有利于维护其管理秩序的解释，进而沿袭其以往的做法。此外，如何厘清校内申诉、行政申诉、行政复议以及行政诉讼等多元纠纷解决机制之间的关系，也尚未获得解决。

二、增强高校学生管理的法治思维，凸显实体正义与程序正义

高校学生管理中学生权利救济与保障的实现，有赖高校学生管理中实体正义与程序正义的凸显。

（一）促进高校学生管理的自主权与大学生权利保障之间的平衡❶

例如，在学位授予、学业成绩评定等学术性事项的管理中，高校享有特定的学术自治权，但这种学术自治权须基于专业同行客观公正的专业判断基础之上，而不得恣意妄为。高校学生管理中所享有的"判断余地"并不构成其恣意妄为的理由，相反，它应秉持公正与理性。否则，即便是对于学术性事项，法院也可能介入此类纠纷。当前，我国《高等教育法》的修订以及《高等学校学术委员会规程》等规章的颁布实施，为高校学生管理中自主权的行使设置了必要的界限。其中，学术委员会、学位授予委员会等专业委员会的成员构成及其工作细则的制定，成为凸显高校学生管理实体正义的重要内容。❷

（二）通过教育立法与司法规制的持续作用，正当程序原则在大学治理中逐渐扩散并制度化

以作为正当法律程序核心内容的听证制度为例，近年来该制度逐渐被许多高校采用并取得了较好的治理效果。原华东政法学院（现华东政法大学）于2000年3月即出台申诉听证制度，2002年10月，又颁布了"《华东政法学院听证暂行规则》，在学生考试作弊认定等涉及学生重大处分行为中适用听证制度；2005年浙江大学对给予开除处分的学生实行听证制度"❸。当前，越来越多的高校认识到正当程序对于大学治理的重要意义。一方面，基于正

---

❶ 周慧蕾，孙铭宗. 论大学自治权与学生权利的平衡——从台湾地区司法实践切入 [J]. 行政法学研究，2013（1）：86-92.

❷ 黄源铭. 对专家组成委员会所决定之司法审查——以委员会之运作与资讯审查为中心 [J]. 政大法学评论，2012（129）：167-243.

❸ 周湖勇. 大学治理的程序正义 [J]. 高等教育研究，2015（1）：1-11.

当程序原则的大学治理能够减少纠纷的产生，降低大学在行政诉讼中的败诉风险。另一方面，正当程序原则的引入，可以显著增强治理的民主性和科学性。应该认识到，程序结构的交涉性、开放性和参与性，能够增进大学决策的共识与理性，消除分歧与偏见，避免权力的恣意和失控。

第四节 大学生行政争议的相关案例与分析

高校不是行政机关，一般不被作为行政诉讼的被告。但是高校基于法律法规规章的授权，行使特定的管理职责产生的争议，可以纳入行政诉讼的受案范围。在我国法院的司法裁判实践中，借由"法律法规规章授权组织"说，使得高等学校与学生之间的公法纠纷，被纳入行政诉讼的受案范围。从最初的"田永诉北京科技大学拒绝颁发毕业证、学位证案"❶到新近的"于某某诉北京大学撤销博士学位决定案"❷，都采用这一裁判思路。根据这一裁判思路，法院将司法裁判的触角延伸到高等学校退学、开除学籍、学位授予、学位撤销、招生、信息公开等诸多方面，教育行政诉讼制度也因此获得了较为充分的发展。❸

即便如此，法院完全不予考虑受理的纠纷仍很广泛。受"基础关系—管理关系"二分法理论的影响，公立高校与学生之间的行政法律关系依旧具有"特别权力关系"的烙印。诸如"留级、留校察看、强制休学等没有使学生身份丧失的纪律处分和学籍管理类纠纷、拒绝颁发奖学金而影响学生财产权利的纠纷、不允许成立社团而影响结社自由权的纠纷等，目前都还进入不了行政司法救济渠道"❹。例如，在梅杰诉北京邮电大学留级决定案中，北京市中级人民法院的裁判指出，"《普通高等学校学生管理规定》第十四条规定，学生学期或者学年所修课程或者应修学分数以及升级、跳级、留级、降级、重修等要求，由学校规定。本案中，北京邮电大学作出的留级决定系对其内部

---

❶ （1999）一中行终字第 73 号行政判决。
❷ （2017）京 01 行终 277 号行政判决。
❸ 姚荣. 中国公立高等学校与学生法律关系变迁的多重制度逻辑 [J]. 复旦教育论坛，2015 (5)：25-30.
❹ 刘桂清. 公立高校学生权利行政司法救济的困境及其化解 [J]. 中国高教研究，2014 (9)：92-98.

事务进行管理的行为,并非行政行为,不属于行政诉讼的受案范围。"❶

当前,我国大学生行政争议的案例主要包括开除学籍类行政争议、退学类行政争议、学位授予与撤销类行政争议、招生考试类行政争议、信息公开类行政争议五种基本类型。为了更有针对性地剖析大学生行政争议的司法实践状况,本书选取最高人民法院公报案例、最高人民法院发布的指导性案例等经典案例进行分析。

一、开除学籍类行政争议

■ 案例 8-1 甘某诉暨南大学开除学籍案

甘某原系暨南大学华文学院语言学及应用语言学专业 2004 级硕士研究生。2005 年,甘某在参加现代汉语语法专题科目的课程论文考试时,提交了《关于"来着"的历时发展》的考试论文,任课老师发现其提供的考试论文是从互联网上抄袭,遂对其进行批评、教育后,要求重写论文。甘某第二次向任课老师提供的考试论文《浅议东北方言动词"造"》,又被任课老师发现与发表于《江汉大学学报》2002 年第 2 期《东北方言动词"造"的语法及语义特征》一文雷同。2006 年 3 月 8 日,暨南大学基于《暨南大学学生管理暂行规定》《暨南大学学生违纪处分实施细则》作出暨学〔2006〕7 号《关于给予硕士研究生甘某开除学籍处理的决定》,给予甘某开除学籍的处分。

【请思考】暨南大学基于校规对于甘某作出开除学籍处分决定是否合法合理?

【参考答案】在甘某诉暨南大学开除学籍案中,高等学校学生应当遵守《高等学校学生行为准则》《普通高等学校学生管理规定》,并遵守高等学校依法制定的校纪校规。《暨南大学学生管理暂行规定》第五十三条第(五)项规定,剽窃、抄袭他人研究成果,情节严重的,可给予开除学籍处分。《暨南大学学生违纪处分实施细则》第二十五条规定,剽窃、抄袭他人研究成果,视情节轻重,给予留校察看或开除学籍处分。暨南大学的上述规定系依据《普通高等学校学生管理规定》第五十四条第(五)项的规定制定,因此不能违背《普通高等学校学生管理规定》相应条文的立法本意。《普通高等学校学生

---

❶ (2017)京 01 行终 541 号行政判决。

管理规定》第五十四条列举了七种可以给予学生开除学籍处分的情形，其中第（四）项和第（五）项分别列举了因考试违纪可以开除学籍和因剽窃、抄袭他人研究成果可以开除学生学籍的情形，并对相应的违纪情节作了明确规定。其中第（五）项所称的"剽窃、抄袭他人研究成果"，系指高等学校学生在毕业论文、学位论文或者公开发表的学术文章、著作，以及所承担科研课题的研究成果中，存在剽窃、抄袭他人研究成果的情形。所谓"情节严重"，系指剽窃、抄袭行为具有非法使用他人研究成果数量多，在全部成果中所占的地位重要、比例大，手段恶劣，或者社会影响大，对学校声誉造成不良影响等情形。甘某作为在校研究生提交课程论文，属于课程考核的一种形式，即使其中存在抄袭行为，也不属于该项规定的情形。因此，暨南大学开除学籍决定援引《暨南大学学生管理暂行规定》第五十三条第（五）项和《暨南大学学生违纪处分实施细则》第二十五条规定，属于适用法律错误，应予撤销。

■ 案例 8-2 张某诉上海理工大学开除学籍处分决定案

张某是上海理工大学光电信息与计算机工程学院测试计量技术及仪器专业2013级硕士研究生。2015年5月9日，在上海市普通高等学校面向应届中等职业学校毕业生招生统一文化考试中，在上海市宝山区行知中学代替他人参加考试。2015年5月18日，上海市教育考试院就张某替考行为向上海理工大学发出调查通报。2015年5月22日，上海理工大学召开校长办公会议，经研究后决定给予张某开除学籍处分。同日，上海理工大学基于《上海理工大学学生违纪处分条例》向张某出具落款为上海理工大学研究生院的《处分决定书》。在《处分决定书》出具前并未听取张某陈诉与申辩，并且也未告知张某具有听证的权利。张某对开除学籍处分决定不服，遂向法院提起诉讼。

【请思考】上海理工大学未听取张某陈诉与申辩，并且也未告知张某具有听证权利而对张某作出开除学籍的决定是否程序合法？

【参考答案】在张某诉上海理工大学开除学籍处分决定案中，法院指出，《上海理工大学学生违纪处分条例》系根据《普通高等学校学生管理规定》第六十八条的规定制定，与上位法不相悖，对其效力可予确认。该条例第五十条第二款规定，学生对拟处分决定有异议的，可以向学校主管部门提出申辩；其中拟给予开除学籍处分的学生有申请召开听证会的权利。该规定系被告自我设定的较上位法更为严格的程序性规范，有利于充分保障受教育者的合法权益，不违背《普通高等学校学生管理规定》及《国家教育考试违规处理办法》相应条文的立法本意。本案中，被告在被诉处分决定作出前未告知原告有申请听证的权利，属违反法定程序。

二、退学类行政争议

■ 案例 8-3　王某诉中国政法大学退学决定案

在王某诉中国政法大学退学决定案中，王某的必修课《环境法专题》考试成绩为 62 分，未达到 70 分的及格线；重修后考试成绩为 37 分，再次不合格。中国政法大学根据《中国政法大学研究生课程设置与教学管理办法》第二十五条及《中国政法大学研究生学籍管理规定》第二十六条第六款规定，经校长办公会会议研究决定，给予王某退学处理。《中国政法大学研究生课程设置与教学管理规定》第二十九条规定，研究生课程原则上按照百分制评定成绩。学位课 70 分以上为及格。第二十五条规定，研究生学位课考试成绩，在同一学期内有 2 门（含）以上不及格，或者有 1 门重修后仍不及格的，二级培养单位应当终止其学习资格，报研究生院，按照学籍管理规定处理。《中国政法大学研究生学籍管理规定》第二十六条第六项规定，学生被终止学习资格的，应予退学。

【请思考】高校可否依法律和校规规定，决定对课程不合格的学生予以退学？

【参考答案】中国政法大学作出退学处理，并无不当，不存在违法之处。根据《教育法》的相关规定，学校及其他教育机构行使下列权利：……（四）对受教育者进行学籍管理，实施奖励或者处分；……。《普通高等学校学生管理规定》（教育部 21 号令）第二十七条规定："学生有下列情形之一者，应予退学：（一）学业成绩未达到学校要求或者在学校规定年限内（含休学）未完成学业的；……"，但是教育部 21 号令对此项内容未予以细化。教育部 21 号令第十二条规定："考核分为考试和考查两种。考核和成绩评定方式，以及考试不合格的课程是否重修或者补考，由学校规定。"第十四条规定："学生学期或者学年所修课程或者应修学分数以及升级、跳级、留级、降级、重修等要求，由学校规定。"因此，中国政法大学有权依法制定本校学生学期、学年应达到的学业成绩以及未达到学业成绩要求予以退学的标准的具体规定。

三、学位授予与撤销类行政争议

■ **案例 8-4　何某某诉华中科技大学不授予学位案**

何某某为华中科技大学武昌分校（以下简称武昌分校）2003 级通信工程专业的本科毕业生。武昌分校是独立的事业法人单位，无学士学位授予资格。根据国家对民办高校学士学位授予的相关规定和双方协议约定，被告华中科技大学同意对武昌分校符合学士学位条件的本科毕业生授予学士学位，并在协议附件载明《华中科技大学武昌分校授予本科毕业生学士学位实施细则》。其中第二条规定"凡具有我校学籍的本科毕业生，符合本《实施细则》中授予条件者，均可向华中科技大学学位评定委员会申请授予学士学位"，第三条规定"……达到下述水平和要求，经学术评定委员会审核通过者，可授予学士学位。……（三）通过全国大学英语四级统考"。2006 年 12 月，华中科技大学作出《关于武昌分校、文华学院申请学士学位的规定》，规定通过全国大学外语四级考试是非外国语专业学生申请学士学位的必备条件之一。2007 年 6 月 30 日，何某某获得武昌分校颁发的《普通高等学校毕业证书》，由于其本科学习期间未通过全国英语四级考试，武昌分校根据上述《实施细则》，未向华中科技大学推荐其申请学士学位。8 月 26 日，何某某向华中科技大学和武昌分校提出授予工学学士学位的申请。2008 年 5 月 21 日，武昌分校作出书面答复，因何某某没有通过全国大学英语四级考试，不符合授予条件，华中科技大学不能授予其学士学位。

【请思考】华中科技大学是否应该授予何某某学士学位？

【参考答案】《学位条例》第四条规定："高等学校本科毕业生，成绩优良，达到下述学术水平者，授予学士学位：（一）较好地掌握本门学科的基础理论、专门知识和基本技能……。"《学位条例暂行实施办法》第二十五条规定："学位授予单位可根据本暂行条例实施办法，制定本单位授予学位的工作细则。"该办法赋予学位授予单位在不违反《学位条例》所规定授予学士学位基本原则的基础上，在学术自治范围内制定学士学位授予标准的权力和职责，华中科技大学在此授权范围内将全国大学英语四级考试成绩与学士学位挂钩，属于学术自治的范畴。高等学校依法行使教学自主权，自行对其所培养的本科生教育质量和学术水平作出具体的规定和要求，是对授予学士学位的标准的细化，并没有违反《学位条例》第四条和《学位条例暂行实施办法》第二十五条的原则性规定。因此，何某某因未通过全国大学英语四级考试不符合华中科技大学学士学位的授予条件，武昌分校未向华中科技大学推荐其申请授予学士学位，故华中科技大学并不存在不作为的事实，对何某某的诉讼请求不予支持。

■ 案例 8-5　杨某某诉济南大学不履行授予学士学位法定职责案

杨某某于2006年9月被济南大学录取为该校经济学院国际经济与贸易专业本科学生。2007年5月26日，杨某某因与其他宿舍的学生打架，学校于同年6月11日给予其留校察看处分，察看期自2007年6月6日至2008年6月5日。2008年7月10日，经杨某某申请，济南大学批准撤销杨某某的留校察看处分。2010年，杨某某毕业。同年6月25日，济南大学向杨某某颁发了普通高等学校毕业证书。同日，济南大学第三届学位评定委员会2010年第一次会议经审议认为，包括杨某某在内的57名毕业生因不符合学校相关规定不予授予学士学位。该次会议形成济南大学学位评定委员会济大学位办字〔2010〕1号会议纪要，并制作了济南大学2010届本科毕业生因违纪、作弊处分不授予学士学位名单，其中杨某某不授予学士学位的依据为济大校字〔2005〕164号文件第六十九条第三款、第七十一条。济南大学依据学位评定委员会的决议未给杨某某颁发学士学位证。杨某某对济南大学不向其颁发学士学位证不服，提起行政诉讼。

【请思考】济南大学是否能将开除学籍的条件等同于不授予学位的条件？

【参考答案】杨某某所受处分系因参与打架，属于因学术水平问题及相关思想品德之外的其他不当行为而受到的处分，与《学位条例》第四条和《学位条例暂行实施办法》第三条规定的授予学士学位的条件无关，则该事实不能成为不授予学士学位的条件。济南大学不加甄别地以上诉人曾受到学校行政纪律处分为由，认定其不符合授予学士学位的条件，并将其列入不授予学士学位的名单，主要证据不足。《普通高等学校学生管理规定》第五条第四项规定："学生在校期间依法享有以下权利：……（四）在思想品德、学业成绩等方面获得公正评价，完成学校规定学业后获得相应的学历证书、学位证书；……"第三十三条规定："符合学位授予条件者，学位授予单位应当颁发学位证书。"从而进一步明确高等学校负有向完成规定学业的学生颁发学位证书的法定义务；完成规定学业后，获得高等学校颁发的学位证书也是学生享有的法定权利。综上所述，济南大学制定的《济大学籍条例》，不能作为决定是否授予上诉人学士学位的法律依据。被上诉人未依据《学位条例》和《暂行实施办法》的规定，对上诉人是否具备授予学士学位的条件予以审查，仅以"不符合学校相关规定"为由，将其列入"济南大学2010届本科毕业生因违纪、作弊处分不授予学士学位名单"，不予授予其学士学位，没有法律依据。

■ 案例 8-6　于某某诉北京大学学位撤销案

于某某系北京大学历史学系2008级博士研究生，于2013年7月5日取得历史学博士学位。2013年1月，于某某将其撰写的论文《1775年法国大众新闻业的"投石党运动"》（以下简称《运动》）向《国际新闻界》杂志社投稿。同年5月31日，于某某向北京大学提交博士学位论文答辩申请书及科研统计表。于某某将该论文作为科研成果列入博士学位论文答辩申请书，注明"《国际新闻界》，2013年待发"。同年7月23日，《国际新闻界》（2013年第7期）刊登《运动》一文。2014年8月17日，《国际新闻界》发布《关于于某某论文抄袭的公告》，认为于某某在《运动》一文中大段翻译原作者的论文，直接采用原作者引用的文献作为注释，其行为已构成严重抄袭。随后，北京大学成立专家调查小组对于某某涉嫌抄袭一事进行调查。同年11月12日，北京大学学位评定委员会召开第117次会议，对于某某涉嫌抄袭事件进行审议，决定请法律专家对现有管理文件的法律效力进行审查。2015年1月9日，北京大学学位评定委员会召开第118次会议，全票通过决定撤销于某某博士学位。同日，北京大学作出校学位［2015］1号《关于撤销于某某博士学位的决定》（以下简称《撤销决定》）。

【请思考】在学位撤销案中，北京大学撤销学生学位过程中是否符合正当程序原则？

【参考答案】本案中，北京大学作为法律、法规授权的组织，其在行使学位授予或撤销权时，亦应当遵守正当程序原则。即便相关法律、法规未对撤销学位的具体程序作出规定，其也应自觉采取适当的方式来践行上述原则，以保证其决定过程的公正性。北京大学在作出《撤销决定》前由调查小组进行的约谈,不足以认定其已经履行正当程序。北京大学对此程序问题提出的异议理由不能成立。作为最基本的公正程序规则,只要成文法没有排除或另有特殊情形,行政机关都要遵守。即使法律中没有明确的程序规定,行政机关也不能认为自己不受程序限制,甚至连最基本的正当程序原则都可以不遵守。应该说,对于正当程序原则的适用,行政机关没有自由裁量权。只是在法律未对正当程序原则设定具体的程序性规定时,行政机关可以就履行正当程序的具体方式作出选择。

四、招生考试类行政争议

■ 案例 8-7　林某某诉厦门大学博士生招录违规案

2005年3月,原告林某某报名参加被告厦门大学2005年国际法学专业博士生入学考试,报考导师为厦门大学法学院廖某某教授。经初试,原告的英语、国际公法和国际经济法的初试成绩分别为78分、73分和69分,总分为220分。原告的初试单科成绩和总分成绩均超过被告划定的复试分数线。同年5月,原告参加了厦门大学法学院组织的复试,复试成绩为70.8分。原告在报考廖某某教授的学生中总成绩排名第三,在报考国际法专业国际经济法研究方向的19位参加复试的考生中最终成绩排名为最后一名,在进入复试的25位国际法专业考生中的最终成绩排名也是最后一名。2005年5月24日,厦门大学法学院网站公布了拟录取名单,廖某某教授名下录取的人分别为黄某某、付某某和丁某某,原告未在名单之内。2005年6月6日,原告为此分别向厦门大学法学院和招生办公室提出异议。2005年6月10日,厦门大学研究生院对原告所提录取名单的异议作出书面答复,说明因名额所限,无法录取原告,并希望原告理解。

【请思考】博士生招生是否是可以诉讼的行政行为?

【参考答案】厦门大学是根据《教育法》和《高等教育法》的规定由国家举办的高等院校,是国家设立的公共教育机构之一。《教育法》第十五条第一款规定:"国务院教育行政部门主管全国教育工作,统筹规划、协调管理全国的教育事业。"《教育法》第二十八条第(二)项规定,学校及其他教育机构行使招收学生或者其他受教育者的权力。《高等教育法》第十九条第二款规定:"硕士研究生毕业或者具有同等学力的,经考试合格,由实施相应学历教育的高等学校或者经批准承担研究生教育任务的科学研究机构录取,取得博士研究生入学资格。"根据上述法律规定,并参照原国家教育委员会[87]教学字015号《关于扩大普通高等学校录取新生工作权限的规定》和教育部教学[2005]6号《关于做好2005年全国研究生录取工作的通知》等规定,博士生招生权,性质上属于教育行政职权,由国家教育行政部门、招生管理部门和招生单位按各自职责范围行使。在博士研究生招生实际操作中,国家教育行政部门对招生工作进行宏观管理,省级招生管理部门对招生单位的招生行为进行监督,招生单位则具有高度自主权。具体而言,国家教育行政部门编制招生计划、制订全国攻读博士学位研究生招生简章、对招生单位执行招生计划进行审核。而报名、资格审查、发放准考证、考试命题、组织考试(包括面试)、试卷评阅以及录取,都由各招生单位负责。各博士生招生单位的录取名单应经省级招生管理部门审核通过,由招生单位对外发出录取通知书后方可确定对某一考生予以录取的结果。因此,本案中,被告厦门大学作为公立高等学校,其所享有的博士生招生权,属于法律授权的组织行使的行政管理职权。被告有权在考试阶段对不合格考生直接作出不予录取行为,有权在有关部门审核后录取考试合格的考生。被告的博士生招生行为,属于可诉的行政行为,人民法院应当进行合法性审查。

■ 案例8-8 徐某某诉清华大学博士招生案

在徐某某诉清华大学博士招生案中,徐某某参加了清华大学2014年博士生入学考试并进入复试,后发现被起诉人清华大学在2014年招收攻读博士学位研究生的过程中存在违法行为,侵犯了起诉人的合法权益,具体包括初试科目设置、复试小组的组成、发布《2014年清华大学博士研究生拟录取名单公示》的行为违法,且在复试过程中存在滥用职权等违法行为。

【请思考】博士生招生中的违法行为法院是否可以受理?

【参考答案】在涉及高校招生类纠纷案件中,法院的裁判观点并不一致。有的法院将高校的自主招生权视为经由法律、法规授权所获得的公权力,进而纳入行政诉讼的受案范围。而有的法院则将其视为"高等学校办学自主权"的范畴,判定高校招生属于内部管理行为,并据此拒绝将其纳入受案范围。以本案为例:一审法院认为,公民、法人或者其他组织提起行政诉讼,应当属于人民法院行政诉讼的受案范围，具备法定起诉条件。经审查，本案起诉人所诉事项不属于人民法院行政案件受案范围，依照《行政诉讼法》第四十一条第（四）项之规定，裁定对起诉人徐某某的起诉，本院不予受理。在二审中，北京市中级人民法院指出，依据《行政诉讼法》有关规定，"公民、法人或者其他组织提起行政诉讼，应当属于人民法院行政诉讼的受案范围，具备法定起诉条件"。《高等教育法》第三十二条规定，高等学校根据社会需求、办学条件和国家核定的办学规模，制订招生方案，自主调节系科招生比例。依据上述法律规定，高等学校招生权属于高等学校办学自主权的范畴。上诉人徐某某所诉事项不属于人民法院行政案件受案范围，一审法院裁定本案不予受理并无不当。

五、信息公开类行政争议

随着《政府信息公开条例》与《高等学校信息公开办法》的颁布实施，高等学校与学生之间关于信息公开的行政争议，逐渐被纳入行政诉讼的受案范围。然而，对于哪些类型的信息应予公开，如何公开，则构成法院裁判中的焦点问题。

■ 案例 8-9　刘某某诉清华大学招生信息公开案

在刘某某诉清华大学招生信息公开案中，刘某某要求清华大学公开其自己在博士生招生考试中的试卷和评分记录。2016 年 3 月 29 日，刘某某向清华大学邮寄《关于申请查阅清华大学招博考试本人试卷的函》（以下简称《申请函》），载明："依据《政府信息公开条例》，查阅本人考博试卷信息，向本人公开试卷和评分记录。"2016 年 9 月 13 日，清华大学作出《关于刘某某申请查阅博士生入学考试本人试卷的回复》（以下简称《申请回复》），称："刘某某父亲代刘某某在成绩公布后申请进行《高电压工程》成绩复查，我校已由专门人员对其成绩进行了复查，成绩 42 分，确认无误。我校在《复查申请表》中明确，交查分申请表一周后可领取查分结果，但至今未领取书面查分结果。我校于 4 月 11 日、5 月 9 日分别通过电子邮件答复过其成绩复查无误。"刘某某认为清华大学未履行政府信息公开的法定职责，向法院提起行政诉讼。

【请思考】高校招生信息是否属于政府信息？

【参考答案】《政府信息公开条例》第三十六条规定，法律、法规授权的具有管理公共事务职能的组织公开政府信息的活动,适用本条例。《教育法》第二十九条第一款第(三)项规定,学校及其他教育机构行使招收学生或者其他受教育者的权利。《高等教育法》第三十二条规定,高等学校根据社会需求、办学条件和国家核定的办学规模,制订招生方案,自主调节系科招生比例。该法第十九条第三款规定,硕士研究生毕业或者具有同等学力的,经考试合格,由实施相应学历教育的高等学校或者经批准承担研究生教育任务的科学研究机构录取,取得博士研究生入学资格。清华大学作为上述法律授权行使自主招生权的组织,对其在招生工作中制作、获取的相关信息的公开,应当适用《政府信息公开条例》,由此产生的争议属于行政诉讼的受案范围。

■ 案例8-10 林某某与同济大学招生信息公开案

林某某,上海建桥学院2014级学生,于2015年5月报名参加同济大学2015年插班生招生考试,后未通过复试。林某某分两次向同济大学申请公开四项信息,同济大学归并审查后告知林某某,已向其公布了"初试及复试成绩","同济大学2015年插班生招生简章和录取规则"属于主动公开事项及相应的查询方式,林某某对该部分答复内容亦无异议。但是,林某某认为,同济大学并未向其公开"初试及复试成绩的排名""最终录取评定材料"以及"初试成绩前后公布不一致、相差巨大的原因"。他提出,为了保障考生的合法权益和保证招生过程的公开、公正,向同济大学提出了信息公开申请。根据信息公开相关规定,只要未涉及国家机密、商业秘密和个人隐私的,被告都应当公开,但同济大学却对大部分内容未予公开。基于此,林某某向法院提起行政诉讼。请求法院撤销被告作出的×××××××号《信息公开告知书》;判令公开原告的初试成绩与复试成绩的排名,对原告的最终录取评定材料,原告初试成绩前后公布不一致、相差巨大的原因。

【请思考】高校招生考试中学生的成绩排名是否应属于高校信息公开的范围?高校招生考试中,考生初试成绩前后公布不一致、相差巨大的原因是否符合信息公开的申请要求呢?

【参考答案】根据《教育部关于进一步推进高校招生工作信息公开的通知》《高等学校信息公开事项清单》均未将"高校招生考试中的考生排名"列入信息公开范畴。林某某要求公开的录取评定材料,属于评定专家对林某某进行综合考查之后形成的个人意见,从保障专家表达意见的客观、中立性及畅所欲言角度考量，且该信息不属于可以对内容区分公开的信息，同济大学不予公开并无不当。林某某要求公开初试成绩前后公布不一致、相差巨大的原因，实质是对同济大学招生工作的公正性进行质疑并要求同济大学予以解释、说明，该申请事项可归于咨询，未以一定形式记录和保存，并未形成信息，故不符合信息公开的申请要求。

第九章

大学生在民法方面的常见问题与解决对策

民法是调整平等主体的自然人、法人和非法人组织之间的人身关系和财产关系的法律规范的总称。民法是人们从事民事活动的主要法律依据,从摇篮到坟墓,在我们每个人的人生旅途中,几乎所有的民事活动都能在民法中找到依据,大学生在日常学习、生活中很多活动均受到民法的调整。

2020年5月28日十三届全国人大三次会议经表决通过了《民法典》,自2021年1月1日起正式施行。《民法典》是新中国成立以来第一部以"法典"命名的法律,它系统整合了已有大量分散的民事法律规范,对人民生命健康、财产安全、交易便利、生活幸福、人格尊严等各方面权利平等保护,对大学生的日常学习生活也将产生重大影响。

第一节 民事主体制度

民事主体,是指依民法规定,能够参与民事法律关系,享有民事权利和承担民事义务的当事人。民事主体包括自然人、法人和非法人组织三大类型,各类民事主体在民事活动中的法律地位一律平等。

一、自然人

所谓自然人,即依自然规律出生之人。我们日常生活中所称的人均为自然人,大学生当然也不例外。自然人从事民事活动,享有民事权利和承担民事义务,必须具有民事权利能力和民事行为能力。

(一)自然人的民事权利能力

自然人的民事权利能力是法律赋予自然人享有民事权利,承担民事义务的资格，也就是法律上的人格和主体资格。自然人的民事权利能力一律平等。《民法典》第十三条规定："自然人从出生时起到死亡时止，具有民事权利能力，依法享有民事权利，承担民事义务。"因此，自然人的民事权利能力始于出生，终于死亡，终生享有。

自然人的出生是指胎儿与母体完全分离并能存活，尚未出生的胎儿不具备民事权利能力，但涉及遗产继承、接受赠与等胎儿利益保护的，胎儿视为具有民事权利能力。

自然人的死亡分生理的自然死亡和法律的宣告死亡两种，自然人的权利能力随死亡而告终，但民法对死者的某些人身利益，如姓名、肖像、名誉、荣誉等仍然加以保护。

（二）自然人的民事行为能力

自然人的民事行为能力是指自然人通过自己的行为取得民事权利和承担民事义务的能力或资格。《民法典》根据自然人的年龄和智力情况，将自然人的民事行为能力分为三类：完全民事行为能力人、限制民事行为能力人和无民事行为能力人。

1. 完全民事行为能力人

民法规定 18 周岁以上的自然人为成年人，不满 18 周岁的自然人为未成年人。

精神健康的成年人为完全民事行为能力人。此外，16 周岁以上精神健康的未成年人，以自己的劳动收入为主要生活来源的，视为完全民事行为能力人。

2. 限制民事行为能力人

8 周岁以上（含 8 周岁）的未成年人和不能完全辨认自己行为的精神病人为限制民事行为能力人，可以独立实施纯获利益的民事法律行为或者与其智力、精神健康状况相适应的民事法律行为，比如接受无条件赠与、从事小额商品交易等。从事其他民事活动须由其法定代理人代理或者经其法定代理人同意、追认。

3. 无民事行为能力人

不满 8 周岁的未成年人和不能辨认自己行为的精神病人为无民事行为能力人，其实施的民事法律行为无效，须由他们的法定代理人代理实施。

（三）监护

监护就是为无民事行为能力人和限制民事行为能力人设立监督、保护人的制度。监护人的职责有两方面：一是代理被监护人实施民事法律行为，保护被监护人的人身、财产及其他合法的权益；二是监督和管理被监护人，若被监护人做出违法行为给他人造成损害，监护人应代替被监护人承担民事责任。监护人如果不履行监护职责或者侵犯了被监护人的合法利益，应当承担法律责任。

根据《民法典》的规定，监护可分为法定监护、遗嘱监护、协议监护、指定监护、意定监护等几种形式。

1. 法定监护

父母是未成年子女的监护人。未成年人的父母已经死亡或者没有监护能力的，由下列有监护能力的人按顺序担任监护人：祖父母、外祖父母；兄、姐；其他愿意担任监护人的个人或者组织，但是须经未成年人住所地的居民委员会、村民委员会或者民政部门同意。

无民事行为能力或者限制民事行为能力的成年人，由下列有监护能力的人按顺序担任监护人：配偶；父母、子女；其他近亲属；其他愿意担任监护人的个人或者组织，但是须经未成年人住所地的居民委员会、村民委员会或者民政部门同意。

2. 遗嘱监护

被监护人的父母担任监护人的，可以通过遗嘱指定监护人。父母在身患疾病时，可以通过遗嘱指定监护人的形式，安排好未成年子女的监护后事，以利于孩子健康成长。

3. 协议监护

依法具有监护资格的人之间可以协议确定监护人，协议确定监护人应当尊重被监护人的真实意愿。具有完全民事行为能力的成年人，也可以书面协议的形式为自己确定监护人，协商确定的监护人在该成年人丧失或者部分丧失民事行为能力时，履行监护职责。

4. 指定监护

对监护人的确定有争议的，由被监护人住所地的居民委员会、村民委员会或者民政部门指定监护人，有关当事人对指定不服的，可以向人民法院申请指定监护人；有关当事人也可以直接向人民法院申请指定监护人。

5. 意定监护

具有完全民事行为能力的成年人，可以与其近亲属、其他愿意担任监护人的个人或者组织事先协商,以书面形式确定自己的监护人。协商确定的监护人在该成年人丧失或者部分丧失民事行为能力时,履行监护职责。

■ 案例 9-1 "神童"大学生的民事主体资格

大名鼎鼎的中国科学技术大学少年班,在中国教育界一直是个传说,甚至可以说是神话般的存在。据统计,截至 2014 年 12 月,少年班(含零零班)共招收 2412 人,毕业 1879 人,90% 以上考取国内外研究生,不少毕业生在国内外许多领域取得了令人瞩目的成绩。中国科学技术大学发布 2018 年少年班招生办法,面向全国招收 2002 年 1 月 1 日及以后出生的优秀高二(含)以下学生。这也意味着,中科大少年班的学生入学时年龄均在 16 周岁以下,事实上在历届学生中,年龄最小的只有 11 岁。

【请思考】假设某"神童"大学生小明(14 周岁)入学后,发生以下情况如何处理?

1. 小明大一时,因不适应大学生活与宿舍同学发生争执,将同学打伤,责任如何承担?

2. 小明大二时,努力钻研计算机理论,创作学术论文一篇并在核心期刊上发表,能否署名并获取稿酬?

3. 小明大三时(16 周岁)与某网络游戏公司订立聘用合同,成为兼职程序员,月薪 5000 元,该合同效力如何?

【参考答案】

1. 责任应由小明的监护人,一般为小明的父母承担。根据《民法典》第一千一百八十八条规定:无民事行为能力人、限制民事行为能力人造成他人损害的,由监护人承担侵权责任。监护人尽到监护责任的,可以减轻其侵权责任。有财产的无民事行为能力人、限制民事行为能力人造成他人损害的,从本人财产中支付赔偿费用。不足部分,由监护人赔偿。

2. 小明有署名和获取稿酬的权利。创作作品属于事实行为,不要求行为人具有相应的民事行为能力,限制民事行为能力人对自己创作的作品享有著作权,基于著作权享有署名及获取稿酬的权利。

3. 合同有效。《民法典》第十八条第二款规定:十六周岁以上的未成年人,以自己的劳动收入为主要生活来源的,视为完全民事行为能力人。小明年满 16 周岁,且能以自己的劳动收入(月薪 5000 元)作为主要生活来源,视为完全民事能力人，订立的合同有效。

（四）宣告失踪和宣告死亡

宣告失踪和宣告死亡是与自然人的民事权利能力相关的制度，旨在解决自然人下落不明而造成的民事权利长期不确定的问题。宣告失踪和宣告死亡必须符合三个条件：一是下落不明满法定期限；二是由利害关系人申请；三是经法院依法宣告。

1. 宣告失踪

自然人下落不明满二年的，利害关系人可以向人民法院申请宣告该自然人为失踪人。自然人下落不明的时间从其失去音讯之日起计算；战争期间下落不明的，下落不明的时间自战争结束之日或者有关机关确定的下落不明之日起计算。利害关系人主要指下落不明者的近亲属如配偶、父母、成年子女等，也包括与其有财产关系的人，如债权人、债务人等。

失踪人的财产由其配偶、成年子女、父母或者其他愿意担任财产代管人的人代管。代管有争议的，无上述人员或上述人员无代管能力的，由人民法院指定的人代管。失踪人重新出现，经本人或者利害关系人申请，人民法院应当撤销失踪宣告。

2. 宣告死亡

自然人有下列情形之一的，利害关系人可以向人民法院申请宣告该自然人死亡：下落不明满四年；因意外事件，下落不明满二年。因意外事件下落不明，经有关机关证明该自然人不可能生存的，申请宣告死亡不受二年时间的限制。

被宣告死亡的人，人民法院宣告死亡的判决作出之日视为其死亡的日期；因意外事件下落不明宣告死亡的，意外事件发生之日视为其死亡的日期。自然人被宣告死亡在宣告地将产生与自然死亡同样的法律后果，从人民法院判决宣告之日，被宣告死亡人即丧失民事主体资格，民事权利能力和民事行为能力终止，其个人合法财产转化为遗产，继承开始；婚姻关系自然解除。

但是宣告死亡毕竟是法律上的一种推定，被宣告人可能并未真正死亡。因此，自然人被宣告死亡但是并未死亡的，不影响该自然人在被宣告死亡期间实施的民事法律行为的效力。被宣告死亡的人重新出现，经本人或者利害关系人申请，人民法院应当撤销死亡宣告。被撤销死亡宣告的人有权请求返还财产，依照继承法取得他的财产的公民或组织，应当返还原物，原物已不存在的，应当给予适当的补偿。至于其尚存配偶已与他人结婚的，不得对此提出异议。

二、法人

(一) 法人的概念和成立条件

法人是具有民事权利能力和民事行为能力，依法独立享有民事权利和承担民事义务的组织。法人不是真正的"人"，而是由法律拟制而成，是相对自然人而言的概念。法人应当具备下列条件。一是依法成立。二是有必要的财产或经费。必要的财产或经费是法人参加民事活动的前提。大学作为事业单位法人，必须有自己的经费，或由国家拨付，或由社会捐助。三是有自己的名称、组织机构和场所。法人的名称使得法人与其他法人相区别。法人对自己的名称享有专用权。组织机构即法人的经营管理机构，是法人参加民事活动所必需的。法人要从事生产经营，就必须有自己的固定场所。四是能独立承担民事责任。

符合以上条件，再履行有关的设立程序就能成为法人。法人以其主要办事机构为住所。

(二) 法人的民事能力

1. 法人的民事权利能力

法人的民事权利能力，是指法律赋予法人享有民事权利和承担民事义务的资格。它是法人能以自己的名义参与民事法律关系，取得民事权利、承担民事义务的法律依据，也是法人享有民事主体资格的标志。法人的民事权利能力从法人成立时开始，至法人消灭时终止。法人的民事权利能力并非完全一致，而要受其目的和业务范围的限制。不同性质的法人，其民事权利能力的内容不同。如大学和企业作为不同的法人，有不同的设立目的和业务范围，大学有资格招生办学，一般企业就没有这种办学资质。

2. 法人的民事行为能力

法人的民事行为能力，是指法人依自己的意思独立进行民事活动，取得民事权利和承担民事义务的资格。法律赋予法人以行为能力，是为了保证法人实现其权利能力。与自然人的民事行为能力相比，法人的民事行为能力有如下特点：

(1) 法人的民事行为能力和民事权利能力同时产生和终止。

(2) 法人的民事行为能力和民事权利能力的范围相一致。

(3) 法人的民事行为能力只有完全民事行为能力。

(4) 法人的民事行为能力由它的机关或代表来实现。依照法律或者法人章程的规定，代表法人从事民事活动的负责人，为法人的法定代表人。

（三）法人的分类

在学理上，根据不同标准，法人可以分成不同类型。在法律上，我国《民法典》将法人分为营利法人、非营利法人和特别法人三大类，每类之下又分成几种具体形式。

1. 营利法人

以取得利润并分配给股东等出资人为目的成立的法人，为营利法人。营利法人包括有限责任公司、股份有限公司和其他企业法人等。营利法人是现实中最典型、最常见的法人类型。

2. 非营利法人

为公益目的或者其他非营利目的成立，不向出资人、设立人或者会员分配所取得利润的法人，为非营利法人。非营利法人包括事业单位、社会团体、基金会、社会服务机构等。我国的大学等其他教育机构属于事业单位法人。

3. 特别法人

除上述两类法人之外，机关法人、农村集体经济组织法人、城镇农村的合作经济组织法人、基层群众性自治组织法人，为特别法人。特别法人承担一定的公共事务管理职能，类似于国外的公法人，最典型的如教育管理机关。

三、非法人组织

非法人组织是不具有法人资格，但是能够依法以自己的名义从事民事活动的组织。非法人组织包括个人独资企业、合伙企业、不具有法人资格的专业服务机构等。

非法人组织是《民法典》提出的一个新概念，有四个方面的法律特征。(1) 非法人组织是不同于法人的社会组织。非法人组织尽管也是稳定的社会组织，但不必严格按照法律规定的组织形式要求。(2) 非法人组织有自己独立的名义。非法人组织须有自己独立的名义，应当有自己的名称，并且以自己的独立名义进行民事活动。(3) 非法人组织有自己特定的民事活动目的。非法人组织作为一种稳定的社会组织，与法人一样须有自己的成立目的。(4) 非法人组织是独立的民事主体，具有独立的民法地位，能够以自己的名义独立地实施民事法律行为,参与民事活动,实现自己的设立目的。

■ 案例 9-2　外国大学驻华代表处直接招生

西南某城市一名高三毕业生文某 2017 年高考后参加了一场学校组织的"法国大学中国学生遴选办公室"宣讲会,并报了该项目,不久就收到了该办公室发来的录取确认函。可是,文某发现这份录取确认函中竟有多处语法、拼写错误,句法还有时态的错误。不仅如此,录取函中有国外大学标识,却没有该校的公章和签名,所以文某最终撤回了这个项目。而一位正在波尔多大学留学的学生章某,在 2015 年时走的正是该遴选办公室的项目。当时遴选办公室工作人员声称算上国内和在法语言学习和预科学费以及日常费用总共 30 万元人民币,其中国外预科支付的学费超出一般市场价近一倍。经调查,中国政府从未批准任何外国大学在华成立代表处。市场上所谓的"××大学北京代表处""××学院上海代表处"等机构均为公司性质,非教育机构性质。即这些机构通过工商注册成立,并未得到教育部门批准。

【请思考】这类外国大学在中国设立代表处,进行宣传招生是否合法?

【参考答案】外国大学驻华代表处的主体资格是公司,并非学校,它们的实际名称是"××公司驻华代表处"。既然这些代表处的身份是企业办事机构,那么根据国务院颁布的《外国企业常驻代表机构登记管理条例》,这些代表处不具有法人资格,只能从事非营利性活动,即市场调查、展示、宣传和联络等。他们如果从事以招生为目的的直接业务活动,包括但不限于签订协议、代办录取或签证手续、培训和发放录取通知书等行为,即超出了工商部门核定的经营范围,属于违法经营。这些机构不具备法人资格,一旦发生纠纷,它们无法承担法律责任。如因它们的失误造成拒录拒签,或中途取消不退学费时,只能在公司所在地国家起诉,不能在中国境内起诉。

四、大学生的民事主体地位

大学生作为自然人,可以根据其年龄和智力情况参与相应的民事活动,享有相应的民事权利,承担相应的民事义务。大学生与高校之间,不仅存在教育管理的行政法律关系,也存在民事法律关系。作为民事主体的高校和大学生之间的地位是平等的,平等地享有民事权利和承担民事义务。具体来说,高校与大学生之间作为平等主体之间的民事法律关系主要有以下几个方面的表现。

（一）学费收缴

大学阶段属非义务教育，学生入学时即应向高校缴纳学费，二者之间构成一种民事关系。高校有权向大学生收取一定数额的学费，相应地，大学生则有义务向高校缴纳规定的学费。高校和大学生在学费问题上发生的纠纷，属于民事纠纷，因此，高校不能采取行政手段处理。

（二）校园设施使用

大学生在遵守高校的相关管理规定的基础上，有权使用校园内的教学设施、图书资料等，但在使用过程中人为损坏校园设施，则侵犯高校财产权利，应当赔偿损失。

（三）宿舍租住

大学生有权租住学生公寓，高校应提供必要的租住设施，二者之间构成租赁合同关系。在校期间，大学生对学生公寓及其内部设施有一定的使用权，但必须缴纳相应费用，且服从学生公寓的管理规定。如果造成财产损害，同样应当赔偿损失。

（四）饮食服务

大学生有权要求学校提供饮食方面的服务，高校应保障学生食品安全，二者构成服务合同关系。大学生可自愿选择餐饮消费，但须按照等价有偿原则支付有关费用。

（五）校园损害赔偿

高校作为公共场所管理者具有安全保障义务，如果因高校管理不善导致大学生人身、财产受到损害的，大学生有权要求高校承担损害赔偿的民事责任。

■ 案例9-3 学费未缴清扣发毕业证

2003年，成同学考上了陕西中医学院5年制本科针灸推拿系，因家庭困难，5年来共欠下学费1.7万元。2008年6月，成同学毕业了，当其他同学都顺利领到毕业证的时候，成同学的毕业证迟迟领不到手。因未缴清学费，已毕业半年的成同学至今领不到毕业证；由于没有毕业证，学针灸推拿的他找工作屡屡被拒，而找不到工作的他又无力偿还学费。学校则表示，并不是要扣留学生的毕业证，这个做法只是一种催缴学费的方式。现在学生领取毕业证的程序是缴清学费、财务部门盖章，办完各种手续后才能拿到毕业证，成同学还未办完领证的相关手续，所以不能领取毕业证书。

【请思考】学生欠缴学费，学校扣发毕业证是否合法？

【参考答案】学校因学生欠学费而扣发毕业证书的行为是违法违规的。《教育法》第四十三条载明，受教育者享有完成规定的学业后获得相应的学业证书、学位证书的权利。因此，为符合条件的学生颁发毕业证书和学位证书是学校的义务，因学生欠费而迟迟不发毕业证书的行为没有法律依据。当然，大学生有义务向高校缴纳规定的学费，欠缴学费应当承担违约责任，成同学可以和学校签一个还款协议，先发放毕业证，等找到工作有偿债能力后再将学费还给学校。

第二节　民事权利制度

民法是一部权利的宣言书，规定了内容庞杂的民事权利体系，囿于篇幅，本书仅对民事权利的基本类型和内容简单介绍。

民事权利是民法规定或确认的民事主体的权利。权利人可以在法定范围内享有某种权益或实施一定的行为，也可以请求义务人为一定行为或不为一定的行为。民事权利根据其性质、内容与作用，可以按不同的标准作不同的分类。以民事权利所体现的利益的性质为标准，可分为人身权、财产权两大类型，这是民事权利最基本的分类。人身权以人身利益为内容，财产权以财产利益为内容。

一、人身权

（一）人身权的概念和特征

人身权是指法律赋予民事主体的，与其人身不可分离亦不可转让的，没有直接财产内容的法定的民事权利。

人身权具有以下法律特征：（1）人身权的内容体现为人格和身份等精神利益，它不以满足人们的物质利益需要为宗旨，追求的是人的精神需要的满足；（2）人身权不体现直接的财产内容，但可通过一定形式转化为财产利益，如名人代言广告，就是利用自身的名誉权、肖像权获取财产利益；（3）人身权与民事主体不可分离，不能随意转让、剥夺或放弃。

（二）人身权的分类

根据人身所依据的社会关系不同，一般将人身权分为人格权和身份权。

1. 人格权

人格权是指民事主体依法固有的、为维护自身人格所必需的、以人格利益为客体的权利。人格权的范围非常广泛，在学理上通常将人格权的内容概括为人格独立、人格自由、人格平等和人格尊严四个方面。民法规定的具体人格权包括：

（1）生命权。生命权是以自然人的生命安全的利益为内容的权利，是自然人维持生命和维护生命的权利，是自然人得以成为"人"的最基本的人格权。

（2）身体权。身体权是指自然人保持其身体组织完整并支配其肢体、器官和其他身体组织的权利。其内容表现为两个方面：一是保持身体组织的完整性，禁止他人的不法侵害；二是合法支配其身体组织，如捐献器官、血液等。

（3）健康权。健康权是指自然人保持身体机能正常和维护健康利益的权利。健康以身体为物质载体，破坏身体完整性，通常会导致对健康的损害。如伤害自然人的肢体致残，既侵犯身体权又侵犯健康权，但身体权与健康权存在区别，是两种不同的人格权。

（4）姓名权与名称权。姓名权是自然人决定、使用和依照规定改变自己姓名的权利，包括姓名决定权、姓名使用权、姓名改变权。名称权是指法人、非法人组织依法享有的决定、使用、改变、转让自己的名称并排除他人非法干涉的一种人格权。冒用他人姓名或名称的行为是典型的侵权。

（5）肖像权。肖像权是指自然人对自己的肖像享有再现、使用并排斥他人侵害的权利。肖像是通过绘画、照相、雕像等形式使自然人的面部特征在物质载体上再现的视觉形象。肖像权包括肖像制作权、肖像享有权、肖像使用权和利益维护权等内容。

（6）名誉权。名誉权是指民事主体就自己获得的社会评价享有利益并排除他人侵害的权利。名誉权的主体包括所有民事主体，即自然人、法人、非法人组织均享有名誉权。名誉权的客体是名誉利益，虽不具有财产性，但与财产利益密切相关，如诋毁企业商誉，可能造成巨大经济损失。

（7）荣誉权。荣誉权是指民事主体获得、保持、利用荣誉并享有其所生利益的权利。荣誉权与名誉权在权利主体、客体上均相类似，但荣誉与名誉本质不同，其仅指一种正式的、积极的、部分的评价。

（8）隐私权。隐私权是指自然人享有的私人生活安宁与私人信息和活动，依法受到保护，不受他人侵扰、知悉、使用、披露和公开的权利。

（9）婚姻自主权。婚姻自主权是指自然人依照法律规定，自己作主决定其婚姻的缔结和解除，不受其他任何人强迫或干涉的人格权。

2. 身份权

身份权是民事主体基于特定身份而依法享有的人身权。身份权与人格权虽同为人身权，但存在明显区别，如其并非民事主体必备的、固有的人身权利，并表现出权利义务的一体性。身份权因一定的资格、地位或从事某种活动而产生，也因该种资格、地位变化而丧失。如自然人因结婚而享有配偶权，因离婚而丧失配偶权。

身份权主要基于亲属关系而产生，包括配偶权、亲权、亲属权等。

（1）配偶权。配偶权是夫妻之间相互享有的身份权。配偶权的具体内容学界存在争议，一般认为包括姓氏决定权、住所商定权、同居权、忠实请求权（义务）、相互扶养权等。

（2）亲权。亲权是父母对未成年子女的人身照护和财产管理的权利（义务）。亲权是为了保护未成年子女利益而设定的权利；基于父母身份而取得，父母身份丧失会带来亲权的丧失。亲权的权利义务具有统一性，与前文的监护制度关系密切。

（3）亲属权。亲属权是父母与成年子女、（外）祖父母与（外）孙子女、兄弟姐妹等近亲属之间的身份权。主要表现为抚养权、扶养权、赡养权、申请宣告失踪和死亡的权利、申请认定无民事行为能力或限制民事行为能力的权利。

■ 案例9-4 同学冒名发邮件丧失留学机会

甲、乙两人是某高校的大学生，同住一寝室，合用电脑一台。甲向美国某大学申请留美奖学金，并将此事告知乙。美方向甲发出电子邮件，邀请甲赴美留学。恰巧甲不在，乙出于嫉妒，擅自拒绝美方的邀请。数日后甲发电子邮件向美方询问，美方告知甲对其申请美方曾发函邀请并遭拒绝，故不再考虑。甲、乙由此发生纠纷。

【请思考】乙的行为是否侵犯甲的权利？如是，侵犯何种权利？

【参考答案】乙的行为构成对甲姓名权的侵害。《民法典》第一千零一十四条规定：任何组织或者个人不得以干涉、盗用、假冒等方式侵害他人的姓名权或者名称权。根据《民法典》的规定，凡是非法干涉、盗用、假冒他人的姓名的，不管是否造成他人的财产损失，均构成对他人姓名权的侵害。本案中，乙冒用甲的姓名向美国某大学发出电子邮件，即构成假冒他人姓名的侵权行为，也构成盗用他人姓名的侵权行为。不管甲以后能否拿到这笔奖学金，都不妨碍乙的行为已经构成对甲姓名权的侵害。侵害姓名权的行为直接侵害的是人格利益，产生的后果是精神损害及某些财产利益的损失。所以，如果要求乙承担侵害姓名权的民事责任，主要应当包括赔礼道歉、赔偿精神损害等形式。

二、财产权

财产权，是指以财产利益为内容，直接体现财产利益的民事权利。财产权可直接以金钱计算价值的，一般具有可让与性，受到侵害时需以财产方式予以救济。民法上狭义的财产权包括物权、债权、继承权，广义的财产权还包括知识产权、股权、虚拟财产权等新型财产权利。本书取狭义财产权的概念简要介绍。

（一）物权

1. 物权概述

物权，是指权利人依法对特定的物享有直接支配和排他的权利。物权具有以下法律特征。

（1）物权是支配权。物权是权利人直接支配的权利，物权人可以依自己的意志就标的物直接行使权利，无须他人的意思或义务人的行为介入。

（2）物权是绝对权。物权的权利人是特定的，义务人是不特定的，且义务内容是不作为，即只要不侵犯物权人行使权利就履行了义务，所以物权是一种绝对权。

（3）物权的客体是物。民法上所称的物，是指存在于人身之外，能够满足人们的社会需要而又能为人所实际控制或者支配的物质客体，如阳光、空气等自然物质一般情况下不能成为物权的客体。物包括不动产和动产。

（4）物权具有排他性。首先，物权的权利人可以对抗一切不特定的人，所以物权是一种对世权；其次，同一物上不许有内容不相容的物权并存（最典型的就是一个物上不可以有两个所有权，但可以同时有一个所有权和几个抵押权并存），即"一物一权"。

具体而言，物权可分为所有权、用益物权和担保物权三类。

2. 所有权

所有权是指所有人依法可以对自己的物进行占有、使用、收益和处分的权利。我国物权法依所有制不同，将所有权分为国家所有权、集体所有权、个人所有权和其他主体所有权四种类型。所有权是最典型的物权，表现出完整性、绝对性、排他性和永久性的法律特征。所有权人有权在自己的不动产或者动产上设立用益物权和担保物权，从而派生出其他物权。

（1）所有权的取得。所有权的取得有两种方式，即原始取得和继受取得。原始取得是民事主体根据法律规定或事实行为为首次取得物的所有权。生产、孳息、没收、添附等均导致原始取得的发生，如农民种田收获粮食，就是典型的原始取得。继受取得是指民事主体根据他人的既存权利和或意志而取得物的所有权，通过买卖、赠与、继承等法律行为取得所有权的方式均是继受取得。继受取得实质是物权由原权利人转移到新权利人的变动，对于这种物权变动，在《民法典》中特别规定了不同的公示方式，即动产物权变动以交付为其公示形式，不动产物权变动则以登记作为其公示形式。此外，《民法典》中还规定了几种特殊的所有权取得制度。一是善意取得制度。善意取得是指无处分权人将他人财产转让给受让人，如果受让人取得该财产是出于善意，可以依据法律的规定取得该财产的所有权或其他物权，原所有人不得要求受让人返还。二是遗失物拾得制度。拾得人拾得遗失物，应当返还权利人，不能取得所有权。但拾得人也有权向失主请求支付保管遗失物的必要费用和失主承诺的报酬。

（2）共有。共有是所有权的特殊状态。共有是指同一财产属于两个或两个以上的公民或法人所有的权利。共有权分为按份共有和共同共有两种：按份共有是指对共有财产按各自的份额分担义务和分享权利；共同共有是指两个以上的所有人对全部共有财产平等地分担义务和分享权利。按份共有人在将自己的份额分出或转让时，不得损害其他共有人的利益，在同等条件下，其他共有人有优先购买的权利。

（3）相邻权。相邻权基于相邻关系而产生的一种权利。相邻关系简单地讲，就是不动产的相邻各方因行使所有权或使用权而发生的权利义务关系。在日常生活中，邻里之间因为盖房影响采光、日照的情况；因用水、排水、通行、铺设管线等利用相邻不动产的情况经常出现；民法规定了处理相邻关系的原则：不动产的相邻权利人应当按照有利生产、方便生活、团结互助、公平合理的原则，正确处理相邻关系，为相邻各方解决纠纷和获得救济提供了法律依据。

3. 用益物权

用益物权是用益物权人对他人所有的不动产或者动产，依法享有占有、使用和收益的权利。我国物权法规定了五种常见的用益物权。

（1）土地承包经营权。指农业生产经营者为种植、养殖、畜牧等目的，对其依法承包的土地享有的占有、使用、收益的权利。

（2）建设用地使用权。指土地使用权人为营造建筑物或者其他工作物而使用国有土地的权利。

（3）宅基地使用权。指农民为了建造住宅及其设施而占有和使用集体所有的土地的权利。

（4）地役权。指地役权人按照合同约定，利用他人的不动产，以提高自己的不动产的效益的权利。如承包经营养殖、耕作、运输、排灌挖渠等。

（5）自然资源使用权。主要包括海域使用权、探矿权、采矿权、取水权、养殖权。

4. 担保物权

担保物权是以担保债务的清偿为目的，以债务或者第三人的特定物或权利设定的他物权。担保物权人在债务人不履行到期债务或者发生当事人约定的实现担保物权的情形下，依法享有就担保财产优先受偿的权利。担保物权主要分为抵押权、质权、留置权三种类型。

（1）抵押权。指抵押权人对由抵押人（债务人或第三人）所占有的财产的变价处分权或优先受偿权。

（2）质权。指质权人占有质押人（债务人或第三人）的动产或者让与的财产凭证并对该财产拥有变价处分权和优先受偿权。质权又分为动产质权和权利质权。

（3）留置权。这是一种特殊的担保权，发生在债权人已经合法地占有债务人的动产的场合，这些场合形成于债权人与债务人特定的债权债务关系。

（二）债权

1. 债权概述

债权基于债而产生。民法上的债是指特定当事人之间的一种民事法律关系。在这种民事法律关系中,一方享有请求他方为一定行为或不为一定行为的权利,而他方负有为一定行为或不为一定行为的义务,享有权利的人称为债权人,承担义务的人为债务人。债权的法律特征有以下几个方面。

(1) 债权是财产权。债的关系所包含的债权、债务,都能用金钱或其他财产衡量评价,因此债权是财产权,这一特征将债权同人身权区别开来。

(2) 债权是相对权。债是特定当事人之间的民事法律关系,所谓"冤有头,债有主",债权人只能向特定的债务人主张权利。

(3) 债权是请求权。债作为一种特定人之间的法律关系,以当事人之间请求为特定行为内容。债权人有权请求债务人给付,无权直接支配债务人的人身、财产。

(4) 债权以给付为内容。给付一般是债权人请求债务人实行一定的行为,以满足债权人的需要,如交付货物、支付金钱、提供服务等。但在某些情况下,给付也可以是不作为,即不为一定的行为,如债务人不得泄露商业秘密等。

2. 债的类型

债的发生均是基于一定的法律事实原因,这些能够引起债的关系产生的各种法律事实被称为债的发生原因。债可以基于当事人的合意而发生,也可以基于法律的直接规定而发生。基于不同的原因产生不同的债权债务关系。具体包括以下几种类型。

(1) 合同之债。合同,又称契约,是指平等主体的公民、法人和其他组织之间设立、变更或终止民事权利义务关系的协议。合同依法成立并生效后即在当事人之间依据合同的约定产生债权债务关系。合同是最常见、最主要的债。

(2) 单方行为之债。单独行为又称单方允诺,是指表意人向相对人作出的为自己设定某种义务,使相对人取得某种权利的意思表示。民事主体可基于某种物质上或精神上的需要为自己设定单方义务,同时放弃对于他方当事人的对价请求,由此形成单独行为之债。生活中较为常见的单独行为有悬赏广告、遗赠、票据行为等。

(3) 侵权行为之债。侵权行为是指不法侵害他人的合法权益的行为。侵权行为的事实发生后,受害人有请求加害人赔偿损失的权利,加害人有赔偿义务。这一债权债务关系即为侵权行为之债。侵权行为之债是除合同之债以外的另一类较为常见的债,它由非法行为引起,依法律规定而产生,以损害赔偿为主要内容。

（4）无因管理之债。无因管理，是指没有法定的或约定的义务，为避免他人利益受损失为他人管理事务提供服务的行为。无因管理一经成立，在管理人和本人之间即发生债权债务关系，管理人有权请求本人偿还其因管理而支出的必要费用，本人有义务偿还，此即无因管理之债。

（5）不当得利。不当得利，是指没有合法根据而获得利益并使他人利益遭受损失的事实。依法律规定，取得不当利益的一方应将所获利益返还于受损失的一方，双方因此形成债权债务关系，即不当得利之债。

（6）缔约过失之债。缔约上的过失，是指当事人在缔约过程中具有过失，从而导致合同不成立，无效或被撤销，致使他方当事人受到损害的情况。缔约过失责任产生后，有过失的一方负有向受害的一方赔偿的义务，受害的一方享有请求有过失的一方赔偿的权利，形成债的关系。

3. 债的担保

债的担保是督促债务人履行债务，保障债权得以实现的法律措施。债的担保具有从属性、补充性和保障债权实现性的法律特征。主要有以下几种类型。

（1）人的担保。指在债务人的全部财产之外，由债务人以外的其他自然人、法人、其他组织以自身的资产和信誉为债权的实现提供担保，当债务人不履行债务时，由担保人负责清偿，其典型方式就是保证。

（2）物的担保。物的担保是指债务人或其他自然人、法人以其特定的财产为债权的实现提供担保，当债务人不履行债务时，债权人可以通过处分该作为担保的财产优先得到清偿，即前文所述担保物权。

（3）金钱担保。指在债务以外交付一定数额的金钱，该金钱的得失与债务是否履行联系在一起，从而促使当事人积极履行债务，保障债权实现的制度。其方式主要有定金。定金是为确保合同履行方向对方支付的货币。给付定金的一方不履行合同的，无权请求返还定金；接受定金的一方不履行合同的，应当双倍返还定金。定金的数额由当事人约定，但不得超过主合同标的额的20%。

4. 债的消灭

债的消灭，又称债的终止，是指债权债务关系于客观上不复存在。主要有以下几种原因：

（1）清偿。指债务人履行债务。这意味着债权已经实现，设立债的目的已经达到，债的关系就自然消灭了。在实践中，清偿是债的消灭最为主要的原因。

（2）抵销。指当事人相互负有同种类债务，按对等数额相互充抵以消灭债权债务关系。抵销依其不同的发生根据，可分为法定抵销与合意抵销。债务的标的物种类、品质相同的，任何一方可以主张将自己的债务与对方的债务抵销，此为法定抵销；标的物种类、品质不相同的，经双方协商一致，也可以抵销，此为合意抵销。

（3）提存。指由于债权人的原因而使债务人无法向其履行债务，债务人将债的标的物提交给提存机关而消灭债务的一种制度。按合同法的规定，有下列情形之一，债务人可以将标的物提存：债权人无正当理由拒绝受领；债权人下落不明；债权人死亡未确定继承人或债权人丧失民事行为能力未确定监护人。

（4）免除。指债权人放弃自己的债权，免除债务人的全部或部分债务而使合同终止。

（5）混同。指债权与债务同归于一人，而使债的关系消灭的事实。例如，债权人和债务人双方合并成为一个新企业，债权人的债权和债务人的债务同时被第三人继承等。

■ 案例9-5 校园贷法律问题

2016年11月30日，一组名为"借贷宝大学生裸条"照片、视频的压缩包在网上流传，里面竟包含多名赤裸上身、手持身份证的女大学生照片、视频，同时女大学生的手机号、学信网资料、亲人朋友的联系方式也被公之于众。一时间，校园贷被推到舆论的风口浪尖。曝光的案例很多，如"裸贷人"小A曾在某平台向"熟人"借款1000元，被要求自拍裸照作为抵押。她借的1000元要在一周内还清，利息高达300元。据小A称，借款时还要扣除手续费200元，实际拿到手的只有800元，还款额却是连本带利一共1300元。小A提到如果逾期未还，对方就会群发她的裸照，最后幸好家里人帮她把钱还清。

【请思考】校园贷是否合法？类似小A这种情况是否需要还钱？

【参考答案】校园贷实质是一种P2P网络借贷模式，是一种针对在校大学生推出的网络借贷、分期购物产品等的借贷形式，其合法性不能一概而论。符合P2P网络借贷平台资质的正规公司发放的合法网络借贷产品受到法律保护，借款人应当按照合同约定偿还贷款，否则应当承担违约责任。因此，大学生应当理性消费，为自己的行为承担责任。

但案例中所提及的"裸贷"，毫无疑问是一种恶劣的违法行为。应当看到，法律保护的是合法借贷关系。《民法典》规定，民事主体从事民事活动，不得违反法律，不得违背公序良俗。《民法典》第一百五十三条第二款亦规定，违背公序良俗的民事法律行为无效。由此可知，合同内容违反公序良俗的应为无效，案例爆出的"裸贷"事件，即以裸照作为抵押物，且通过手续费等方式变相发放高利贷，这明显违背了最基本的公序良俗原则，不仅借贷合同无效，校园贷平台还可能构成犯罪被追究刑事责任。

三、侵害大学生民事权利的主要表现

在大学生活中，大学生民事权利被侵害的现象时有发生，其中因素既可能来自校内也可能来自校外，主要表现形式如下。

（一）高校侵害大学生民事权利

高校是大学生活动的主要场所，高校与大学生之间既有教育管理关系，也有民事法律关系。高校对大学生进行教育、管理和服务的过程中，难免会出现侵害大学生民事权利的现象。高校作为教育机构，会有大量的内部管理规定，如校纪校规等。高校制定规章的初衷是加强教育管理，但个别规定可能对学生设置的义务条款过多，不能严格遵循权利义务相一致原则，有的甚至超越了高校的管理权限，侵害了大学生的合法权益。例如，某高校为加强课堂纪律，规定学生上课不得使用手机，如有发现一律上缴没收，这实质上侵犯了大学生的财产权。还有高校在依校纪校规对大学生进行处分时存在不当，出现侵害大学生民事权利的现象。如某高校在处理一对大学生情侣在公开场合亲热的行为时，点名道姓地在全校通报批评，并将细节公布于众，使二人一时成为全校的议论焦点，这就侵犯了大学生的隐私权。

（二）教师侵害大学生民事权利

高校教师直接承担着对大学生进行教育和管理的职责，与大学生的联系最为密切。但高校教师在对学生进行教育和管理的过程中，常会因个人行为不当而侵害大学生的民事权利。例如，教师为维持课堂纪律而当众侮辱、谩骂大学生，就会侵害大学生的名誉权；辅导员为了解学生情况私拆学生信件，就会侵害大学生的隐私权；指导老师剽窃学生论文或专利设计，就会侵害大学生的知识产权。

(三) 大学生之间侵害民事权利

大学生活虽然比较单纯，但也是一个小型社会，作为一个独特的社会群体，大学生之间也难免发生侵权的纠纷。如同学之间因琐事发生打斗，将人打伤，侵犯到大学生的身体权、健康权。又如有大学生从宿舍楼上往下扔东西时，恰巧砸伤了路过的某大学生，就侵犯了该大学生的健康权。二是大学生与某公民之间存有合同法律关系时，假如某公民不履行该合同义务，就侵犯了大学生的财产权。例如，某大学生与某公民之间签订了一份家教合同，在合同中对报酬等内容作了具体的说明，但是合同期满后，该公民拒不履行支付报酬的义务，这就侵害了该大学生的债权。

(四) 校外主体侵犯大学生民事权利

校园虽然是大学生活动的主要场所，但为了满足自身发展需要，大学生也不可避免地走出"象牙塔"与外界打交道。由于大学生对社会的接触、了解较少，在与校外人员、机构打交道的过程中，常处于弱势地位，自身合法权益难以得到保障，民事权利经常受到侵害。如大学生暑假打工，企业与大学生签订了一份暑假用工协议，协议中规定了双方各自的权利和义务，但是在协议到期后，该企业却以各种理由为借口，未能按照约定全额支付报酬，这就侵犯了大学生的合法获得劳动报酬的权利。

第三节 民事法律行为和代理制度

一、民事法律行为的概念和特征

民事法律行为是民事主体通过意思表示设立、变更、终止民事法律关系的行为。民事法律行为可以基于双方或者多方的意思表示一致成立，也可以基于单方的意思表示成立。现实中绝大部分民事活动都是通过民事法律行为开展的，它具有以下三个基本特征。

(一) 以发生一定的法律效果为目的

只有民事主体实施的，能够引起民事法律后果的行为才是民事法律行为。其他主体所为的行为虽然有时也产生法律后果，但不是民事法律行为，如法院的裁决等。这一特征使民事法律行为与侵权行为、事实行为等非表意的行为区别开来。

(二) 以意思表示为核心要素

所谓意思表示,是指表意人将其期望发生某种法律效果的内心意思以一定的方式表现于外部的行为。如有外出购物或外出旅游的意思,这是内心意思;实际去商场购物和随旅游团去旅游,这就是意思表示。意思表示是法律行为不可缺少的内容。行为人可以明示或者默示作出意思表示。明示包括口头、书面、推定等形式;默示即沉默,只有在有法律规定、当事人约定或者符合当事人之间的交易习惯时,才可以视为意思表示。

(三) 符合法律规定

合法性是民事法律行为突出的特征,民事法律行为的主体、内容、形式均不能违背法律和社会公共利益的要求,否则不能产生预期的法律效果。

二、民事法律行为的有效要件

《民法典》规定,民事法律行为的有效要件有三项:行为人具有相应的民事行为能力;意思表示真实;不违反法律、行政法规的强制性规定,不违背公序良俗。学理上将民事法律行为的有效要件归纳为四项:

(一) 行为主体适格

即行为人应具备相应的民事行为能力。完全民事行为能力人从事各种民事行为均为合格。限制民事行为能力人在法律允许的范围内,进行与其年龄、智力或者其精神健康状况相适应的民事活动合格。法人在法律批准的业务范围内从事的民事活动合格。非法人组织具有法律承认的资格和在其所属法人授权范围内从事民事活动合格。

(二) 意思表示真实

即行为人的内心意思与外部表示一致。只有行为人意思表示真实,才能保证其所实施的民事行为有效,产生符合行为人预期的目的。行为人基于欺诈、胁迫等违背真实意思做出的不自愿行为不产生法律效果。

(三) 行为内容合法

行为的内容不得与法律、行政法规的强制性或禁止性规范相抵触,也不得违背社会公德,损害社会公共利益。如行为人从事毒品交易,即便具备完全行为能力,意思表示也真实,但因交易内容违法,不可能构成有效的民事法律行为。

(四) 行为形式符合要求

行为人可在法律允许范围内，自由选择口头形式、书面形式或其他形式作为民事法律行为的形式，但民法对某些特定行为要求必须采取一定形式或履行一定程序才能成立，如转移房屋所有权，除了当事人要签订书面合同以外，还必须到政府有关部门办理房屋产权过户登记。

三、无效和可撤销的民事法律行为

(一) 无效的民事法律行为

无效的民事法律行为是指不具备民事法律行为的有效条件，不发生预期法律效果的民事法律行为。无效的民事法律行为具有自始无效、当然无效、确定无效和绝对无效的特点。民事法律行为部分无效，不影响其他部分效力的，其他部分仍然有效。《民法典》规定的无效的民事法律行为范围包括以下几种。

1. 无民事法律行为能力人实施的行为

无民事法律行为能力人实施的民事法律行为，因欠缺民事法律行为的主体要件而无效。

2. 限制民事法律行为能力人实施的部分行为

限制民事法律行为能力人依法不能独立实施且未经法定代理人同意或者追认的民事法律行为。并非限制民事法律行为能力人实施的所有民事法律行为均无效，如其实施的纯获利益的民事法律行为或者与其年龄、智力、精神健康状况相适应的民事法律行为有效；实施的其他民事法律行为经法定代理人同意或者追认后也有效。

3. 虚假表示行为

行为人与相对人以虚假的意思表示实施的民事法律行为无效。如当事人为降低税负，将市场价值100万元的房屋，以60万元的价格订立合同买卖，并办理契税手续，该合同无效。

4. 违法行为

违反法律、行政法规的强制性规定，违背公序良俗的民事法律行为无效。

5. 恶意串通行为

行为人与相对人恶意串通，损害他人合法权益的民事法律行为无效。如恶意串通，贱卖国有资产的合同无效。

（二）可撤销的民事法律行为

《民法典》规定了可变更、可撤销的民事法律行为，这是对意思自治原则的凸显和尊重，可有效避免公权力对私法领域的不当干预。可撤销的民事法律行为是指行为人的意思表示不一致或不自由的，有权请求人民法院或者仲裁机构予以撤销的行为。可撤销的民事法律行为的范围包括以下几种。

1. 重大误解行为

基于重大误解事实的民事法律行为，行为人有权请求人民法院或者仲裁机构予以撤销。

2. 欺诈行为

一方或第三人以欺诈手段，使对方在违背真实意思的情况下实施的民事法律行为，受欺诈方有权请求人民法院或者仲裁机构予以撤销。

3. 胁迫行为

一方或第三人以胁迫手段，使对方在违背真实意思的情况下实施的民事法律行为，受胁迫方有权请求人民法院或者仲裁机构予以撤销。

4. 趁人之危行为

一方利用对方处于危困状态、缺乏判断能力等情形，致使民事法律行为成立时显失公平的，受损害方有权请求人民法院或者仲裁机构予以撤销。

（三）民事法律行为被确认无效或被撤销的法律后果

无效的或者被撤销的民事法律行为自始没有法律约束力。民事法律行为无效、被撤销或者确定不发生效力后，行为人因该行为取得的财产，应当予以返还；不能返还或者没有必要返还的，应当折价补偿。有过错的一方应当赔偿对方由此所受到的损失；各方都有过错的，应当各自承担相应的责任。法律另有规定的，依照其规定。

■ **案例 9-6　荒唐的恋爱协议**

家庭贫困的小丽（18 周岁）考取了大学，但无力承担高额的学费。得知小丽的情况后，村里的暴发户阿强表示愿意资助她，但条件是小丽必须和他建立恋爱关系并订立一份协议书。协议书内容包括："（1）阿强支付小丽大学期间的学费和生活费，每年 8000 元，分四年付清，每年开学前付清当年费用；(2) 自本协议签订之日起，双方建立恋爱关系，小丽在大学毕业前，不得以任何理由同他人谈恋爱；(3) 小丽在大学期间不得拒绝阿强的约会，并且要积极主动地和阿强培养感情；(4) 小丽大学毕业后，根据双方的感情状况决定是否同阿强结婚，倘在1年内不同阿强结婚，必须退还已支付的各种费用，并按银行定期存折利息付息。"协议订立后，阿强经常来学校纠缠小丽，并提出各种非分要求行使协议中的"约会权"，小丽对他日益反感，想要解除协议，打工赚钱返还已支付的费用，但阿强不允。直到大学毕业，小丽找到工作后没几天，阿强就闹到单位说是小丽的丈夫，已经生了孩子要带她回家，小丽无奈向法院起诉。

【请思考】该案中订立的恋爱协议是否有效？

【参考答案】恋爱协议无效。本案中的恋爱协议有小丽的亲笔签名，小丽是完全民事行为能力人，双方意思表示也真实，虽然小丽基于贫困所迫订立此协议，但并不构成欺诈、胁迫或趁人之危等违背本人意愿的情形。关键在于，这份协议的内容违反了法律的强制规定。我国《民法典》明确规定了婚姻自由原则，恋爱也应自由，任何约束婚姻、恋爱自由的协议都是无效的。而阿强反复纠缠，并捏造结婚生子的事实，诽谤小丽名誉已经构成侵权。最终法院经审理判决，阿强因故意侮辱、诽谤他人，被判处有期徒刑1年，并赔偿小丽精神损失费4000元；阿强代付的2.4万元学杂费，小丽需在半年内偿还。

四、附条件和附期限的民事法律行为

(一) 附条件的民事法律行为

附条件的民事法律行为是指将未来发生的或不发生的不确定事实作为民事法律行为效力的条件。所附的条件不能是已经发生的事实，应该是将发生的事实；条件应是不确定的事实，不包括能够准确预料到的事实；条件应该是合法的，不能以违法和违反道德的事实为条件，否则被认为是没有附条件；条件应该具有可能性。

条件的种类包括：一是延缓条件，指民事法律行为的效力只在限制约定的事实出现时才产生；二是解除条件，指对民事法律行为效力存续的限制，当该事实出现时，已生效的民事法律行为即时终止。

(二) 附期限的民事法律行为

附期限的民事法律行为是指当事人以意思表示决定该行为效力开始或终

止的时间界限的民事法律行为。期限与条件是不相同的，任何期限都是确定的、必然要到来的，而条件的成就与否却是不确定的。

期限的种类包括如下几种：一是延缓期限。民事法律行为成立后并未发挥生效力，只要期限到来该行为就会生效。二是解除期限。指民事法律行为成立后即时发挥效力，当期限到来时，该行为的效力归于消灭。

五、代理

（一）代理的概念、范围和类型

代理是指代理人在代理权限范围内，以被代理人的名义独立与第三人为民事法律行为，由此产生的法律效果直接归属于被代理人的一种法律制度。代他人实施民事法律行为的人称为代理人，由他人代理自己实施民事法律行为的人称为被代理人或本人，与代理人实施民事法律行为的人称为相对人或第三人。

民事主体可以通过代理人实施民事法律行为。可以代理的民事法律行为很广泛，绝大部分民事法律行为都可以通过代理人的代理活动实施，如订立各种合同、代办房屋产权登记、法人登记、商标注册等。

但依照法律规定、当事人约定或者民事法律行为的性质，应当由本人亲自实施的民事法律行为不得代理。主要包括：具有人身性质的行为，如立遗嘱、婚姻登记、收养子女等；法律规定或者双方当事人约定应当由特定人亲自进行的行为；内容违法的民事行为。

根据代理权产生的根据不同，代理可分为委托代理和法定代理两种类型：委托代理人按照被代理人的委托行使代理权；法定代理人依照法律的规定行使代理权。

1. 委托代理

委托代理是按照被代理人的委托行使代理权的代理。委托代理可以用书面形式，也可以用口头形式，但法律规定用书面形式的，应当用书面形式。授权委托书是产生委托代理的法律依据，内容要明确，写明代理人的姓名或名称，所代理的事项、权限和时间等，并由委托人签名或盖章，委托书即生效。

2. 法定代理

法定代理是代理人依照法律的规定行使代理权的代理。这是一种由法律根据一定的社会关系的存在而设立的代理，如监护人代理被监护人进行的各种民事活动。

(二) 代理的法律后果

一般而言，代理人以被代理人的名义进行民事活动，行为后果一概由被代理人承担。但是，在代理活动中，也可能出现应当由代理人承担民事责任的情形。例如，代理人未履行代理职责，致使被代理人的利益遭到损害的，代理人要负赔偿责任；代理人不顾被代理人的利益，串通第三者为自己牟利，致使被代理人的利益遭到损害的，则由代理人和第三者负连带责任。

(三) 代理终止

1. 委托代理的终止

委托代理终止的情形有：代理期满或者代理事务完成；被代理人取消委托或者代理人辞去委托；代理人死亡；代理人丧失民事行为能力；作为被代理人或者代理人的法人、非法人组织终止。

2. 法定代理的终止

法定代理终止的情形有：被代理人取得或者恢复民事行为能力；被代理人或代理人死亡；代理人丧失民事行为能力；指定代理的人民法院或者指定单位取消指定；由其他原因引起的被代理人和代理人之间的监护关系消灭。

六、大学生活中的民事法律行为

民事法律行为涉及日常生活的方方面面，衣食住行都与民事法律行为密切相关。大学生在校园生活中同样存在范围广泛的民事法律行为，大多数行为与一般人无异，但也有大学生特有的行为。

(一) 申请助学贷款

自高校实行收费制度以来，高校学习费用也在逐渐地增加，使很多家庭经济困难的学生难以顺利完成学业。为此，国家实行了助学贷款制度，以缓解他们的经济困难，解决他们的后顾之忧。国家助学贷款是由政府主导、财政贴息，银行、教育行政部门与高校共同操作的专门帮助高校家庭贫困学生的银行贷款。借款学生通过学校向银行申请贷款，订立助学金贷款合同就是一种民事法律行为。申请贷款的大学生必须按照约定的时间，偿还助学贷款，否则，就必须承担一定的法律责任。

(二) 大学生结婚

自 2005 年教育部颁布施行《普通高等学校学生管理规定》，我国不再限制在校大学生结婚，使在校大学生结婚违反校规成为历史。从法律角度来看，在校大学生只要符合我国《民法典》规定的结婚条件，完全可以结婚。根据我国《民法典》的规定，结婚的积极条件包括：结婚必须男女双方完全自愿，不许任何一方对他方加以强迫或任何第三者加以干涉；结婚年龄，男不得早于二十二周岁，女不得早于二十周岁。禁止结婚的消极条件包括：已有配偶者；直系血亲和三代以内的旁系血亲；患有医学上认为不应当结婚的疾病。符合以上条件的在校大学生可以登记结婚。

第四节　民事责任制度

一、民事责任的概念和特征

民事主体依照法律规定和当事人约定，履行民事义务，承担民事责任。民事责任，是指民事主体在民事活动中，因实施了民事违法行为，根据民法所承担的对其不利的民事法律后果。民事责任属于法律责任的一种，是保障民事权利和民事义务实现的重要措施，是民事主体因违反民事义务所应承担的民事法律后果，它主要是一种民事救济手段，旨在使受害人被侵犯的权益得以恢复。民事责任具有以下主要特征。

（一）强制性

民事责任的强制性是其区别于道德责任和其他社会责任的基本标志。民事责任的强制性表现在两个方面：一是在民事主体违反合同或者不履行其他义务，或者由于过错侵害国家、集体的财产，侵害他人财产、人身时，法律规定应当承担民事责任；二是当民事主体不主动承担民事责任时，通过国家有关权力机构强制其承担责任，履行民事义务。

（二）财产性

民事责任以财产责任为主，非财产责任为辅。一方不履行民事义务的行为，给他方造成财产和精神上的损失，通常通过财产性赔偿的方式予以恢复。但是仅有财产责任不足以弥补受害人的损失，因此，《民法典》也规定了一些辅助性的非财产责任。

（三）补偿性

民事责任以弥补民事主体所受的损失为限。就违约责任而言，旨在使当事人的利益达到合同获得适当履行的状态；侵权责任，旨在使当事人的利益恢复到受损害以前的状态。

二、民事责任的种类

依据不同的标准，可以对民事责任进行不同的分类。但最基本的分类是根据责任发生根据的不同，分为违约责任和侵权责任两种类型。

（一）违约责任

违约责任是指合同当事人违反合同，未履行或未完全履行合同义务，按合同规定应当承担的法律责任。违约责任是合同责任中的一种重要形式，它不同于无效合同的后果，其成立是以有效的合同存在为前提的。违约责任也不同于侵权责任，其可以由当事人在订立合同时事先约定，属于一种财产责任。违约责任的具体表现有：一方不履行或不适当履行合同；延迟履行合同；双方都违约。

（二）侵权责任

侵权责任是指行为人因其侵权行为造成他人财产或人身权利损害所应承担的民事法律责任。侵权责任是民事主体因违反法定义务而应承担的法律后果。民事义务有法定义务和约定义务。法定义务是通过法律的强制性规范、禁止性规范设定的义务。这种义务对于每个自然人、法人具有普遍的适用性，违反此种义务，即构成侵权责任。而约定义务则是特定当事人之间设定的某种义务，违反约定义务，构成违约责任。

一般而言，承担侵权责任必须具备违法行为、损害事实、因果关系和主观过错四个要件，但在法律有特别规定的情形下，不考虑主观过程的情形下也可能承担侵权责任。

三、民事责任的归责原则

归责原则，是指在行为人违反法律义务的情况下，根据何种标准确定行为人民事责任的规则，即确认行为人是否应当承担民事责任的基本原则。我国民法确立了以过错责任原则为主，以过错推定原则和无过错责任原则为辅，以公平责任原则为例外的多元归责原则体系。

（一）过错责任原则

过错责任原则，是指以过错作为致害人承担民事责任必要条件的归责原则。按此原则，致害人只有在有过错的前提下，才承担相应的民事责任，无过错则无责任。在法律没有特别规定的情况下，都适用过错责任原则。

(二) 过错推定责任原则

过错推定责任原则，是指根据法律规定，致害人不能证明自己没有过错时便推定其有过错，并因此应承担民事责任的归责原则。过错推定原则是过错责任原则的一种演化，仍属于过错责任原则，即构成要件中要求行为人有过错，但行为人可以通过证明自己没有过错来获得免责的效果。过错推定仅限于法律明确规定的情形，适用"举证责任倒置"的诉讼程序。

(三) 无过错责任原则

无过错责任原则，是指基于法律的特别规定，致害人对其行为造成的损害没有过错也应当承担民事责任的一种归责原则。在法律有特别规定的情形下，行为人损害他人民事权益，不论行为人有无过错，法律规定都应当承担侵权责任，如产品责任、高度危险责任、饲养动物致害责任等，《民法典》中均有明确规定。

(四) 公平责任原则

公平责任原则，是指在行为人和受害人双方对损害的发生均无过错的情况下，按照公平的观念，根据当事人的客观情况，由双方当事人分担民事责任的归责原则。如《民法典》规定，因保护他人民事权益使自己受到损害的，由侵权人承担民事责任，受益人可以给予适当补偿。没有侵权人、侵权人逃逸或者无力承担民事责任，受害人请求补偿的，受益人应当给予适当补偿。此情形下，受害人请求补偿的理由，就是基于公平责任原则。

■ 案例 9-7 宿舍失火谁之过

陈某和周某均为广州某大学西语系学生，同住该校一间女生宿舍。一晚，睡在宿舍双层铁架床下铺的周某在学校规定的熄灯时间后仍未休息，在蚊帐内点燃蜡烛看书以备期末考试。蜡烛倾倒将周某蚊帐烧着，火苗迅速蔓延至上铺，并烧着陈某床上蚊帐等物品。此时，周某及其他6人跑出宿舍，并大声呼喊陈某赶快逃出火场。20分钟后，火被扑灭。陈某被严重烧伤，立即被送往医院抢救。住院期间，广州某大学先后支付医疗费合计14万元。此外，陈某的父亲收取了周某的家长支付的医疗费1万元。陈某出院后向广州市白云区人民法院提起诉讼，请求法院判令被告周某、广州某大学除已支付的医药费外，另赔偿自受伤之日起至今的各项费用共计55万元。

【请思考】 周某、广州某大学是否对陈某的人身伤害事故承担赔偿责任？

【参考答案】 周某对陈某的人身伤害事故负有不可推卸的责任。周某作为一名具有完全民事行为能力的大学生，完全能够预料到在蚊帐内点燃蜡烛很容易引起火灾。但是，周某在侥幸心理的驱使下，违反学校关于学生宿舍管理的规定，在熄灯后仍然点燃蜡烛看书，最终引起火灾，对舍友陈某被火严重烧伤存在过错，应当对自己的行为引起的损害后果承担侵权责任。而广州某大学在颁布的《学生宿舍管理规定》明确规定"不允许熄灯后在床上点蜡烛看书"，并要求每位学生严格遵守，学校已经履行了对学生进行安全教育和管理的职责，在本案中不存在侵权行为和主观过错，不应承担赔偿责任。

四、民事责任的免责条件

根据民法的规定，侵犯他人权利、违反法律义务，应当承担民事责任。但法律同时也规定了在具备某些条件时，可以减轻或免除行为人的民事责任，此即免责事由。根据民法规定，免除民事责任的条件主要包括以下几种。

（一）不可抗力

不可抗力，是指不能预见、不能避免且不能克服的客观情况。因不可抗力不能履行民事义务的，不承担民事责任，但法律另有规定的除外。如地震、海啸等自然灾害导致合同无法履行，或造成他人损害的，不承担民事责任。

（二）正当防卫

正当防卫，是指为了使国家、公共利益、本人或者他人的人身、财产和其他权利免受正在进行的不法侵害，对实施侵害的人所采取的制止不法侵害的行为。因正当防卫造成损害的，不承担民事责任。但正当防卫超过必要的限度，造成不应有的损害的，正当防卫人应当承担适当的民事责任。

（三）紧急避险

紧急避险，是指为了使国家、公共利益、本人或者他人的人身、财产和其他权利免受正在发生的危险，不得已采取的损害较小合法权益以保护较大合法权益的行为。因紧急避险造成损害的，由引起险情发生的人承担民事责任。危险由自然原因引起的，紧急避险人不承担民事责任，可以给予适当补偿。紧急避险采取措施不当或者超过必要的限度，造成不应有的损害的，紧急避险人应当承担适当的民事责任。

（四）受害人过错

受害人过错，是指损害的发生或损害的扩大不是由于行为人的原因，而是由于受害人的过错。受害人对损害的发生也有过错的，可以减轻行为人的责任；损害是因受害人故意造成的，行为人不承担责任。

（五）受害人同意

受害人同意，是指受害人允许他人侵害自己的权利，自己愿意承担损害结果，并且不违反法律和公共道德的一种意思表示。受害人同意构成免责有严格的条件：要求受害人事先有明示的真实意思表示；行为人主观上为善意；不超过同意的范围和限度；不违反法律与社会公序良俗。

（六）善意救助

《民法典》规定，因自愿实施紧急救助行为造成受助人损害的，救助人不承担民事责任。这一善意救助者责任豁免规则，被称作"好人法"，其用意是鼓励善意救助伤病的高尚行为。

五、民事责任的承担方式

民事责任的承担方式，是指民事主体承担民事责任的具体措施。《民法典》规定承担民事责任的主要方式有11种，包括：停止侵害；排除妨碍；消除危险；返还财产；恢复原状；修理、重作、更换；继续履行；赔偿损失；支付违约金；消除影响、恢复名誉；赔礼道歉。以上各种民事责任形式，可以单独适用，也可以合并适用。单独适用还是合并适用，需要根据具体情况而定。

责任人应当自动承担责任；责任人不自动承担责任的，权利人有权请求责任人承担责任；经权利人请求，责任人仍不承担责任的，权利人有权请求法院裁决或者强制责任人承担责任。

因同一行为应当承担刑事责任、行政责任的，不排除承担民事责任。因同一行为应当承担侵权责任和行政责任、刑事责任，侵权人的财产不足以支付的，先承担侵权责任。

当然，根据民法的自愿原则，权利人可以放弃追究责任人的责任。

■ 案例9-8 大学校园安全保障责任

华南某大学大一女生吴某上完自习，在从教学楼通往宿舍的必经之路上遭到歹徒强奸（未遂）。因害怕该事传出去被人笑话，吴某几日后才向辅导员报告自己遭受了性侵犯。获悉该事后,辅导员立刻向系主任梁老师汇报,梁老师马上赶来同吴某交流,还告诉吴某:"你都是成年人了,不要受到家长影响。"此后吴某在同学的劝说下报警,并电话告知了父母。吴某的父母对学校的处理措施表示不满,认为学校是在故意隐瞒,导致报案过晚。学校领导却称:"吴某所说的情况就是几分钟的事,歹徒也未得逞,属于一般性侵犯,毕竟是未遂,就没有报警。这种事情很敏感,处理不好会影响该学生在校内学习、生活等,报不报警主要是学生个人意见。"据调查,事发之时,华南某大学西侧正在施工,东侧有一片小树林,里面的树很高很密,中间是一条水泥路,这条路是教学楼通往女生宿舍的必经之路。就是在这里,吴某被歹徒拉进树丛施暴。该路两侧一直未安装路灯,事发之后,学校才匆忙安装上路灯。遭此一劫,吴某寝食难安,整天躺在宿舍不敢见人,精神状态颓废不堪。

【请思考】华南某大学是否应对吴某受到的精神损害承担责任?

【参考答案】在高校内发生女大学生遭受强奸案件,这充分暴露出华南某大学安全管理意识麻痹懈怠,安全管理制度及设施存在明显疏漏,没有切实履行法定的安全管理职责。事件发生后学校既没有向公安机关报案,也没有采取有效措施抚慰受害学生,更没有及时通知学生家长,反而要求学生不要声张,故意隐瞒事实真相,造成损害后果进一步扩大,这显然属于严重的失职行为。华南某大学应当对吴某遭受的严重精神损害承担相应的损害赔偿责任。

第十章

大学生在刑法方面的常见问题与解决对策

刑法往往与犯罪密不可分，刑法规定了犯罪的方方面面。大学生在自己的成长经历中一定见到过不少关于刑法与犯罪的信息，这些信息有可能来源于电视、电影、书籍、互联网……或者知道自己的亲友曾经被犯罪分子所侵害，甚至自己本身也曾经被侵害。但是，即使这类信息的来源如此广泛，大学生群体在面对一些法律问题时，尤其是刑事犯罪问题时依旧不能明白犯罪具体的概念与内容。如果不能恰当地理解"罪"与"非罪"的区别，那么轻则带来生活上的困惑与苦恼，重则被犯罪行为所侵犯而无所适从，甚至更进一步，在各类不当利益的诱惑下走向犯罪，误入歧途。

为了让大学生群体更好地、更直观地了解刑法与犯罪，本章内容将会分为三个部分，分别介绍刑法与犯罪的概念、犯罪的构成要件、常见的刑事犯罪罪名及典型案例。通过这三个部分的学习，能够在面对犯罪问题时有基本的理论基础知识。

第一节 刑法与犯罪的概念

一、刑法的定义

刑法是一门独立的法律，在有的国家被称为犯罪法或者刑罚法，其规定的是犯罪及犯罪的法律后果。在我国，全国人民代表大会及其常务委员会是刑法制定与修改的主体。

二、刑法的基本原则

刑法的基本原则，是指在刑法全部整体中都普遍遵循的具有全面性与根本性的准则，而且这种准则应当是刑法本身所蕴含的，始终体现在刑法的细节与整体之中。我国现行《刑法》明文规定了刑法的三个基本原则，即罪刑法定原则、刑法适用平等原则和罪责刑相适应原则。

（一）罪刑法定原则

《刑法》第三条规定了罪刑法定原则："法律明文规定为犯罪行为的，依照法律定罪处刑；法律没有明文规定为犯罪行为的，不得定罪处刑。"即在刑法中，法无明文规定不为罪，法无明文规定不处罚。它的基本内容包括如下几点。一是具体的犯罪及其法律后果，即刑罚，必须由法律明文规定，否则不产生刑法效力，不构成犯罪。例如，行政法规不能制定刑罚，刑罚只能由法律规定。二是必须明确什么是犯罪，明确规定犯罪后所产生的刑罚是什么，这些都必须用文字在刑法条文中清晰明白地表示出来。三是刑法的内容必须是合理的，从而防止刑法被滥用，既不能将刑法的范围无限扩大，也不能过度限制，而且从实施角度来看，刑罚要合理适用，防止出现过分的、残酷的刑罚。

（二）刑法适用平等原则

《刑法》第四条规定："对任何人犯罪，在适用法律上一律平等。不允许任何人有超越法律的特权。"该条意味着刑法适用一律平等，任何人在定罪量刑时都应当平等地按照刑法的规定处理，而不能根据身份、财富、性别、民族等差异有区别地适用刑法。这是现代刑法与封建时代刑事法律的重要区别。

（三）罪责刑相适应原则

《刑法》第五条规定："刑罚的轻重，应当与犯罪分子所犯罪行和承担的刑事责任相适应。"因此，刑法规定的罪责刑相适应原则有两方面内容。第一，具体适用刑罚时重点要考虑犯罪行为及其危害后果，刑罚的轻重不能仅凭主观臆断，而是要客观地将刑罚与犯罪行为及其后果相适应，所以当司法机关适用刑法时应当考虑犯罪行为与社会危害程度之间的关系，社会危害程度越大，刑罚越重，反之亦然。第二，犯罪行为人的主观恶性、再犯可能性和人身危险性也是刑罚适用的重点考虑因素，不同的案件有着不同的情况。例如，同样是故意杀人案件，有的是为了寻找刺激或者报复仇人而故意杀人，而有的是贫困家庭的年迈父母不忍瘫痪在床的残疾儿子继续遭受病痛的折磨，而不得已投毒杀害儿子。显然这两个故意杀人案件的行为人主观恶性程度、再犯可能性与人身危险性都不相同,所以司法机关适用《刑法》时应当考虑犯罪行为人的主观恶性程度、再犯可能性和人身危险性。

三、犯罪的定义

在我国《刑法》第十三条中明确给出了犯罪的定义:"一切危害国家主权、领土完整和安全,分裂国家、颠覆人民民主专政的政权和推翻社会主义制度,破坏社会秩序和经济秩序,侵犯国有财产或者劳动群众集体所有的财产,侵犯公民私人所有的财产,侵犯公民的人身权利、民主权利和其他权利,以及其他危害社会的行为,依照法律应当受到刑罚处罚的,都是犯罪,但是情节显著轻微危害不大的,不认为是犯罪。"该定义是对我国刑法中各类犯罪的综合性、整体性概括。

(一)犯罪定义中的"但书"

《刑法》第十三条中"但是情节显著轻微危害不大的,不认为是犯罪"这句话被称为"但书"。这说明在犯罪定义中既包含对犯罪的定性要求又包含对犯罪的定量要求,当面对某种行为是否构成犯罪时,社会危害程度与违法性属于定性的方面,但是仅仅定性不能够做到对犯罪的全面认定,"定量"同样重要。例如,青少年在生活中强拿硬要其他同学的学习用品或者少量钱财,表面上根据罪刑法定原则,符合抢劫罪,但是由于"但书"存在,在面对具体犯罪行为时,还应当考虑该行为是否达到了犯罪的定量要求,情节显著轻微危害不大的行为,不认为是犯罪。所以,从这里我们可以看出合理确定危害行为的"程度"或者"量",对于认定犯罪有着重大意义。

相对于西方其他国家,我国的刑法明确了违法行为与犯罪行为的区别,"但书"就是区分二者的标准。在日常生活中,人们在不经意间就有可能做出违法行为,这种违法行为有可能是很轻微甚至被人们普遍所忽视的,例如闯红灯行为、乱扔垃圾的行为。我国对违法行为与犯罪行为作出了区别,大部分违法行为都属于治安管理、工商、卫生等行政与经济法规中的管理范围。只有触犯刑法中明文规定的行为,才属于犯罪行为。

(二)"但书"的刑事政策意义

通过上文我们已经知道,定义是否是犯罪除了要定性而且还要定量,所以刑法规定"但书"的刑事政策的意义主要是合理控制刑法处罚的范围,防止轻微的危害社会行为被定义为"犯罪"。无论是从违法行为人还是犯罪行为人的角度来看,"但书"的规定都有利于提高司法资源利用效率,有利于行为人改过自新。在刑法分则规定的很多犯罪中，都有体现定量的要求。例如，最典型的盗窃罪，只有达到了数额较大才会被纳入刑法的调整范围。例如，趁邻居不在家偷摘邻居家果树上的一个苹果这种行为就不会被定义为犯罪，因为一个普通的苹果远远不能达到盗窃数额较大的标准。从以上内容我们不难发现，在我国的处罚体系中，犯罪的门槛相对较高，往往很多危害行为都属于违法行为。

四、共同犯罪

我国《刑法》第二十五条规定："共同犯罪是指二人以上共同故意犯罪。"按照传统刑法理论，首先，共同犯罪的主体必须满足二个主体以上，自然人或者单位，且自然人需都达到法定刑事责任年龄，能够承担刑事责任；其次，主体之间必须有共同的犯罪行为；最后，主体之间需有共同的犯罪故意。按照共同犯罪人在共同犯罪中所起的作用为主要标准，同时兼顾其分工，将共同犯罪人分为主犯、从犯、胁从犯和教唆犯四种。

（一）主犯及其刑事责任

关于主犯的定义与刑事责任主要体现在我国《刑法》第二十六条，其中第一款规定："组织、领导犯罪集团进行犯罪活动的或者在共同犯罪中起主要作用的，是主犯。"第二款规定："三人以上为共同实施犯罪而组成的较为固定的犯罪组织，是犯罪集团。"《刑法》第二十六条第三款、第四款规定："对组织、领导犯罪集团的首要分子，按照集团所犯的全部罪行处罚。对于第三款规定以外的主犯，应当按照其所参与的或者组织、指挥的全部犯罪处罚。"从上述内容可见，共同犯罪中主犯要么是犯罪集团的组织者、领导者，要么是其他在共同犯罪中起主要作用的人。在这里需要明确的一点是，首要分子与主犯不能画上等号，是主犯不一定是首要分子，是首要分子也不一定是主犯，要根据案件进行具体判断。

（二）从犯及其刑事责任

《刑法》第二十七条第一款规定："在共同犯罪中起次要或者辅助作用的，是从犯。"次要作用是从实施共同犯罪的整体角度来判定，而辅助作用一般是指帮助犯。《刑法》第二十七条第二款规定："对于从犯，应当从轻、减轻处罚或者免除处罚。"

（三）胁从犯及其刑事责任

胁从犯，指被胁迫参加犯罪的犯罪分子，这种被迫参加应当是非自愿的，是在他人的强制力下被迫无奈而参加犯罪。对于胁从犯，应当按照他的犯罪情节减轻处罚或者免除处罚。显然，由于胁从犯是被迫参加犯罪的，实施犯罪行为不是其本意，所以处罚力度相对于主犯与从犯较轻。

（四）教唆犯及其刑事责任

教唆犯，指故意引起他人实行犯罪意图的人。《刑法》第二十九条规定："教唆他人犯罪的，应当按照他在共同犯罪中所起的作用处罚。教唆不满十八周岁的人犯罪的，应当从重处罚。"在共同犯罪中，教唆犯往往是幕后主使者与操控者，所以一般情况下教唆犯都按照主犯处罚，而且往往未成年人因为其社会经验不足，较为冲动，容易受到成年人的犯罪教唆，所以刑法特意规定了对于未成年人的教唆要从重处罚，体现了刑法对未成年人的保护。

五、犯罪预备、未遂和中止

（一）犯罪预备及其处罚方式

《刑法》第二十二条第一款规定："为了犯罪，准备工具、制造条件的，是犯罪预备。"犯罪预备中行为人并未开始着手实行犯罪，这是犯罪预备成立的前提，而且这种未实行并非出于行为人的本意，而是出于意志以外的原因，即不得已而未能着手实行。第二款规定："对于预备犯，可以比照既遂犯从轻、减轻处罚或者免除处罚。"

（二）犯罪未遂及其处罚方式

《刑法》第二十三条第一款规定："已经着手实行犯罪，由于犯罪分子意志以外的原因而未得逞的，是犯罪未遂。"是否已经着手实行犯罪行为是犯罪未遂与犯罪预备的最主要区别。第二款规定："对于未遂犯，可以比照既遂犯从轻或者减轻处罚。"

（三）犯罪中止及其处罚方式

《刑法》第二十四条第一款规定："在犯罪过程中，自动放弃犯罪或者自动有效地防止犯罪结果发生的，是犯罪中止。"犯罪中止有两种形态，第一种是未着手实行犯罪而自愿放弃犯罪；第二种是已经着手实行犯罪，但是在犯罪既遂前自动有效地防止犯罪结果发生。第二款规定："对于中止犯，没有造成损害的，应当免除处罚；造成损害的，应当减轻处罚。"

六、正当防卫和紧急避险

（一）正当防卫

《刑法》第二十条规定："为了使国家、公共利益、本人或者他人的人身、财产和其他权利免受正在进行的不法侵害，而采取的制止不法侵害的行为，对不法侵害人造成损害的，属于正当防卫，不负刑事责任。"正确地行使正当防卫是一种对自己的保护，也是一种对他人利益、社会利益、国家利益的捍卫。正当防卫必须注意防卫的时间因素，即只能是在不法侵害发生时，才能够进行正当防卫，而且只能是对不法侵害人防卫。例如，张三得罪过李四，所以张三怀疑李四会报复自己，所以张三主动出击将李四打倒，显然这不是正当防卫。又例如，李四正在殴打张三，张三甚是愤怒但又不敢还击，于是跑过去一脚将旁边的李四的老婆踹飞，这种防卫也不是正当防卫。

（二）紧急避险

《刑法》第二十一条规定："为了使国家、公共利益、本人或者他人的人身、财产和其他权利免受正在发生的危险，不得已采取的紧急避险行为，造成损害的，不负刑事责任。"紧急避险本质上是侵害一个法益而保护另外一个法益，这种侵害必须是不得已的"弃车保帅"性质，即被侵犯法益的损害应当小于被保护法益的损害。此外，为了保全自己的生命而侵犯他人的生命，不是紧急避险。例如，在大海中只有一个木板漂浮着，且只能支撑一个人，但是却有两个人紧紧抓着这个木板，其中一人故意将另外一人推入水中，这种行为不构成紧急避险，另外一人可以对其进行正当防卫。

第二节 犯罪的构成要件

一、犯罪构成的概念及其构成要件

犯罪构成是我国刑法学犯罪论的核心，其学说众多，本章将重点介绍我国传统的犯罪构成体系，即"四要件"学说。首先，要了解犯罪构成，必须理解犯罪构成要件的概念。犯罪构成要件就是成立犯罪所需要的一些主客观要件的总和。任何一种犯罪如果要成立，都必须符合犯罪构成的要件，而这些要件又区分为选择性要件与一般要件，其中犯罪构成的一般要件是所有犯罪所共有的，由四个方面构成，即犯罪客体、犯罪客观方面、犯罪主体、犯罪主观方面。

例如，故意杀人犯罪由以下要件构成：一是从犯罪客体来看，故意杀人罪侵犯了受害人的生命权，这种生命权是受到刑法保护的；二是从犯罪客观方面来看，犯罪行为人具有非法剥夺他人生命的行为，这种行为是法律所禁止的；三是从犯罪主体来看，犯罪行为人应是年满14周岁、有辨认和控制自己行为能力的自然人；四是从犯罪主观方面来看，犯罪行为人有着杀人的故意，这种剥夺他人生命的行为应当是刻意为之的，而且其心理上应当是积极追求他人死亡结果的。

犯罪构成的主要作用就是确认成立犯罪的标准，从所有刑法分则中找到所有类别犯罪的共性，从而建立成立犯罪的共同标准，"四要件"理论就属于标准之一。确立成立犯罪的标准还能够为区分此罪还是彼罪、一罪还是数罪提供支持。

二、犯罪客体

（一）犯罪客体的概念及其内容

犯罪客体是一种利益或者法益，而且这种利益或者法益是受到刑法保护的，犯罪必定会对某种利益造成侵犯。

首先，刑法所保护的利益或者法益的范围是相当广泛的。例如，刑法所保护的国家利益就是其中一种法益，在危害国家安全犯罪中，犯罪行为侵犯的就是国家利益；在财产类犯罪中，犯罪行为侵犯的就是个人、集体或者国家的财产权。利益除了物质上的利益，还包括精神上的利益。例如，名誉也是一种利益，诽谤罪侵犯的利益就是个人或者集体的名誉。

其次，犯罪客体是刑法所保护的利益，只有刑法所保护的利益受到侵犯，才属于犯罪。刑法保护的利益很广泛，但是并不意味着所有利益都应当由刑法来调整，而且随着时代的变化，刑法所保护的利益也在不断地调整。例如，在我国古代，辱骂父母是构成刑事犯罪的，但是在我国现行刑法中这种行为并非犯罪。再例如，三妻四妾在古代是不构成犯罪的，而我国现行刑法中明文规定了重婚罪，重婚行为明确构成刑事犯罪。

最后，仅仅被刑法所保护的利益不是犯罪客体，只有被刑法所保护的利益遭受到了不法侵害，才是犯罪客体。例如，抢劫罪所保护的利益是财产权与人身权，只有当行为人抢劫他人时，侵害了他人的财产权与人身权，这种被侵害了的财产权与人身权才构成犯罪客体。

(二) 犯罪客体的种类

犯罪客体可以分为三种：一般客体、同类客体和直接客体。这三者之间不是并列的，而是整体与部分的关系，直接客体从属于同类客体，同类客体从属于一般客体。

1. 一般客体

一般客体指一切犯罪所共同侵害的社会利益整体。无论是何种犯罪，都直接或者间接地侵害了社会整体利益，因此犯罪的一般客体是从社会整体利益角度出发，揭示了一切犯罪对社会造成的危害性。

2. 同类客体

同类客体指某一类犯罪共同侵犯的刑法所保护整体利益中的某一部分。例如，公民的人身权利就是故意杀人罪、故意伤害罪、抢劫罪、绑架罪等几种犯罪或一类犯罪共同侵犯的法益。同时，同类客体还是我国刑法分则犯罪分类的依据，我国将所有犯罪的同类客体分成十个种类，这十个种类的犯罪共同构成了刑法分则的内容。

3. 直接客体

直接客体指某一犯罪所直接侵犯的具体的社会利益。例如，贪污罪直接侵害的客体是国家工作人员的廉洁性与公有财产权，故意杀人罪直接侵害的客体是他人的生命权。直接客体决定了某一具体犯罪的性质，同一犯罪行为侵犯的客体不同，构成的罪名也就不同。例如，盗窃使用中的通信线缆构成破坏通信设备罪，而盗窃放在仓库中的通信线缆则构成盗窃罪，同样都是盗窃但构成的罪名却不同，其原因是侵犯的直接客体不同，前者侵犯的是通信安全，后者侵犯的是财产所有权。

三、犯罪客观方面

(一) 犯罪客观方面的概述

犯罪客观方面是行为人主观方面的具体外化，它是任何犯罪都不可缺少的要件。犯罪客观方面是指依刑法规定，说明侵犯某种客体的危害社会行为、危害结果以及实施危害行为的客观要件等客观事实特征的总和。❶ 其中，危害

---

❶ 韩玉胜. 新编刑法教程 [M]. 北京：中国人民公安大学出版社，2003：52.

行为是一切犯罪构成客观方面的必备要素，其余的为选择性要素，所以可以这样说，没有危害行为就没有犯罪。

（二）危害行为的概念与特征

"犯罪即行为"是刑法的一个永恒话题。❶ 犯罪行为是主客观要素相结合的统一的整体，仅有客观方面而没有主观的故意与过失，不能称为犯罪行为。因此，刑法中的危害行为，是指行为人在有意识的情况下实行的危害社会的身体行为。

其包括如下特征：一是危害行为是人的身体活动，包括积极的活动与消极的活动。二是危害行为应当具有意识驱动力，从而支配人的身体进行活动。无意识的身体活动或者身体受到外在的强制力约束进行的动作，不属于危害行为。例如，梦游时把人打伤、被别人强行按住手攻击他人等，都不是危害行为。三是危害行为侵犯的是刑法所保护的社会利益，必须具有社会危害性。

（三）危害行为的分类

危害行为可以划分为作为与不作为两种形式。

1. 作为

作为指人以积极的形式实施刑法所禁止的行为，即不能为而为之。例如，法律禁止杀人，而犯罪行为人却主动积极地实施了杀人行为。而且这种主动积极的行为既可以是亲自实施，也可以是借助外力，例如，唆使烈性犬咬死他人，属于故意杀人罪。大多数危害行为都是作为。

2. 不作为

不作为指行为人负有刑法要求必须履行的某种义务，本来能履行此种义务但却故意不履行，即应当为而不为。例如，最典型的不作为犯罪是遗弃罪，即本应当且有能力抚养子女或者其他法律规定的亲属，但行为人却故意不抚养。

不作为构成犯罪的条件如下：一是行为人负有某种特定的义务，如幼儿园教师具有看护幼儿的义务、成年子女具有赡养年迈父母的义务。二是行为人能够履行义务。例如，执勤消防员本有义务去灭火，但是在灭火的路途中突发疾病，不能履行职责，不构成不作为。三是行为人不履行特定义务，造成或者可能造成危害结果。

（四）危害结果的概念与种类

危害结果有广义和狭义之分，广义的危害结果是指由危害行为引起的一

---

❶ 张浩然. 理论刑法学 [M]. 上海：上海人民出版社，2000：189.

切对社会关系的侵害，包括直接结果和间接结果。例如，张某酒后驾驶汽车导致李某车祸死亡，李某母亲悲痛欲绝自杀身亡。李某的死亡就是直接结果，其母亲的死亡是间接结果。直接结果影响案件的性质，间接结果一般只影响案件的量刑。❶ 狭义的危害结果是指刑法规定作为某种犯罪构成要件的危害结果，即犯罪行为对直接客体造成的危害。

危害结果的分类方法有很多，其中比较重要的就是以危险行为是否对刑法所保护的社会利益造成实际危害为标准，可以将危害结果分为实害结果与危险结果。实害结果一般表现为具体的物质性危险结果，而且这种危险结果常常是能够看到的。例如，故意打碎一个古董花瓶，花瓶的破碎就是实害结果。危险结果，是指危险行为引起的足以使一定的社会利益被侵害的危险状态。例如，对通信设备进行破坏而危及公共安全。

四、犯罪主体

（一）犯罪主体的概念

犯罪主体是指实施犯罪行为并且依法应当负刑事责任的人。犯罪主体包括自然人和单位。

（二）刑事责任年龄

刑事责任年龄，是指行为人对自己实施的严重危害社会的行为应当负刑事责任所必须达到的年龄。我国刑法将刑事责任年龄分为三个阶段，分别是完全不负刑事责任年龄阶段、相对负刑事责任年龄阶段、完全无刑事责任年龄阶段。

完全无刑事责任年龄阶段，是指不满14周岁，这样的人完全不承担刑事责任。相对负刑事责任年龄阶段，是指已满14周岁不满16周岁，这样的人犯故意杀人、故意伤害致人重伤或者死亡、强奸、抢劫、贩卖毒品、放火、爆炸、投放危险物质罪的，应当负刑事责任。上述条件指的是具体行为而不是罪名。例如，一个15岁少年绑架他人，造成了被害人死亡，这里应当负刑事责任。同时，我国刑法对未成年人与老年人都有着特别规定。未成年人犯罪的应当从轻或者减轻处罚；已满75周岁的人故意犯罪的，可以从轻或者减轻处罚；过失犯罪的，应当从轻或者减轻处罚。

---

❶ 吴金锁. 我国刑法中危害结果的概念 [J]. 政法论丛，1993（3）.

(三) 刑事责任能力

刑事责任能力，是指行为人辨认和控制自己行为的能力，即行为人行为时能够清楚地明白自己正在做什么，而且理解自己行为的性质与后果。年龄仅仅是刑事责任能力中的一个标准，除了年龄外，精神状态与生理情况也是判断刑事责任能力的重要标准。

完全丧失辨认和控制自己行为能力的精神病人不承担任何刑事责任。尚未完全丧失辨认或控制自己行为能力的精神病人犯罪的，应当负刑事责任，但是可以从轻或者减轻处罚。间歇性精神病人要根据行为人在实施危害行为时实际的辨认和控制能力的状态，进而认定其为完全或者限制刑事责任能力人。醉酒的人犯罪，要区分病理性醉酒还是生理性醉酒，生理性醉酒的人应当负刑事责任。又聋又哑的人或者盲人犯罪，负刑事责任但是可以从轻、减轻或者免除处罚。

(四) 单位犯罪

单位犯罪，是指刑法中规定的可以由单位构成的犯罪，单位一般包括公司、企业、事业单位、机关、团体。

单位犯罪只有被法律明文规定的，才负刑事责任。凡是法律未指明该罪的主体包括单位的，只有自然人可以构成该罪，单位不能构成该罪。

单位犯罪的，对单位判处罚金，并对其直接负责的主管人员和其他直接责任人员判处刑罚，即对单位犯罪一般实行"两罚"原则。刑罚分则特别规定只实行"单罚"的，依分则规定处罚。从现有规定来看，在单罚的场合一般只处罚直接负责的主管人员和其他直接责任人员。

五、犯罪主观方面

(一) 犯罪主观方面的概念

犯罪主观方面，指犯罪行为人对其实施的危害社会的行为及其所造成的危害结果所持的心理态度。

犯罪的主观方面包含犯罪故意、犯罪过失、犯罪目的、犯罪动机等心理因素。其中犯罪故意与犯罪过失称为"罪过"，是构成犯罪主观方面的必要要素，犯罪目的是某些犯罪成立所必须具备的要素，犯罪动机一般不是犯罪的要件，但它对量刑起重要作用。

(二) 犯罪故意

犯罪故意，指明知自己的行为会发生危害社会的结果，并且希望或者放任这种结果发生的心理态度。按照行为人对危害结果所持的心理态度的不同，刑法理论上可以将其区分为直接故意与间接故意两种类型。

1. 直接故意

直接故意指明知自己的行为必然或者可能发生危害社会的结果并且希望这种结果发生的心理态度。故意犯罪中大多数都是直接故意。例如，抢劫罪中行为人希望非法占有他人的财物，进而实施犯罪行为。

2. 间接故意

间接故意指明知自己的行为可能会发生危害社会的结果，并且放任这种危害结果发生的心理态度。例如，王某在热闹的集市中发现仇人李某，热血上涌，驾车冲入集市中横冲直撞，导致李某等多人死亡。王某对于李某的死亡持直接故意；其明知驾车冲撞可能导致其他人死亡，但却不管不顾依旧实施犯罪行为，所以对于其他人的死亡，王某持间接故意。

（三）犯罪过失

根据行为人的心理态度不同，刑法上将犯罪过失分为疏忽大意的过失和过于自信的过失两种类型。

1. 疏忽大意的过失

疏忽大意的过失指行为人应当预见自己的行为可能发生危害社会的结果，因疏忽大意而没有预见，以致发生危害结果的心理态度。它有两个特点。一是行为人对可能发生的危害结果应当预见，这里的应当预见指的是既有预见的义务也有预见的能力。这种预见能力往往和行为人的年龄、知识技能水平、生活经验等相关。例如，年迈的老人对陌生事务的预见能力与年轻人的预见能力相对比较弱。二是行为人因疏忽大意而没有预见自己的行为可能发生危害结果，主观上对危害结果没有认识状态。

2. 过于自信的过失

过于自信的过失指行为人已经预见自己的行为可能发生危害社会的结果，但轻信能够避免，以致发生危害结果的心理态度。它有两个特点。一是行为人已经预见到可能发生危害社会的结果。对危害结果的预见，包括预见到危害结果发生的可能性和可能产生什么样的危害结果。二是行为人轻信自己能够避免危害结果的发生，但是未能避免，以致发生了危害结果。即行为人相信结果不会发生，而且对避免危险结果发生有一定的现实根据，但是这种现实根据并不可靠。

(四) 无罪过事件

无罪过事件，指《刑法》第十六条规定的"行为在客观上虽然造成了损害结果，但是不是出于行为人的故意或者过失，而是由于不可抗力或者不能预见的原因所引起的，不是犯罪"。由此可见，无罪过事件可以分为不可抗力和意外事件两种情况。

1. 不可抗力

不可抗力指行为在客观上虽然造成了损害结果，但是不是出于行为人故意或者过失，而是由于不能抗拒的原因所引起的。所谓不能抗拒的原因，指行为人遭遇的集全部智慧与力量都无法抗衡、不能阻止危害结果发生的力量。这种不可抗力来源是多方面的，可能是火山爆发、洪水等自然灾害，也可能是来自土匪袭击、突发疾病等他人或者自我的问题。

2. 意外事件

意外事件指行为人的行为在客观上造成了损害结果，行为人对这种损害结果既无故意也无过失，这种损害结果的发生是由于不能预见的原因引起的。所谓不能预见的原因，是指行为人没有预见且不可能预见。例如，汽车行驶过程中，地基突然塌陷，导致汽车侧翻，造成行人死亡，此时不构成交通肇事罪，而属于意外事件。

第三节 常见的刑事犯罪罪名及典型案例

一、盗窃罪

盗窃罪，指以非法占有为目的，盗窃公私财物数额较大的，或者多次盗窃、入户盗窃、携带凶器盗窃、扒窃的行为。

盗窃罪侵犯的是公私财产的所有权。数额较大的起点一般为1000元到3000元；如果没有达到数额较大的程度，但是2年内盗窃3次以上的，应当认定为"多次盗窃"；非法进入供他人家庭生活，与外界相对隔离的住所盗窃的，应当认定为"入户盗窃"；携带枪支、爆炸物、管制刀具等国家禁止个人携带的器械盗窃的，应当认定为"携带凶器盗窃"；在公共场所或者公共交通工具上盗窃他人随身携带的财物的，应当认定为"扒窃"。偷拿家庭成员或者近亲属的财物应当同在社会上盗窃做出区别，如果能获得家庭成员的谅解，一般可以不认为是犯罪。

犯本罪的，处三年以下有期徒刑、拘役或者管制，并处或者单处罚金；数额巨大或者有其他严重情节的，处三年以上十年以下有期徒刑，并处罚金；数额特别巨大或者有其他严重情节的，处十年以上有期徒刑或者无期徒刑，并处罚金或者没收财产。

■ 案例 10-1　心生贪念犯大错

A 大学的大学生江某到学校附近的储蓄所存款时，因为不会使用最新款的自动柜员机，江某请旁边的同学刘某帮忙存款。但是，刘某心生歹意，趁江某没注意，将其银行卡内的 7500 元全部转入自己的卡中。事毕后，刘某心中惴惴不安，随即去公安机关投案自首，如实供述了自己的上述行为。另查明，刘某已经向江某退还 7500 元。

【请思考】1. 刘某构成什么罪？2. 根据案情，应当如何对刘某量刑？

【参考答案】

1. 刘某具有非法占有的目的，趁江某不备采用秘密手段盗窃江某借记卡存款 7500 元，属数额较大，其行为已构成盗窃罪。理由是：刘某趁江某不备将 7500 元转入自己的银行卡，这种行为具有非法占有的目的，侵犯了江某的财产所有权，符合盗窃罪的构成要件。

2. 刘某自动投案，并向公安机关如实供述自己的犯罪行为，构成自首。根据《刑法》第六十七条规定，犯罪以后自动投案，如实供述自己的罪行的，是自首。对于自首的犯罪分子，可以从轻或者减轻处罚。其中，犯罪较轻的，可以免除处罚。本案中，鉴于刘某已向失主全额退赃，并且主动到公安机关投案自首，所以可以对刘某从轻、减轻或者免除处罚。

二、绑架罪

绑架罪，是指以勒索财物为目的绑架他人或者绑架他人作为人质的行为。

绑架罪最重要的特点就是只要行为人开始实施以实际行动控制他人的行为，就代表着绑架罪的着手，一旦已经实际控制他人就构成了绑架罪的既遂，所以是否勒索到财物与绑架罪既遂没有直接关系。绑架罪既遂后，他人以共犯意思参与进来，构成绑架罪的共犯。行为人为索取债务而将他人作为人质，这种行为不构成绑架罪，构成非法拘禁罪，但是索取的数额明显超出债务数额或者提出不法要求的,构成绑架罪与非法拘禁罪的想象竞合犯,从一重罪论处。

犯本罪的,处十年以上有期徒刑或者无期徒刑,并处罚金或者没收财产;情节较轻的,处五年以上十年以下有期徒刑,并处罚金。杀害被绑架人的,或者故意伤害被绑架人,致人重伤、死亡的,处无期徒刑或者死刑,并处没收财产。以勒索财物为目的偷盗婴幼儿的,依照前两款的规定处罚。

三、抢劫罪

抢劫罪,指以非法占有为目的,当场使用暴力、胁迫或者其他方法,当场强行劫取公私财物的行为。

抢劫罪侵犯的客体是复杂客体,包括公私财产所有权与人身权利。抢劫罪中暴力通常是对人的暴力,如殴打、伤害行为,致使被害人不能抗拒。而胁迫是指犯罪行为人为了使被害人不敢反抗,以暴力相威胁,而且这种威胁应达到足以抑制被害人反抗的程度。例如,张三准备抢劫李四,张三威胁李四如果不交出财物,就把李四的丑事散布出去,这种行为不构成抢劫罪,构成敲诈勒索罪。

同时,行为人实施抢劫行为过程中,如使用暴力方法造成被害人重伤或者死亡的,仍应当认定为抢劫罪。如果是出于报复或者其他目的伤害或者杀死被害人,然后顺手牵羊拿走财物的,应当以故意伤害罪、故意杀人罪定罪处罚。

犯本罪的,处三年以上十年以下有期徒刑,并处罚金;有下列严重情形之一的,处十年以上有期徒刑、无期徒刑或者死刑,并处罚金或者没收财产。严重情形包括:入户抢劫,在公共交通工具上抢劫,抢劫银行或者其他金融机构(包括抢劫运钞车),多次抢劫或抢劫巨额(指抢劫三次以上或者抢劫数额达到了盗窃罪数额巨大的标准),抢劫致人重伤、死亡,冒充军警抢劫,持枪抢劫以及抢劫军用物资或抢险、救灾、救济物资。

四、强奸罪

强奸罪,是指以暴力、胁迫或者其他手段,违背妇女意志,强行与之发生性交或者奸淫不满 14 周岁的幼女的行为。

犯罪人在强奸妇女后,对该妇女实施威胁让其保密,之后长期与该妇女保持关系,即使妇女不告发,这依旧属于强奸罪。若男女双方为了各自目的,保持不正当关系，例如权色交易，这种情况即使女方告男方强奸，也不能成立强奸罪。因此，只要令妇女陷入不能反抗、不敢反抗的境地，进而实施强奸行为的，都构成强奸罪。

犯本罪的，处三年以上十年以下有期徒刑。奸淫不满14周岁的幼女的，以强奸论，从重处罚。强奸妇女、奸淫幼女，有下列情形之一的，处十年以上有期徒刑、无期徒刑或者死刑：强奸妇女、奸淫幼女情节恶劣的；强奸妇女、奸淫幼女多人的；在公共场所当众强奸妇女的；二人以上轮奸的；致使被害人重伤、死亡或者造成其他严重后果的。

五、故意伤害罪

故意伤害罪，是指故意非法伤害他人身体的行为。

故意伤害罪必须具有伤害他人的故意，但是同样要考虑伤害的程度，如果没有造成他人轻伤以上，就不构成故意伤害罪。例如，生活中二人因为琐事相互推搡、斗殴，只要没有出现轻伤以上的后果，不以犯罪论处。但是如果聚众斗殴，即使不构成轻伤，也构成聚众斗殴罪。如果长期称王称霸，随意殴打他人，即使没有构成轻伤，情节恶劣的依旧构成寻衅滋事罪，构成刑事犯罪。

犯本罪的，处三年以下有期徒刑、拘役或者管制；致人重伤的，处三年以上十年以下有期徒刑。故意伤害他人身体，致人死亡或者以特别残忍手段致人重伤造成严重残疾的，处十年以上有期徒刑、无期徒刑或者死刑。

六、故意杀人罪

故意杀人罪，是指故意非法剥夺他人生命的行为。

以暴力、威胁方法逼迫他人自杀或者以相约自杀方式欺骗他人自杀而本人不自杀的，按故意杀人罪定罪处罚；诱骗、帮助不满14周岁的人或者丧失辨认或者控制能力的人自杀的，也应当以故意杀人罪定罪处罚；实施了刑法所规定的作为或者不作为而造成他人自杀身亡的，应当将他人自杀身亡的结果作为量刑考虑因素。同时，安乐死在我国是非法的，司法实践中通常以故意杀人罪定罪处罚。

犯本罪的，处死刑、无期徒刑或者十年以上有期徒刑；情节较轻的，处三年以上十年以下有期徒刑。

七、间谍罪

间谍罪,是指参加间谍组织或者接受间谍组织及其代理人的任务或者为敌人指示轰击目标,危害国家安全的行为。

间谍罪的主体既可以是中国人也可以是外国人,成立间谍罪的前提是必须知道自己参加的是间谍组织,如果受骗从而加入间谍组织但并未进行间谍活动的,或者仅仅在间谍组织从事勤杂事务的,都不构成间谍罪。

犯本罪的,处十年以上有期徒刑或者无期徒刑;情节较轻的,处三年以上十年以下有期徒刑。对国家和人民危害特别严重、情节特别恶劣的,可以判处死刑。

■ 案例 10-2　为财甘愿做间谍

大学生孙某由于近期手头紧张,遂在网上寻找兼职,后通过渠道与外国间谍组织接触,其要求孙某前往我国各类军工造船厂进行每月定期拍照,酬金是每月 5 万元。后根据群众举报,某市国家安全局人员将孙某在某造船厂附近抓获。据孙某交代,其被境外间谍组织策反后,按照该间谍组织的指令,多次前往我国多家军工造船厂附近拍摄,并发送拍摄成果给国外间谍组织。

【请思考】1. 孙某的行为构成什么犯罪?2. 假设孙某并不知道对方是间谍组织,而以为是给国外某学术机构发送照片,其是否还构成间谍罪?

【参考答案】

1. 孙某的行为构成间谍罪。孙某明知对方是间谍组织而答应对方任务,从而多次前往多家军工造船厂进行拍摄任务,属于《刑法》第一百一十条规定的接受间谍组织及其代理人的任务的行为,该行为侵犯了我国的国家安全,构成了间谍罪。

2. 若孙某的确不知道对方是间谍组织,误以为是国外某学术机构,其行为不能构成间谍罪。成立间谍罪的前提是明确知道对方间谍组织而为完成其间谍任务作出相应行为,或者已经参加间谍组织,或者为敌方指示轰击目标。如果有证据充分证明行为人孙某的确不知道对方为间谍组织,那么孙某的行为不满足间谍罪的成立前提,不构成间谍罪。但是孙某的行为已经触犯了刑法,构成了为境外窃取、刺探、收买、非法提供国家秘密、情报罪。该罪是选择性罪名,孙某无论构成上述几个行为,都只成立本罪一罪。该与间谍罪的最主要区别就是国家秘密与情报的提供对象是否是境外间谍组织，如果是间谍组织则构成间谍罪，如果不是间谍组织则构成为境外窃取、刺探、收买、非法提供国家秘密、情报罪。

八、交通肇事罪

交通肇事罪，是指违反交通运输管理法规，在公共交通范围内发生重大事故，致人重伤、死亡或者公私财产遭受重大损失的行为。

交通肇事罪的主观方面是过失，如果主观上不存在过失，而是由于不能预见或者不可抗力的原因，不构成犯罪。交通肇事罪明确要求必须产生重大事故等严重后果才构成犯罪，如果仅仅是违反交通运输管理法规，没有造成重大事故，不构成犯罪。在交通肇事后逃逸致人死亡，逃逸行为是交通肇事罪的结果加重情形；如果行为人驾车横冲直撞，造成多人伤亡或者可能造成多人伤亡的，应当认定为以危险方法危害公共安全罪。

犯本罪的，发生重大事故，致人重伤、死亡或者使公私财产遭受重大损失的，处三年以下有期徒刑或者拘役；交通运输肇事后逃逸或者有其他特别恶劣情节的，处三年以上七年以下有期徒刑；因逃逸致人死亡的，处七年以上有期徒刑。

九、危险驾驶罪

危险驾驶罪，是指在道路上驾驶机动车追逐竞驶，情节恶劣的；醉酒驾驶机动车的；从事校车业务或者旅客运输，严重超过定额乘员载客，或者严重超过规定时速行驶的；违反危险化学品安全管理规定运输危险化学品，危害公共安全的行为。

犯本罪在道路上驾驶机动车有上述情形之一的，处拘役，并处罚金。

十、组织考试作弊罪

组织考试作弊罪，是指在法律规定的国家考试中，组织作弊的，为他人提供作弊器材或者其他帮助的，向他人非法出售或者提供试题、答案的，以及代替他人或者让他人代替自己参加考试等破坏考试秩序的行为规定为犯罪。

法律规定的考试，是指由国家所颁布的法律中所规定的，由国家相关主管部门确定实施，由经批准的实施考试的机构承办，面向社会公众，统一进行的各种考试，包括中考、高考、研究生入学考试等学业考试，计算机等级考试、全国英语等级考试等社会证书类考试，司法职业资格考试、证券师从业资格考试等资格类考试，国家公务员招录考试等招录考试等。

犯本罪的，处三年以下有期徒刑或者拘役，并处或者单处罚金；情节严重的，处三年以上七年以下有期徒刑，并处罚金。为他人实施前款犯罪提供作弊器材或者其他帮助的，依照前款的规定处罚。

十一、代替考试罪

代替考试罪，是指代替他人或让他人代替自己参加法律规定的国家考试的行为。

代替考试罪同时处罚考生和"枪手"双方行为人，且定罪和法定刑都相同。

犯本罪的，处拘役或者管制，并处或者单处罚金。

■ **案例 10-3 因替考三人陷囹圄**

被告人周某与欲参加2017年全国硕士研究生考试的洪某联系后，帮助其在A市考点报名，并承诺找人帮忙替考。后周某找到唐某具体实施替考。考试前一天，周某携带其购买的无线电作弊设备与唐某来到考场不远处的新世纪大酒店住下。在全国硕士研究生统一招生考试期间，唐某携带作弊设备进入考场为洪某替考，周某在新世纪大酒店通过无线电信号发射器材向唐某发送考试答案。在最后一场考试中，负责招生考试保障工作的A市无线电管理委员会办公室工作人员在进行考场无线电监测时发现该作弊信号，并在考场截获唐某，移交至A市公安局。考试结束后第三天听闻唐某已经被抓获，周某主动到A市公安局投案，并如实供述了其犯罪事实。

【请思考】1. 周某、唐某、洪某各犯什么罪？2. 对上述三人应当如何处罚？

【参考答案】

1. 周某构成组织考试作弊罪，被告人周某在法律规定的国家考试中组织作弊，其通过联系考生洪某与替考人唐某，购买无线电作弊设备，进行了发送答案的作弊行为，其行为侵犯了国家对考试组织的管理秩序和他人公平参与考试的权利，已构成组织考试作弊罪。唐某与洪某都构成代替考试罪，因为《刑法》第二百八十四条第四款规定了代替考试罪的处罚原则，即代替他人或者让他人代替自己参加国家规定的考试的，都构成代替考试罪，所以在本案中替考人唐某与考生洪某都构成代替考试罪。

2. 被告人周某主动投案，并如实供述了其犯罪事实，可以依法对其从轻或者减轻处罚。根据刑法对于代替考试罪的处罚规定，唐某与洪某应当处拘役或者管制，并处或者单处罚金。在代替考试罪中，刑法同时处罚考生和替考人双方行为人，且定罪和法定刑都相同。

十二、走私、贩卖、运输、制造毒品罪

走私、贩卖、运输、制造毒品罪，是指明知是毒品而故意实施走私、贩卖、运输、制造的行为。

走私、贩卖、运输、制造毒品罪是选择性罪名，行为人只要有上述行为之一就构成本罪，实施了两种以上行为，则以两种或者两种以上行为并列确定罪名，不进行数罪并罚。本罪没有数量与纯度的要求，无论数量与纯度是多少，都应当追究刑事责任。

走私、贩卖、运输、制造毒品，有下列情形之一的，处十五年有期徒刑、无期徒刑或者死刑，并处没收财产：

走私、贩卖、运输、制造鸦片一千克以上、海洛因或者甲基苯丙胺五十克以上或者其他毒品数量大的；走私、贩卖、运输、制造毒品集团的首要分子；武装掩护走私、贩卖、运输、制造毒品的；以暴力抗拒检查、拘留、逮捕，情节严重的。

走私、贩卖、运输、制造鸦片二百克以上不满一千克、海洛因或者甲基苯丙胺十克以上不满五十克或者其他毒品数量较大的，处七年以上有期徒刑，并处罚金。

走私、贩卖、运输、制造鸦片不满二百克、海洛因或者甲基苯丙胺不满十克或者其他少量毒品的，处三年以下有期徒刑、拘役或者管制，并处罚金；情节严重的，处三年以上七年以下有期徒刑，并处罚金。

第十一章

大学生在商法、经济法方面的常见问题与解决对策

第一节 商法、经济法的基本知识

一、商法、经济法的概念、特征

(一) 基本概念

1. 商法

商法指调整因商主体及其他主体从事的商行为而形成的商事法律关系的法律规范的总称。近代商法起源于中世纪地中海沿岸的商业城市和海上贸易。11世纪左右，随着农业、手工业和海上运输业的发展，商品贸易活动逐步繁荣起来，推动了一些商业城市的建立。与此同时，有关贸易方面的纠纷也日益增多。在长期的商品贸易及其纠纷解决中，调整商业活动的成文法和习惯法在欧洲相继出现，并呈现日益繁多的局面。当时，商法的主要法律渊源有城市法、商人同业行会自治规则、商事和海事判决、地区和跨地区的商人习惯法以及国王、领主、教会颁布的单行法规、训令、令状等。15世纪以后，欧洲出现早期商事立法，以成文法的形式承认中世纪以来长期形成的商人习惯法。进入近代，世界形成了三大商法体系：法国商法体系、德国商法体系和英美商法体系。1904年清政府颁布了一系列商事法律，其主要内容基本承继德国商法的内容。考察商法的历史起源，我们可以清楚地发现，商法着重解决的两大主要问题：商主体和商行为。哪些主体是符合法律规定或有权机关认可的商事主体、商事主体从事的哪些行为被法律认可并具有法律效力、

商主体之间的关系如何以及怎样予以判断等均由商法规定。

2. 经济法

经济法指国家为了克服市场失灵而制定的需要由国家干预的具有全局性和社会公共性的各种社会经济关系的法律规范的总称。经济法的产生和形成源自生产的高度社会化分工所引起的经济调节机制和国家职能的变化。被誉为"无形之手"的市场自我调节机制有时存在失灵的情况,社会经济生活因此可能变得无序、紊乱,遭受巨大的损失,社会经济生活越来越多地需要政府"有形之手"及时加以个别或者大面积的干预与调整。国家干预与调整的主要对象是市场主体调控关系、市场秩序调控关系、宏观经济调控关系和社会分配关系。经济法是关于这些国家干预的各种社会经济关系的法律规范的总称。由于经济法对于社会经济生活意义重大,因而也被很多人称为"经济宪法"。

(二)特征

1. 商法的特征

一是营利性。营利性是商事关系最根本的特征,商事主体从事商事活动的主要目的在于营利。作为调整商事关系的法律——商法对商事主体的营利活动予以确认,以促进和保护商事主体交易中的利益实现为主旨,体现了营利性。

二是自治性。无论是商主体的形成、确认,还是商事关系的成立、变更、消灭,商法多以任意性规范的方式赋予相关主体很大程度的自由,商法具有较强的自治性。

三是灵活性。为了方便当事人,提高交易的效率,在诸如商事登记程序、订约方式、合同的效力、履约手段、纠纷解决等方面,商法采取自由主义,促进商事交易的快速、便捷,同时为了确保交易的安全和保护社会公共利益,又在归责原则与责任范围、强制性市场退出机制、抗辩权行使等方面予以强制性规定,商法力图在两者之间寻找平衡,体现很大的灵活性。

四是技术性。商事交易活动融入了很多先进的科学技术,商事主体不仅应具有一定的商业思维,而且也应掌握一定的先进技术、商业交易习惯等。很多商事法规,例如公司法、证券法、票据法、保险法、海商法等具有很强的技术性规范要求。

五是国际性。早期的商事交易活动局限于多数欧陆国家,个别时候也会扩展到一些亚洲、美洲国家,当时的商法具有一定的地域局限性。现代商事交易已跨越国家、地区、民族的界限，货物交易、海上运输和保险、货物的验收、货款的结算、投融资、技术转让、仲裁等相关规则的大多数内容能够通过国际公约、条约、惯例、习惯予以规制，国内商法也出现国际化的趋势。

2. 经济法的特征

一是经济性。经济法反映和体现社会经济活动的基本规律，受制于经济基础，它将经济制度、经济活动的主要内容以法律法规的方式予以体现。经济法主要的调整手段是经济手段，直接作用于经济领域，具有很强的经济目的性。

二是政策性。经济法是国家进行宏观调控的重要手段，国家对一定时期内社会经济生活的重要安排、调整一般先以国家政策的形式加以体现，然后这些政策大多以法律法规的方式最终公布、实施，充分地体现国家意志，经济法因此具有较强的政策性。

三是综合性。从调整手段来看，经济法将各种法律调整手段有机地结合起来对经济关系进行综合调整；从规范构成上看，经济法既有若干部门经济法，也有很多规范式的经济法律规范；既有程序性规范，又有实体性规范；既有任意性规范，又有强制性规范；既具有国内法规范，又具有国际法规范。

四是行政主导性。作为国家意志在经济领域中的具体反映，经济法一方面体现了法的一般特征——强制性、授权性、指导性，另一方面多以限制或禁止性规定来规范主体作为或不作为，并辅助以奖励与惩罚并用的方法，限制或者取缔某种经济活动和某种经济关系的发生或者存在。

二、商法、经济法的主要调整对象

（一）商法的主要调整对象

法律调整对象是指法律所要解决的主要问题，或者说法律所要处理的特定社会关系。法律的调整对象是区别不同法律部门的重要依据之一，判断是否成立一个独立法律部门的重要依据之一是考察该法律部门是否具有自己特定的调整对象。

商法的调整对象是指作为一个独立法律部门的商法对现实社会经济生活发生作用的范围，或者说哪些部分的社会经济生活由商法规制、调整。商法的调整对象是商事法律关系，而商事法律关系之所以能够成为商法独立的调整对象，是由于商事法律关系作为特殊的社会关系的自身特征决定的。从本质而言，商事法律关系是商主体以及其他民事主体在从事的营利性行为过程中形成的特殊的权利关系。简而言之，商法的调整对象主要包括商主体和商行为。

1. 商事法律关系的内涵

商法调整营利主体，而不调整非营利主体；商法调整营利主体的营利行为，而不调整非营利行为；商法调整营利主体的持续营利行为，而不调整偶然的非持续的营利行为；商法调整的营利主体是各种企业组织，而不是个人；商法调整营利主体在从事营利行为过程中所形成的各种社会关系，既包括对外关系，也包括对内关系；商法所调整的社会关系是处于平等的营利主体之间形成的社会关系。

2. 商事法律关系的特征

商事法律关系的特征，一是它是平等主体之间的各种社会经济关系；二是它具有营利性；三是它调整的是持续营利行为。

（二）经济法的主要调整对象

经济法的调整对象是指国家利用经济法的形式干预、调整社会经济关系的范围，或者说经济法的效力所涉及的范围。经济法关注的是与国民经济体制、经济结构及其运行等相关的涉及国民经济全局的，需要国家予以干预、调整的一些重要的社会经济问题。因此，经济法的调整对象是特定、有限的，其主要调整对象包括以下几点。

1. 国家在社会经济宏观调控过程中发生的经济关系

这种经济关系的特点表现在为了社会公共利益，国家对市场经济运行实行宏观调控，有计划地、有步骤地促进社会经济的平衡、协调发展。这方面的法律主要有财政法、税法、产业政策法、国有资产管理法、环境保护法、海关法、会计法、审计法等。

2. 国家对市场主体的行为和市场秩序进行的监督、管理过程中发生的经济关系

为了维护有效竞争的市场秩序，规范市场主体的行为，国家采取多种措施对市场主体及其行为予以规制。这方面的法律主要有反垄断法、反不正当竞争法、消费者权益保护法、产品质量法、广告法等。本章以消费者权益保护法为例，说明大学生消费者在消费过程中所遭遇到的问题以及解决的策略。

3. 国家干预经济运行过程中形成的经济关系

对经济运行过程中的某些因素、事件、相关主体及其行为予以干预，促

使经济运行符合国家既定的政策和计划。这方面的法律主要有证券法、银行法、保险法、票据法、房地产法、劳动法、破产法等。

4. 国家规范市场经济主体过程中发生的经济关系

为了培育、规范市场经济主体,防止垄断组织出现,从组织上确保市场经济顺利发展、有序而公平地竞争,国家对市场经济主体的设立、变更、终止作出了明确的规定。这方面的法律有《公司法》《合伙企业法》《个人独资企业法》《外商投资法》等,这部分内容与商法调整对象的内容存在一定的重合,也可以说商法调整对象的大部分内容属于经济法调整对象的范畴,因为商法的主要内容之一是有关商事主体规范方面的规定。

第二节 大学生在商法、经济法方面的常见问题与解决对策

一、大学生在商法、经济法方面的常见问题

一直以来,商法与经济法之间的关系是学术界、实务界人士探讨的焦点问题,也是重点问题,可谓众说纷纭。作为调整商品经济关系和规范市场主体、明确市场秩序的两部重要的法律,它们是适应市场经济发展的需要而产生的,具有很多共性。就调整对象而言,经济法和商法的调整对象又具有高度重合,它们之间是一种包容与被包容的关系。因此,本节从两部法律的共性出发,合并讨论大学生在商法、经济法方面,尤其是在消费者权益保护方面所碰到的常见问题及其解决对策。

早在2014年夏季达沃斯论坛上,李克强总理发出"大众创业、万众创新"的号召。2015年,李克强总理在政府工作报告中再次提到"大众创业、万众创新"的基本国策。2017年,国务院出台了《国务院关于强化实施创新驱动发展战略进一步推进大众创业万众创新深入发展的意见》。为落实国家这一重大政策,由国家发改委牵头组织多个相关国家政府部门建立了推进"大众创业、万众创新"部际联席会议制度,统筹协调推进大众创业、万众创新相关工作。各地方政府也纷纷结合本地实际情况,出台相关政策、措施,鼓励、吸引、留住人才进行创新、创业。推动大众创业、万众创新,既可以扩大就业、增加居民收入,又有利于促进社会纵向流动和公平正义。

党的"十九大"报告指出:"青年兴则国家兴,青年强则国家强。青年一代有理想、有本领、有担当,国家就有前途,民族就有希望。中国梦是历史

的、现实的，也是未来的；是我们这一代的，更是青年一代的。"作为新一代的青年人，大学生们乘着这一改革的春风，利用诸多的政策红利，投身创业、创新的大潮之中。一般情况下，进行创新创业的大学生具有一些共同特点：一是可供调用的资金有限，也无法融到较大资金；二是投资创业的启动项目较少且项目本身规模比较小；三是数个大学生一起创业，彼此熟悉；四是大学生们一般既是老板又是员工；五是创业初期较少聘用员工或聘用较少的员工；六是大学生们可供依赖的社会资源有限，社会关系网不大。因此，大学生创业之路艰辛而漫长，面临众多不确定的因素和一些常见问题。

（一）采取何种形式从事商事活动

按照相关法律规定，从事商事活动的主体必须是符合法律规定的主体，也就是说只有具有一定的主体形式才有资格合法地从事商事活动，否则可能承担不利的法律后果，轻则被给予警告、罚款、没收财物、责令停产停业、吊销许可证或营业执照、行政拘留，重则因触犯《刑法》，被追究刑事责任。符合法律规定的主体具有民事权利能力和民事行为能力，可以自己的名义从事民商事活动，并承担一定的法律责任，这是商法、经济法规范市场主体，维护公平、有序的市场竞争秩序的基本要求。

根据现行法律规定，商事主体可以为个体工商户、合伙企业、有限公司、股份有限公司等形式。不同形式的商事主体的法律地位、法律特征、权利能力和行为能力、法律责任等均有所不同。大学生可以根据自己的实际情况加以选择，选择对自己更有利的商主体形式。

1. 个体工商户

个体工商户是指公民在法律允许的范围内，经依法核准登记，可以从事工商业经营的个人或家庭。个体工商户可以起字号并以字号的名义从事工商业活动，也可以不起字号。个体工商户在依法核准的范围内从事工商业活动，享有民事权利能力和民事行为能力，有权对经营的资产和合法收益享有所有权并受到法律保护。对经营所负的债务，如果个人经营的且主要供给个人所需的，则以个人财产承担债务；如果家庭经营的且主要供应家庭成员共同生活所需的，则以家庭财产承担债务。

2. 合伙企业

合伙企业是指自然人、法人和其他组织依照《合伙企业法》在中国境内设立的普通合伙企业和有限合伙企业。合伙企业分为普通合伙企业和有限合伙企业。合伙企业及其合伙人的合法财产及其权益受法律保护。普通合伙企业由普通合伙人组成，合伙人对合伙企业债务承担无限连带责任。有限合伙企业由普通合伙人和有限合伙人组成，普通合伙人对合伙企业债务承担无限连带责任，有限合伙人以其认缴的出资额为限对合伙企业债务承担责任。普通合伙企业一般由普通合伙人负责企业的日常管理与运行，有限合伙人仅在企业收益权和剩余财产权的取得上享有优先权，并不负责企业日常管理与运行。合伙企业的生产经营所得和其他所得，按照国家有关税收规定，由合伙人分别缴纳所得税。

3. 有限公司

有限公司是指根据《公司法》《公司登记管理条例》等相关法律的规定，由 1 个以上 50 个以下的股东出资设立，每一个股东以其出资额为限对公司的债务承担有限责任，公司以其全部资产为限对公司债务承担全部责任的组织形式。有限公司的形式分为一人有限责任公司、国有独资公司和其他有限责任公司。一般情况下，有限公司应当建立健全公司治理机制，组建股东会、董事会和监事会等组织机构。股东人数较少或者规模较小的有限公司，可以设一名执行董事，不设董事会，设一名执行监事，不设监事会。此外，有限公司应当按照法律法规和国务院有关部门的规定，建立本公司的财务、会计制度，在每一会计年度终了编制财务会计报告，并经会计师事务所审计，依法聘用或依法解聘员工，保护员工的合法权益，合法地从事经营管理工作，照章纳税等。对于公司取得的收益收税问题，股东缴纳个人所得税，公司缴纳企业所得税，因此股东相当于缴了两次税。

4. 一人有限责任公司

一人有限责任公司是指只有一个自然人股东或者一个法人股东的有限责任公司。一人有限责任公司是有限责任公司的一种特殊表现方式，除《公司法》对一人有限责任公司有特别规定之外，其他均适用《公司法》的相关规定。但是，与其他有限责任公司相比，一人有限责任公司具有自身特点。(1) 一个自然人只能投资设立一个有限责任公司，该一人有限责任公司不能投资设立新的一人有限责任公司。(2) 一人有限责任公司应当在公司登记中注明自然人独资或者法人独资，并在公司营业执照中载明。(3) 如无有利证据证明公司财产独立于股东自己的财产，一人有限责任公司应当对公司债务承担连带责任。由于一人有限责任公司的股东只有一个自然人或法人，公司的所有权、决策权和经营权均由该一人股东享有。一人有限责任公司不同于个人独资公司，股东不需要承担无限责任，极大地降低了股东的风险，使其专心从事经营管理活动，不必担心由于经营不善或其他原因而个人对公司债务承担无限责任。当然，为了保护债权人的合法权益，防止一人有限责任公司股东滥用公司法人人格，《公司法》规定一人有限责任公司股东不能证明公司财产独立于股东自己的财产的，该股东对公司的债务承担连带责任。这种举证责任倒置的规定很好地解决了一人有限责任公司股东滥用法人人格的问题。

5. 股份有限公司

股份有限公司是指由2人以上200人以下为发起人，按照股东协议的约定和公司章程的规定，各自认缴或实缴出资，取得公司对应的股份，股东以其持有的股份为限对公司承担有限责任，公司以其全部资产对公司债务承担全部责任的组织形式。按照法律的规定，所有的股份有限公司必须组建股东会、董事会和监事会等组织机构，聘任并组织公司的高级管理层，根据法律的规定从事经营管理活动，承担包括但不限于纳税在内的法定义务。相对于有限责任公司而言，股份有限公司一般具有资本实力雄厚、股东人数众多、公司治理结构健全等特点。股份有限公司可以分为上市公司和非上市公司。只有符合国家有关部门和证券交易所关于股份上市规定的条件、程序等，申请公司股票上市并获得批准后在证券交易所或经批准的其他交易机构进行股份交易的股份有限公司才被称为"上市公司"，上市公司属于典型的公众公司，受到非常严格的监管。其他公司股票没有上市交易的公司为非上市公司，非上市公司不属于公众公司，监管相对不如上市公司严格。

(二) 在从事商事活动中面临的问题

作为创业者的大学生从事商事活动过程中面临很多问题，这不仅考验大学生的经营管理能力，而且考验大学生对问题的理解、处理和把控能力。这些问题主要包括以下几种。

1. 超范围经营

经营范围是指国家允许经营者从事经营商品的种类、品种和服务项目，反映了企业的经营活动的核心内容，体现了企业权利能力和行为能力的重要表征。《个体工商户登记条例》第四条规定："申请办理个体工商户登记，申请登记的经营范围不属于法律、行政法规禁止进入的行业的，登记机关应当依法予以登记。"《合伙企业法》第九条规定："合伙企业的经营范围中有属于法律、行政法规规定在登记前须经批准的项目的，该项经营业务应当依法经过批准，并在登记时提交批准文件。"《企业法人登记管理条例》第十三条规定："企业法人的经营范围应当与其资金、场地、设备、从业人员以及技术力量相适应；按照国家有关规定，可以一业为主，兼营他业。企业法人应当在核准登记注册的经营范围内从事经营活动。"因此，申请登记的经营范围中属于法律、行政法规或者国务院决定规定在登记前须经批准的经营项目的，申请人应当报经有关部门批准后，凭审批机关的批准文件、证件向企业登记机关申请登记。

一般情况下，企业必须在国家工商行政管理机构核准的经营范围内从事经营活动。但是，在现实生活中，企业有可能超范围经营或者擅自变更经营内容。一旦存在这些情况，企业有可能遭受有关机关的处罚，承担一定的否定性的法律后果。《个体工商户登记条例》第二十四条规定："个体工商户登记事项变更，未办理变更登记的，由登记机关责令改正，处1500元以下的罚款；情节严重的，吊销营业执照。"《合伙企业法》第九十五条规定："合伙企业登记事项发生变更时，未依照本法规定办理变更登记的，由企业登记机关责令限期登记；逾期不登记的，处以二千元以上二万元以下的罚款。"针对企业法人超经营范围订立合同的效力问题，《民法典》第五百零五条规定，当事人超越经营范围订立的合同的效力，应当依照有关规定确定，不得仅以超越经营范围确认合同无效。尽管如此，企业法人超范围经营可能会受到工商行政机关或其他有权机关的行政处罚。《中华人民共和国企业法人登记管理条例》第二十九条规定："企业法人有下列情形之一的，登记主管机关可以根据情况分别给予警告、罚款、没收非法所得、停业整顿、扣缴、吊销《企业法人营业执照》的处罚：……（二）擅自改变主要登记事项或者超出核准登记的经营范围从事经营活动的。……"

2. 不符合国家有关劳动用工的法律规定

在雇用员工的过程中，有些企业违反《劳动法》《劳动合同法》《社会保险法》等法律法规的规定，不与员工订立劳动合同，不为员工缴纳或不足额缴纳社会保险，擅自延长劳动时间或延长劳动时间而不给予相应的补偿或者其他违反法律对保障劳动者合法权益的强行性规定。《劳动合同法》第八十二条规定："用人单位自用工之日起超过一个月不满一年未与劳动者订立书面劳动合同的，应当向劳动者每月支付二倍的工资。用人单位违反本法规定不与劳动者订立无固定期限劳动合同的，自应当订立无固定期限劳动合同之日起向劳动者每月支付二倍的工资。"《劳动法》第一百条规定："用人单位无故不缴纳社会保险费的，由劳动行政部门责令其限期缴纳；逾期不缴的，可以加收滞纳金。"《社会保险法》第八十四条规定:"用人单位不办理社会保险登记的,由社会保险行政部门责令限期改正;逾期不改正的,对用人单位处应缴社会保险费数额一倍以上三倍以下的罚款,对其直接负责的主管人员和其他直接责任人员处五百元以上三千元以下的罚款。"保护劳动者合法权益,调整劳动关系,建立符合我国国情的劳动制度是促进我国社会主义市场经济发展的根本保障之一。为此,很大一部分的劳动法律法规是强行性规定,用人单位必须尊重执行,否则承担严重的法律责任。

3. 没有履行应尽的纳税义务

根据宪法和法律的规定,公民或者公司、企业或其他经济组织应当履行一定的纳税义务,纳税义务具有强制性、无偿性和法定性的特点,无论是本国公民,还是外国公民、无国籍的人,无论是个体工商户、合伙企业还是企业法人,所有的主体必须履行一定的纳税义务。《宪法》第五十六条规定:"中华人民共和国公民有依照法律纳税的义务。"《企业所得税法》《增值税暂行条例》《个人所得税法》《税收征收管理法》等相关法律法规均在纳税主体、纳税种类、税率、征税机关、征税手段、处罚等作出详尽的规定。纳税主体应履行纳税义务而没有履行的,或者应及时、充分地履行纳税义务而没有履行的,纳税主体将承担严重的法律责任,轻则受行政处罚,重则承担刑事责任。作为国家财政的主要来源之一,税收始终受到国家严格控制,相关法律法规非常多,也很严格,且以国家强制力作为后盾,确保国家税收稳定。一旦违反税法的规定,任何主体的违法成本都非常高。因此,以身试法是不可行的,也是不能行的。

4. 其他因不了解法律政策、未尽谨慎注意、缺乏经验等造成的损失

为支持"大众创业、万众创新"这一重要国策,中央和地方政府出台了大量的配套政策。因为这些政策针对性强、优惠力度不一、适用条件多有区别等,所以多数大学生未必能够完全理解、把握和应用这些政策。同时,不少大学生缺乏一些法律常识,对相关法律法规也掌握不到位,无法利用相关法律政策为自己服务。多数大学生怀抱理想、满腔热忱、干劲十足,但是缺乏丰富的社会经验,也没有尽到谨慎注意,可能导致上当受骗或者经营存在严重偏差,最终损失惨重。另外,一些作为股东或职员的大学生跳槽后自己创办或者参与创办或者入职新公司,如该大学生利用在原公司掌握的商业秘密等宝贵的资源,从事与原公司相同或相近似的业务活动,从而损害原公司利益的,原公司可能以该大学生违反竞业禁止或者侵犯商业秘密为由诉诸法

第十一章　大学生在商法、经济法方面的常见问题与解决对策

律，请求追究该大学生的法律责任或者大学生与新公司的连带法律责任。更为严重的，该大学生也可能因此而承担刑事责任。

二、解决对策

（一）选择适合自己的创业组织形式

1. 个体工商户

（1）法律依据：《个体工商户条例》《个体工商户登记管理办法》。

（2）适用对象：有经营能力的公民。

（3）所需材料：①经营者签署的《个体工商户开业登记申请书》。②经营者的身份证复印件。③申请登记为家庭经营的，以主持经营者作为经营者登记，由全体参加经营家庭成员在《个体工商户开业登记申请书》经营者签名栏中签字予以确认。提交居民户口簿或者结婚证复印件作为家庭成员亲属关系证明；同时提交其他参加经营家庭成员的身份证复印件，对其姓名及身份证号码予以备案。④申请登记的经营范围中必须在登记前报经批准的项目，应当提交有关许可证书或者批准文件复印件。⑤经营场所使用证明。⑥委托代理人办理的，还应当提交经营者签署的《委托代理人证明》及委托代理人身份证复印件。

（4）办理流程：①申请人提交开业申请材料，申请材料齐全、符合法定形式的予以受理；申请材料不齐全或不符合法定形式的退回补正材料。②受理的，发放受理通知书；不予受理的，发放不予受理通知书。③审核不通过的，发放不予核准通知书。④审核通过后赋统一社会信用代码。⑤赋码后，打印核准通知书。⑥向税务机关传输开业信息，并向质检部门传输相关信息。⑦进行双告知。

（5）办理机构：县、自治县、不设区的市、市辖区工商行政管理部门为个体工商户的登记机关（以下简称登记机关）。登记机关按照国务院工商行政管理部门的规定，可以委托其下属工商行政管理所办理个体工商户登记。申请登记为个体工商户，应当向经营场所所在地登记机关申请注册登记。

（6）税赋：个体工商户经营所得按个人所得税缴纳，适用五级超额累进税率，最高税率是35%。

（7）对外债务承担：个体工商户的债务，个人经营的，以个人财产承担；家庭经营的，以家庭财产承担。

申请成为个体工商户的手续简便、费用低廉、审核时间快、税赋很轻，

适用于开办咖啡馆、蛋糕店、餐厅、鲜花店、宠物店、书店、百货店、快递点等规模不大,开办成本不高,雇用员工较少的经济实体。

2. 合伙企业

(1) 法律依据:《合伙企业法》《合伙企业登记管理办法》。

(2) 适用对象:二个以上具有完全民事行为能力的自然人、法人和其他组织。

(3) 适用条件:①适格的自然人;②有书面合伙协议;③有合伙人认缴或者实际缴付的出资;④有合伙企业的名称和生产经营场所;⑤法律、行政法规规定的其他条件。

(4) 合伙企业形式:分为普通合伙企业和有限合伙企业,其中普通合伙企业中包括以专业知识和专门技能为客户提供有偿服务的专业服务机构所成立的特殊的普通合伙企业;有限合伙企业中,至少有一个普通合伙人;有限合伙企业由普通合伙人执行合伙事务。

(5) 出资:合伙人可以用货币、实物、知识产权、土地使用权或者其他财产权利出资,也可以用劳务出资。合伙人以实物、知识产权、土地使用权或者其他财产权利出资,需要评估作价的,可以由全体合伙人协商确定,也可以由全体合伙人委托法定评估机构评估。合伙人以劳务出资的,其评估办法由全体合伙人协商确定,并在合伙协议中载明。

(6) 资产及其归属:合伙人的出资、以合伙企业名义取得的收益和依法取得的其他财产,均为合伙企业的财产。合伙人在合伙企业清算前,不得请求分割合伙企业的财产;但是,本法另有规定的除外。但是,合伙人可以通过合伙协议或者一致同意的方式,对经营所获得的收益进行分配。

(7) 合伙事务执行:按照合伙协议的约定或者经全体合伙人决定,可以委托一个或者数个合伙人对外代表合伙企业,执行合伙事务。作为合伙人的法人、其他组织执行合伙事务的,由其委派的代表执行。委托一个或者数个合伙人执行合伙事务的,其他合伙人不再执行合伙事务,但是有权监督执行事务合伙人执行合伙事务的情况。合伙人具有合伙事务执行权、知情权、监督权、表决权、收益分配权等权利。

(8) 税赋:合伙企业的生产经营所得和其他所得,按照国家有关税收规定,由合伙人分别缴纳所得税。如果合伙人是自然人,合伙人缴纳个人所得税;如果合伙人是法人,合伙人缴纳企业所得税;如果是其他组织,合伙人缴纳个人所得税或其他所得税。

(9) 对外债务承担：普通合伙企业由普通合伙人组成，合伙人对合伙企业债务承担无限连带责任。如果法律有特别规定的，从其规定。有限合伙企业由普通合伙人和有限合伙人组成，普通合伙人对合伙企业债务承担无限连带责任，有限合伙人以其认缴的出资额为限对合伙企业债务承担责任。

(10) 所需材料：全体合伙人签署的设立登记申请书；全体合伙人的身份证明；全体合伙人指定代表或者共同委托代理人的委托书；合伙协议；全体合伙人对各合伙人认缴或者实际缴付出资的确认书；主要经营场所证明；国务院工商行政管理部门规定提交的其他文件；合伙企业的经营范围中有属于法律、行政法规或者国务院规定在登记前须经批准的项目的，应当向企业登记机关提交批准文件（注：法律、行政法规规定设立特殊的普通合伙企业，需要提交合伙人的职业资格证明的，应当向企业登记机关提交有关证明）。

(11) 办理机构及其程序：申请人提交的登记申请材料齐全、符合法定形式，企业登记机关能够当场登记的，应予当场登记，发给合伙企业营业执照。企业登记机关应当自受理申请之日起20日内，作出是否登记的决定。予以登记的，发给合伙企业营业执照；不予登记的，应当给予书面答复，并说明理由。

开办合伙企业需要比较烦琐的手续，经过一定的审批程序，不过也是比较便捷的，成本也不高，适用于几个大学生一起创业。不过，一旦合伙企业经营失败，背负外债，在合伙企业财产无法偿还或者不足够偿还的情况下，所有合伙人不得不自行承担，属于连带无限责任。尽管合伙人之间可以通过协议方式约定各自承担债务的份额，但是这种约定只对合伙人具有约束力，对外不产生法律效力。合伙企业的债权人有权要求所有的合伙人或者其中某个、某些合伙人承担所有的债务。因此，大学生必须谨慎选择这一企业组织形式，避免因初次创业失败而背负沉重的心理负担和财务负担。

3. 有限公司、一人有限责任公司和股份有限公司

通常所说的公司法人仅指有限公司和股份有限公司。经过国家立法机关多次对《公司法》及其相关法规的修改、修订，大大地降低了公司设立的门槛，方便了公司的设立，提高了资本的使用效率，为公司后续发展助力很大，更好地鼓励个体以及大学生进行创新，有助于提高我国整体创新能力。相对于个体工商户、合伙企业而言，法律对有限公司和股份有限公司规定得比较严格而烦琐，对公司的监控力度明显较大，主要源于这两种类型的公司是市场经济中极为重要的经济主体，属于市场经济的中坚力量。

有限公司和股份有限公司在资金来源、设立方式、规模、管理要求等方面存在很大的区别，有限公司是一种典型的人合兼资合的企业形式，更多地体现在人合方面。一般而言，有限公司的股东彼此比较熟悉，或有某些关联关系，在股东身份取得、股权转让等方面受到严格限制。法律对有限公司的股东人数作出最高限制（不得超过50人），因此股东人数较少，召开股东会、董事会、监事会比较方便，甚至可以通过信函、传真、电子邮件等方式行使权利。股东会的权力很大，董事甚至是经理通常由股东亲自兼任，有限公司所有权与经营权分离程度不高。另外，一人有限责任公司是有限公司的特殊形式，一个自然人或者一个法人可以投资设立一个一人有限责任公司，一人有限责任公司可以不设股东会，由股东自行作出决策并负责经营活动。只有在一人有限责任公司的股东不能证明公司财产独立于股东自己的财产时，该股东才应当对公司债务承担连带责任。相对于有限公司，股份有限公司在股东人数、资本划分、资本规模、公司治理结构、股票的发行与转让、责任承担、经营管理、信息公开等方面存在很大的差异，明显区别于有限公司。考察有限公司和股份有限公司的异同点，结合创业大学生具有的手头可以动用的资金不多、社会关系不广、承担风险的能力有限、公司股东多是自己的同学或好友等特点，我们建议大学生首选有限公司，包括但不限于一人有限公司的形式。选择有限公司的创业组织模式应既适应于创业大学生的实际情况，又符合市场经营活动的要求。

（二）对一些典型问题的解决方案

1. 超范围经营

无论是个体工商户、合伙企业还是企业法人都应当在核准登记的经营范围内从事经营活动，原则不允许超范围经营。但是，超范围经营活动也不必然导致对外签署的合同或经营活动不具有法律效力。如果确系超范围经营活动，经营主体可能因此受到市场监督管理机关或者其他有权的管理机关给予行政处罚。因此，创业的大学生必须首先了解国家对经营范围的有关法律法规，需要办理审批手续的，必须在登记之前办理审批手续，获得有关部门核发的批准文件。在合法登记后，大学生也应当在核准的经营范围内从事商业活动。如果经营范围有变更（增加或减少经营项目），大学生必须及时向有关登记机关办理变更登记手续。如果变更项目涉及审批的，大学生也应当首先办理审批手续并获得有关部门核发的批准文件。当然，只要不涉及禁止经营项目、未批准经营的限制项目等，大学生均可进入进行经营。不过，一旦从事国家禁止经营项目或者未经批准经营的项目，不仅可能导致经营行为及其结果被认定为无效，而且行为人可能承担民事责任、行政责任甚至刑事责任。

2. 建立符合法律规定的用工制度

建立符合法律规定的用工制度既是企业或其他经营主体应尽的义务，也是保护企业或其他经营主体合法权利的重要手段。无论是作为个体工商户、合伙企业还是企业法人，都必须对社会有一个基本的担当，为国家、社会力所能及地做出贡献，遵纪守法便是公民承担的对国家、社会最低程度的担当。以签订劳动合同为例，企业故意不与员工签订劳动合同，确定劳动关系，涉嫌违反《劳动法》《劳动合同法》等相关法律。但是，员工故意或者不愿意与企业签订劳动合同，看似对企业有利，实则不然。如果员工故意或者不愿意与企业签署劳动合同，企业无法以劳动合同和其他劳动规章制度有效地约束员工。同时，未与企业建立劳动关系的员工可能会随时离开企业，对企业日常经营活动造成一定的影响。如果该员工以企业不与其订立劳动合同、建立劳动关系为由主张劳动仲裁或提起劳动争议诉讼，那么他有权要求企业支付二倍工资、续交社会保险费用或者承担其他赔偿责任。企业虽然可以对此提出抗辩，但是企业要提供大量的证据予以证明，在实务中不太容易操作。即便企业提供的证据切实、充分，劳动执法监察机关或司法机关仍可能认定企业知法而违法，明知故犯，因此企业照样会受到有关行政处罚，承担相应的民事赔偿等。因此，创业的大学生必须严格按照法律行事，认真招聘、考察员工。在劳动合同中，创业大学生应当设定试用期，规定细致而严格的试用期考核标准。根据劳动合同期限的长短，法律规定的试用期分为1~6个月不等。大学生可以根据签订劳动合同的长短确定适当的试用期。在签订正式劳动合同之前，大学生应当对新进的员工进行详细的背景调查，包括但不限于员工学历、工作经历、过往业绩、品德、能力、诚信记录、犯罪记录等，选择自己心仪的员工为企业所用。在劳动关系存续期间，大学生应当按照法律的规定，为员工办理社会保险，提供符合安全要求的劳动条件，建立包括休息、休假、休养在内的各种劳动保障制度，尊重员工的合法权利。一旦出现劳动纠纷，大学生也不需要紧张、害怕，按照有关法律规定，首先申请劳动仲裁。如不服劳动仲裁裁决，可以向上级主管机关申请复议或再直接向法院起诉，以保护自身的合法权益。

3. 活用税收优惠，自觉履行纳税义务

根据国家税制改革的有关政策，税收分为中央税、地方税与中央和地方共享税。为了支持大学生创新创业,国家和几乎所有的省级或者地市级地方政府在各自的职权范围内出台了不少税收优惠政策法规。因为各地实际情况不同,各地政府对大学生的优惠政策也多有不同。如果大学生自主从事个体经营,对于持有《就业创业证》从事具体经营活动的大学生,3年内按每户8000元的额度(各地规定的扣减额度一样,可以咨询当地的税务部门)依次扣减当年实际缴纳的营业税、城市维护建设税、教育费附加、地方教育附加和个人所得税;如果大学生自主经营小型微利企业,自2013年8月1日起,对增值税小规模纳税人中月销售额不超过2万元的企业或者非企业性单位,暂免征收增值税;对营业税纳税人中月营业额不超过2万元的企业或非企业性单位,暂免营业税。同时,根据大学生具体从事经营的行业,国家和多数地方政府有不同的优惠政策,例如创业新办咨询业、信息业、技术服务业的企业或谋划单位,经税务部门批准,可以免征两年的企业所得税;创业新办从事交通运输、邮电通信的企业或谋划单位,提交申请经税务部门批准后,第一年免征企业所得税,第二年减半征收企业所得税;创业新办从事公用事业、贸易、物资业、对外贸易业、旅游业、物流业、仓储业、居民服务业、饮食业、教育文化事业、卫生事业的企业或谋划单位,提交申请经税务部门批准后,可免征企业所得税一年。在从事经营过程中,大学生一定要照章纳税。一旦出现经营困难或者其他特殊情况,大学生可以主动向税务部门申报,请求减免相应的税收。另外,切莫偷税、漏税,否则会受到行政处罚甚至刑事处罚。如果因为报税不及时或者报税资料不全,税务部门可能会给予一定的处罚。

4. 遵纪守法,诚实经营

懂法、知法、守法是每一位公民应尽的义务,也是从事各项活动的起码要求。在从事经营活动之前,大学生必须详细了解国家和当地政府对自己所从事的行业的各种政策、法律法规,严格按照法律规定行事,切莫不懂法、不知法,甚至以身试法。在从事经营活动中,大学生必须保持清醒的头脑,遵纪守法,诚实经营,不断积累经验。大学生一定要注意保管印章、合同和其他重要文件、资料,授权员工办理相关事宜必须给予明确的书面授权,书面授权书应当载明授权主体、被授权主体、授权事项、授权权限范围、授权期限等,并加盖公司印章。如果与他人订立合同,大学生可以通过多种方式(包括但不限于国家企业信用信息公示系统、人民法院网站、市场监督管理机关网站、税务机关网站或其他网站)先对他人做好背景调查,对他的资质情况、信用状况、财力、履约能力等进行详细的了解,然后再决定是否与其签订合同、签订何种内容合同等。在订立合同的过程中,大学生必须多次与他人谈判,确定合同的主要内容,核对合同中的每一条款,确保自己的利益不受侵害。在履约过程中,大学生应当紧盯合同的执行,一旦发生合同一方违约、意欲违约,或者有证据证明对方不会再履约,大学生一定及早采取合法的断然措施,例如行使同时履行抗辩权、先履行抗辩权、不安抗辩权,或者不再支付货款,或者不再发货,或者不再履行其他合同义务,直到对方提供担保或者作出实际履约行为,确保自身的利益不受损害或者将损失降到最低。如果确实存在对方违约或者其他侵害自身权利的行为,大学生可以通过自行协商、向有关机关申诉、第三方斡旋、仲裁、诉讼等方式保护自己的合法权益,切不可超越法律的限制,采取极端的手段维护自身的权益。否则,不但无法达到应有的效果,反而因为手段非法而可能受到法律制裁。古圣先贤有云:"人无信不立,事无信不成,商无信不兴。"诚信做人、合法做事是事业成功的基石,凡事无论成功与否,贵在"信"字。所以,大学生出去创业首先要"信"字当头,待人处世真诚、老实、讲信誉,诚信经营自己的事业。

第三节 大学生商法、经济法相关案例与分析

一、健康权纠纷案

■ 案例 11-1 吃火锅压伤手指案

2015 年 12 月某日晚上,原告重庆师范大学学生滕某在被告沙坪坝区大学城巴渝功夫餐饮店处吃火锅,被火锅桌压伤右手中指,当即该中指末节甲中部完全离断。事故发生后,原告立即被送往重庆长城医院救治,经诊断为右手中指末节完全离断,前后两次共住院 11 天。事发后,原告多次要求被告赔偿未果,故起诉到法院,请求法院判令被告赔偿原告医疗费、护理费、营养费、住院伙食补助费、交通费和精神抚慰金合计 13451.19 元,本案诉讼费由被告承担。被告承认原告在被告处吃饭属实,但否认原告是在被告处受伤,认为不排除原告是在其他地方受伤,不同意赔偿。经法院审理,判决被告赔偿原告医疗费、护理费、营养费、住院伙食补助费、交通费、精神损害抚慰

金共计 6685.83 元。

[判决主要依据]

1. 《消费者权益保护法》第七条规定:"消费者在购买商品和接受服务时享有人身、财产不受损害的权利。"

2. 《最高人民法院关于审理人身损害赔偿案件适用法律若干问题的解释》第六条规定:"从事住宿、餐饮、娱乐等经营活动或者其他社会活动的自然人、法人、其他组织,未尽合理限度范围内的安全保障义务致使他人遭受人身损害,赔偿权利人请求其承担相应赔偿责任的,人民法院应予支持。"

3. 《侵权责任法》第二十二条规定:"侵害他人人身权益,造成他人严重精神损害的,被侵权人可以请求精神损害赔偿。"

4. 《侵权责任法》第二十六条规定:"被侵权人对损害的发生也有过错的,可以减轻侵权人的责任。"

二、违反安全保障义务责任纠纷案

■ 案例 11-2　银行大门夹断手指案

重庆交通大学学生郭某于 2016 年 2 月 18 日 11 时 10 分许,与姐姐郭某亭到被告中国邮政储蓄银行股份有限公司沈阳市南京南街营业所处办理业务。当原告进入被告营业大厅大门时,此门又沉又紧,当原告推开门时右手还没来得及收回,大门猛地一下子弹了回来,瞬间就将原告右手无名指第一节夹断并横切下来,血流满地,大门上也有血迹。在质疑被告工作人员无人出面处理后,原告在姐姐郭某亭的陪同下乘坐出租车前往沈阳医学院附属中心医院救治。事故后,原告诉至法院,要求被告赔偿原告医疗费 8000 元、住院伙食补助费 1400 元、护理费 24000 元（住院期间以及后续的护理费各主张 12000 元）、毕业论文雇人打字费 2000 元、交通费 2000 元、评残费 8000 元、精神损害抚慰金 60000 元、生活自理费 8000 元、后续治疗费 60000 元、功能恢复费 10000 元,被告承担诉讼费。被告辩称,原告右手指受伤确实是在被告处 ATM 自助营业厅受伤的,但是因为其个人存在过错,造成的伤害与被告无关,原告作为已成年的完全民事行为能力人对营业厅是自动回弹门完全知晓的情况下仍然用手去向自动关闭方向协助关门,造成手夹伤,过错完全在于原告,与被告无关,所以被告不同意原告所提出的一切诉讼请求。

法院认为，对原告所述因被告未尽到安全保障义务而导致原告被大门夹伤的事实予以认定，同时，根据本案事故发生的原因力大小及被告的过错程度，本院酌定由被告承担80%的赔偿责任。2016年7月12日，沈阳市和平区人民法院作出一审判决：

1. 被告中国邮政储蓄银行股份有限公司沈阳市南京南街营业所于本判决生效之日起十日内赔偿原告郭某医疗费5875.12元；

2. 被告中国邮政储蓄银行股份有限公司沈阳市南京南街营业所于本判决生效之日起十日内赔偿原告郭某住院伙食补助费1120元；

3. 被告中国邮政储蓄银行股份有限公司沈阳市南京南街营业所于本判决生效之日起十日内赔偿原告郭某护理费1077.89元；

4. 被告中国邮政储蓄银行股份有限公司沈阳市南京南街营业所于本判决生效之日起十日内赔偿原告郭某毕业论文打字费800元；

5. 被告中国邮政储蓄银行股份有限公司沈阳市南京南街营业所于本判决生效之日起十日内赔偿原告郭某交通费800元；

6. 驳回原告郭某的其他诉讼请求。

[判决主要依据]

1. 《侵权责任法》第六条规定："行为人因过错侵害他人民事权益，应当承担侵权责任。"

2. 《最高人民法院关于审理人身损害赔偿案件适用法律若干问题的解释》第十七条规定："受害人遭受人身损害，因就医治疗支出的各项费用以及因误工减少的收入，包括医疗费、误工费、护理费、交通费、住宿费、住院伙食补助费、必要的营养费，赔偿义务人应当予以赔偿。"

三、生命权、健康权、身体权纠纷案

■ 案例11-3 大学生美容致伤案

2015年5月某日，原告湖北省某县大学生村干部熊某受被告广告宣传诱惑，前往被告肖某的个人美容室文眼线。在文眼线的过程中，被告没有对操作器具进行消毒而且操作不当，导致原告眼部感染，当日就疼痛难忍，原告为此四处求医，但仍难恢复。事发后，原告经调查才知道被告根本没有医师资格，也没有美容从业证、美容机构许可证和营业证，原告为此强烈要求被告赔偿损失，但被告予以拒绝。原告诉至法院，请求判令被告赔偿原告医疗费、后期治疗费、误工费、护理费、交通费、鉴定费共计26000.10元；被告赔偿原告精神损害抚慰金5000元。

被告辩称：原告受伤纯属意外，并非被告故意或者过失导致，而且原告受伤后，被告积极带原告就医，并支付了近1500元的医疗费，原告病情已经得到治愈和控制。原告作为成年人，应当知道美容项目可能出现意外损伤，但原告仍自愿冒险，因此，被告无义务承担原告意外受伤的赔偿责任。至于没有证照一事，被告已经接受了行政处罚，与本案民事赔偿无关。原告目前患有干眼症，但原告受伤后诊断是××，原告现在的干眼症与被告无关。原告受伤不重，其提出的精神损害抚慰金没有依据，至于其他赔偿项目，部分不合理，应当予以驳回。

2015年12月，法院作出一审判决：1. 被告肖某于判决生效后15日内一次性赔偿原告熊某各项经济损失共计17545.60元。2. 驳回原告熊某的其他诉讼请求。

[判决主要依据]

1. 《侵权责任法》第六条规定，行为人因过错侵害他人民事权益，应当承担侵权责任。第十六条规定，侵害他人造成人身损害的，应当赔偿医疗费、护理费、交通费等为治疗和康复支出的合理费用，以及因误工减少的收入。造成残疾的，还应当赔偿残疾生活辅助具费和残疾赔偿金。造成死亡的，还应当赔偿丧葬费和死亡赔偿金。

2. 《最高人民法院关于审理人身损害赔偿案件适用法律若干问题的解释》第十八条规定，受害人或者死者近亲属遭受精神损害，赔偿权利人向人民法院请求赔偿精神损害抚慰金的，适用《最高人民法院关于确定民事侵权精神损害赔偿责任若干问题的解释》予以确定。

3. 《最高人民法院关于确定民事侵权精神损害赔偿责任若干问题的解释》第八条第一款规定，因侵权致人精神损害，但未造成严重后果，受害人请求赔偿精神损害的，一般不予支持，人民法院可以根据情形判令侵权人停止侵害、恢复名誉、消除影响、赔礼道歉。

四、劳动争议纠纷案

■ 案例 11-4　大学毕业生劳动争议纠纷案

大学毕业生沈某于 2018 年 5 月进入绍兴某网络公司工作，双方未签订书面劳动合同，口头约定月工资 8000 元。在职期间，该公司以 6000 元的标准发放了沈某 6 月至 8 月的工资，同年 6 月开始为沈某缴纳社会保险费。但是，公司却迟迟未与沈某签订书面劳动合同。沈某于 2018 年 9 月 17 日离职。随后，沈某提请绍兴市某区劳动人事争议仲裁委员会劳动仲裁，但该委逾期未作出是否受理的决定，沈某遂以劳动争议纠纷为由将该公司诉至区法院。原告请求：1. 判令被告支付拖欠的工资 10533 元；2. 判令被告支付未签订书面劳动合同的双倍工资 33333 元。区人民法院于 2018 年 11 月立案后，依法适用简易程序，公开开庭进行了审理。被告辩称，原告的事实与理由不完整，工资没有证据证明。在入职时约定有考核期，原告不符合约定。原告没有正式提出辞职后突然就不来了，没有办理手续。被告没有拖欠原告工资，每月发放有原告签字。双倍工资没有法律依据。

2019 年 1 月 2 日，法院作出一审判决：1. 被告支付原告沈某工资、未签订书面劳动合同的双倍工资差额合计 28362.89 元，限于本判决生效之日起 10 日内付清；2. 驳回原告沈某的其他诉讼请求。如果未按本判决确定的期间履行给付金钱义务，负有金钱给付义务的当事人应当按照《民事诉讼法》第二百五十三条之规定，加倍支付迟延履行期间的债务利息。案件受理费 10 元，减半收取 5 元，由原告负担。

[判决主要依据]

1.《劳动合同法》

第七条　用人单位自用工之日起即与劳动者建立劳动关系。用人单位应当建立职工名册备查。

第十条　建立劳动关系，应当订立书面劳动合同。

已建立劳动关系，未同时订立书面劳动合同的，应当自用工之日起一个月内订立书面劳动合同。

用人单位与劳动者在用工前订立劳动合同的，劳动关系自用工之日起建立。

第三十条第一款　用人单位应当按照劳动合同约定和国家规定，向劳动者及时足额支付劳动报酬。

第八十二条第一款　用人单位自用工之日起超过一个月不满一年未与劳动者订立书面劳动合同的，应当向劳动者每月支付二倍的工资。

2.《民事诉讼法》

第二百五十三条　被执行人未按判决、裁定和其他法律文书指定的期间履行给付金钱义务的，应当加倍支付迟延履行期间的债务利息。被执行人未按判决、裁定和其他法律文书指定的期间履行其他义务的，应当支付迟延履行金。

五、案件法理分析

前三个典型案例涉及大学生作为消费者，在购买、使用货物或服务过程中遭受人身损害、精神损害及其求偿情况。案例反映的主要焦点有：首先，作为消费者的大学生能够享有哪些法定权利；其次，可采取哪些方式确保自己损失得以救济及其利弊；最后，怎样才能使自己的利益得到最大程度的保护。

第四个典型案件涉及成为职员的大学毕业生在工作过程中与用人单位就劳动合同、工资福利待遇等发生的纠纷。案件反映的主要焦点有：首先，作为劳动者的大学生享有哪些法定权利；其次，大学生自身合法权益的一些救济方法及其利弊；最后，怎样才能使得自己的利益得到最大程度的保护。

（一）作为消费者和作为劳动者的大学生享有的法定权利

在消费者权益保护领域，《消费者权益保护法》是一部基本法律，主要规定了消费者享有的权利、经营者应承担的义务及其法律责任。此外，《民法典》也规定了消费者的相关权利。因此，一旦消费者在购买、使用货物或接受服务时遭受人身损害、精神损害的，消费者有权按照相关法律主张自己的权利。如同其他消费者一样，大学生可以享有以下权利。

1. 安全权

消费者在购买、使用商品和接受服务时享有人身、财产安全不受损害的权利，有权要求经营者提供商品、服务符合保障人身、财产安全的要求。

2. 知情权

消费者享有知悉其购买、使用的商品或者接受的服务的真实情况的权利。消费者有权要求经营者提供商品的价格、产地、生产者、用途、性能、规格、等级、主要成分、生产日期、有效期限、检验合格证明、使用方法说明、售后服务，或者服务的内容、规格、费用等有关情况。

3. 选择权

消费者享有自主选择商品或者服务的权利。消费者有权自主选择提供商品或者服务的经营者，自主选择商品品种或者服务方式，自主决定购买或者不购买任何一种商品、接受或者不接受任何一项服务。消费者在自主选择商品或者服务时，有权进行比较、鉴别和挑选。经营者不得强买强卖，不得搭售或附加不合理的限制条款等。

4. 公平交易权

消费者在购买商品或者接受服务时，有权获得质量保障、价格合理、计量正确等公平交易条件，有权拒绝经营者的强制交易行为。

5. 求偿权

消费者因购买、使用商品或者接受服务受到人身、财产损害的，享有依法获得赔偿的权利。消费者可以通过协商、申诉、调解、仲裁、诉讼等方式，要求经营者对自己的损失进行赔付。

6. 结社权

消费者享有依法成立维护自身合法权益的社会团体的权利。中国消费者协会及其各分会、其他消费者组织是依法成立的对商品和服务进行社会监督的保护消费者合法权益的社会组织。消费者可以自行组织消费者协会，维护自身的合法权益。但是，必须符合国家法律规定并按照规定办理相关手续。

7. 受教育权

消费者享有获得有关消费和消费者权益保护方面的知识的权利。经营者、相关组织应当对消费者进行有关消费和消费者权益保护方面的知识的教育，消费者应当努力掌握所需商品或者服务的知识和使用技能，正确使用商品，提高自我保护意识。

8. 人格尊严权

消费者在购买、使用商品和接受服务时，享有其人格尊严、民族风俗习惯得到尊重的权利，经营者或其他任何人不得冒犯消费者的人格尊严、民族风险习惯。

9. 监督权

消费者享有对商品和服务以及保护消费者权益工作进行监督的权利。消费者有权检举、控告侵害消费者权益的行为和国家机关及其工作人员在保护消费者权益工作中的违法失职行为,有权对保护消费者权益工作提出批评、建议。

在劳动者权益保护领域,国家已建立比较完备的法律体系,形成了多个不同效力层次的法律制度。作为我国根本大法的《宪法》规定了劳动者享有的基本权利,《劳动法》《劳动合同法》《社会保险法》等一些法律具体落实《宪法》所规定的劳动者享有的基本权利,国务院及其劳动与社会保障部门、财政部门等和省级、计划单列市、设区的市的人大、政府可以根据实际情况,出台保护劳动者合法权益的行政法规、部门规章、地方政府规章、条例、规定等进一步细化劳动者享有的各项合法权益。劳动者享有的主要权利包括:平等就业权、自由择业权、获得劳动报酬权、获得劳动安全卫生权、享有社会保险和福利权、休息休假权、接受职业技能培训权、提请劳动争议处理权和法律规定的其他权利。

(二) 大学生权利救济渠道及利弊

在消费过程中,作为消费者的大学生的人身权益、财产权益或其他权益受到侵害,有权要求相关经营者予以赔偿。在形成劳动关系之际以及劳动关系存续期间,大学毕业生有权也一定要求用人单位与自己签署正式的劳动合同,并按照规定办理社会保险。这既是确定彼此具有合法劳动关系的依据,也是未来诉讼或者主张其他合法权利的证据。当然,如果用人单位拒绝与大学毕业生签订书面劳动合同或者拒绝为其办理社保手续,该毕业生应当收集合法证据,例如电话录音记录、微信或QQ聊天记录、工资条、银行卡工资收入明细、证人证言等,依照法律的规定,先申请劳动争议仲裁,不服劳动仲裁裁决或者劳动人事争议仲裁委员会不予仲裁,再向人民法院提起诉讼。但是,选择哪种救济渠道对于利益保护有不同的影响。大学生权利救济渠道主要有自行协商、申诉、调解、仲裁、诉讼等。

1. 自行协商

一旦意识到自身权益受到侵害或因侵害遭受损害的,大学生可以首选自行协商,根据事实和法律规定,主动与经营者进行沟通,要求经营者承担相应的法律责任。如与用人单位就劳动关系或者劳动待遇产生争议,劳动者应当首先与用人单位相关领导沟通,尽量解决彼此之间存在的纠纷问题。这种方式非常快捷,成本很低,效果较好。但是,当事人双方常常分歧很大,不能及时达成和解方案,导致双方对立情绪加剧。

2. 申诉

《消费者权益保护法》第三十四条规定,消费者和经营者发生消费者权益争议的，可以向有关行政部门申诉。大学生可以请求行政机关依照行政程序予以解决，申诉具有高效、快捷、力度强等特点。但是，在涉及消费者权利纠纷的很多方面，行政机关不能或不宜直接作出处理决定，最终还是居中协调，促使经营者和消费者达成纠纷解决方案。

3. 调解

行政机关或消费者组织居中进行调解，促使当事人双方达成调解协议。这种方式比较快捷、成本较低、效果较好，一旦达成协议，经营者一般会按照协议履行义务。但是，个别经营者也会"爽约"，最终大学生不得不再选择其他方式主张自己的权益。

4. 仲裁

按照事前已有的仲裁条款或者事后达成的仲裁条款，大学生与经营者将纠纷提交给约定的仲裁机构进行仲裁。仲裁具有"非公开、一裁终局、强制性"的特点，仲裁裁决具有强制执行力，属于准司法的解决方式。与其他纠纷不同，按照法律规定，一旦劳动者与用人单位之间发生劳动人事争议，无论是劳动者还是用人单位必须首先选择向劳动人事争议仲裁委员会申请劳动争议仲裁。

5. 诉讼

在规定的诉讼期间内，大学生可以向属地人民法院提起诉讼，要求经营者承担损害赔偿等法律责任。但是，诉讼需要在规定的诉讼时间内提出，且必须有充分的证据加以证明。如因证据不足或提供不了法定证据，作为原告的大学生可能会承担不利的法律后果。就劳动争议而言，只有在劳动人事争议仲裁委员会不予仲裁，或者不服劳动仲裁裁决的情况下，劳动者才可以向辖区人民法院提起劳动争议诉讼。也就是说，提起劳动争议诉讼的前置程序是劳动仲裁。

（三）如何最大程度维护自身权益

作为成年人的大学生应该对危险隐患有足够的判断，并尽可能地避免发生意外。一旦发生意外，大学生不仅可能遭受身体、精神的双重痛苦，而且可能无法及时得到赔付而陷入窘境。为此，大学生必须有足够的警觉和维护自身权利的基本法律知识、经验。正如前面滕某健康纠纷案，法院认为，在本次事故中，原告作为具有完全民事行为能力的成年人、大学生，主观上应当预料到玻璃桌面在一定力量按压之下可能发生倾覆伤人的事故。原告未尽到高度的观察、注意、自我保护义务，对由此造成的损害后果自身存在一定过错，故应减轻被告的赔偿责任。因此，法院酌定由被告承担部分赔偿责任，原告自身也承担部分赔偿责任。

　　无论采取以上哪种方式解决问题、维护自身的合法权益，大学生必须忠实地陈述事实并承担举证责任，其中难度最大的是举证。一旦发生意外，大学生必须保持清醒的头脑，清楚地了解、陈述整个事实经过，收集用于证明事实和自己诉求的证据。《最高人民法院关于民事诉讼证据的若干规定》第二条规定："当事人对自己提出的诉讼请求所依据的事实或者反驳对方诉讼请求所依据的事实有责任提供证据加以证明。没有证据或者证据不足以证明当事人的事实主张的，由负有举证责任的当事人承担不利后果。"因此，大学生必须收集符合法律规定的充分、足够、具有效力的证据。按照《中华人民共和国民事诉讼法》第六十三条规定，证据包括：（1）当事人陈述；（2）书证；（3）物证；（4）视听资料；（5）电子证据；（6）证人证言；（7）鉴定结论；（8）勘探笔录。当发生意外的时候，大学生应当收集用以证明事实和损害结果及其程度的书证、物证，寻找证人出具证人证言，利用手机拍照等方式固定证据，通过微信或QQ聊天记录、电话录音、电子邮件等方式将与被告经营者沟通的情况保存下来，必要的时候申请公安机关或法院鉴定、勘探等，通过这些有效的方式固定证据，最大程度地维护自身权益。

第十二章

大学生在诉讼法方面的常见问题与解决对策

第一节 诉讼法的基本概念

一、诉讼法的概念

诉讼法,指规定诉讼活动的法律规范的总称。诉讼法调整的对象是诉讼活动中产生的各种社会关系。诉讼法的主要内容包括:关于司法机关以及其他诉讼参与人进行诉讼活动的原则、程序方式和方法的规定;关于检察或监督诉讼活动是否合法,以及纠正错误的原则、程序、方式和方法的规定;关于执行程序的规定等。[1]

诉讼法部门指规范诉讼活动的法律。主要包括《刑事诉讼法》《民事诉讼法》《行政诉讼法》。

另外,诉讼法部门还包括《仲裁法》《监狱法》以及《律师法》等。

诉讼法是典型的法律程序法。在中国有三大诉讼法,分别是民事诉讼法、刑事诉讼法、行政诉讼法。在法治比较发达的国家,除了以上三大诉讼法外,一般还有宪法诉讼。

二、诉讼法的基本原则

(一)程序正义原则

罗尔斯在《正义论》中说,"正义社会制度的首要价值,正像真理是思想

---

[1] 刘美林. 市场经济法律概论(第二版)[M]. 北京:科学技术文献出版社,2009.

体系的首要价值一样，某些法律制度，不管它们如何有效率和有条理，只要它们不正义，就必须加以废除"❶。这句名言充分说明了正义在法律价值中的崇高地位，以及正义本身内涵的复杂性与多变性。我们往往关注于正义的结果，关心在诸多繁复过程之后实现的结果到底是不是符合正义的要求，但是对于实现这一正义结果的过程却关心甚少。我们应该充分认识到实现正义的程序更有利于保证结果正义的实现，这一观念随着我国"依法治国"理念的不断深入普及，也逐渐日益深入人心。

1. 程序正义的起源

程序正义的观念起源于英国。在13世纪时，英国法庭审理案件必须要坚持"自然正义"原则，这一原则要求任何人不能成为自己案件的法官，同时法官应该给予双方当事人阐述观点的机会，并且要同等地对待他们的意见。程序正义在美国得到了进一步的发展，在美国《宪法》第五条以及第十四条中明确规定："非经正当法律程序，不得剥夺任何人的生命、自由和财产"，正式确立了"正当程序条款"。但是程序正义并非专属于英美法系国家，早在1789年法国《人权和公民权利宣言》中就明确规定法律面前人人平等，非经法律规定的程序不能逮捕和拘留任何人等具有程序正义内涵的条款。我国《宪法》第三十七条规定："任何公民，非经人民检察院批准或者决定或者人民法院决定，并由公安机关执行，不受逮捕。"

2. 程序正义的含义

程序是通过有权机关人为设定的，所以有程序并不等同于程序正义，而正义的程序必然有其合理的判断标准。对此国内外学者进行了长久而充分的讨论，但是也达成了基本的共识，通常认为程序正义有四方面的基本内涵，分别是法官中立、当事人平等、程序参与和程序公开。❷

（1）法官中立。法官中立是指在双方当事人之间以及在案件审理中法官是中立的，法官对于当事人双方持有同等的态度和要求，对案件保持客观和超然的态度。具体如下。第一，法官不能与当事人任意一方有利益关联，这包括法官不能审理自己的案件，同时法官也不能同当事人或者案件审理结果有利益上的联系。对于此，我国在《民事诉讼法》第四十四条中明确规定了法官回避的制度："审判人员有下列情形之一的，应当自行回避，当事人有权

---

❶ ［美］罗尔斯. 正义论［M］. 何怀宏，等译. 北京：中国社会科学出版社，2001：66.

❷ 肖建国. 民事诉讼程序价值论［M］. 北京：中国人民大学出版社，2000.

用口头或者书面方式申请他们回避：（一）是本案当事人或者当事人、诉讼代理人近亲属的；（二）与本案有利害关系的；（三）与本案当事人、诉讼代理人有其他关系，可能影响对案件公正审理的。"第二，法官要平等对待双方当事人，不能对任何一方当事人有歧视或者偏见。我国《民事诉讼法》在第四十四条同样规定："审判人员接受当事人、诉讼代理人请客送礼，或者违反规定会见当事人、诉讼代理人的，当事人有权要求他们回避。审判人员有前款规定的行为的，应当依法追究法律责任。"

（2）当事人平等原则。当事人平等原则有两方面含义。一是控辩双方当事人在诉讼构造中地位平等。我国《宪法》第三十三条规定："中华人民共和国公民在法律面前一律平等。"而程序法中的当事人平等原则就是这一宪法原则在诉讼程序中的绝佳体现。所谓的法律面前人人平等指的主要就是程序权利的平等而非实体权利的平等。因为虽然宪法规定的基本权利凡是中华人民共和国公民都有权享有，但是由于性别、年龄、民族、职业等不同，每个公民之间实际所享有的实体权利是有所区别的。而程序性权利是每个公民平等享有的，尤其是在诉讼法领域。程序平等可以保证诉讼中的各方当事人处于平等地位进行竞争，阐述观点，辨明事实，让法官可以充分而全面地获得案件的信息，作出公正的判决。二是要求法官要对诉讼中当事人的利益进行平等保护和平等对待。这并非是指法官对案件结果要"各打五十大板"，而是指当事人不仅在诉讼中公平竞争、地位平等的权利，法官还要在此过程中保障和保护当事人的这种权利。

（3）程序参与原则。程序参与原则是指法官应当听取各方当事人的意见，各方当事人也有权利要求参与诉讼程序。这是为了保障将被裁判结果影响自身利益的各方当事人在裁判过程中有机会充分表达自己的观点，使法官能够充分听取意见，促进裁判结果的公平正义。程序参与原则有实质和形式两方面的要求。一是形式上的程序参与，即要求当事人到庭。要保障当事人的参与机会，只有让当事人为了维护自身利益表达诉求，参与到审判过程中，才能最大程度地避免法官因为片面信息而做出错误判断。我国《民事诉讼法》第一百三十六条规定："人民法院审理民事案件，应当在开庭三日前通知当事人和其他诉讼参与人。公开审理的，应当公告当事人姓名、案由和开庭的时间、地点。"如果因法院违反程序造成当事人丧失程序参与机会，其判决结果也会被上级法院撤销，案件会被发回重审。我国《民事诉讼法》第一百七十条规定："第二审人民法院对上诉案件，经过审理，按照下列情形，分别处理：……（四）原判决遗漏当事人或者违法缺席判决等严重违反法定程序的，裁定撤销原判决，发回原审人民法院重审。"二是实质上的程序参与。参与程序原则不仅仅赋予当事人到庭参加诉讼的权利，更保障了当事人发表意见的权利，当事人提交的证据、发表的诉讼意见等对法官的裁判结果都是有实质影响的。同时，未提交法庭的证据或者法庭因为程序违法而获取的证据也不能作为法官裁判的依据。我国《刑事诉讼法》第十一条规定："被告人有权获得辩护，人民法院有义务保证被告人获得辩护。"

（4）程序公开原则。程序公开原则是指整个诉讼进行的全程公众都应该有权看到。即正义不但要实现，而且要以人们看得见的形式实现。程序公开是司法公正的试金石。具体而言有两个方面的含义。第一，审判的过程要公开。我国《民事诉讼法》第一百三十四条规定："人民法院审理民事案件，除涉及国家秘密、个人隐私或者法律另有规定的以外，应当公开进行。"我国《刑事诉讼法》第十一条规定："人民法院审判案件，除本法另有规定的以外，一律公开进行。"第二，审判的结果要公开。这是对于审判公正的进一步体现，具体而言是指，在法官的裁判文书中要体现法官对于该案件事实认定和法律适用的依据，要有说理部分。我国近年来推出了中国裁判文书网（http://wenshu.court.gov.cn/），实现了裁判文书网上公开，是我国审判程序公开，推进司法公正的里程碑。

（二）司法独立原则

司法独立指法院或法官在审判案件的过程中，进行认定事实、适用法律、作出裁判时不应受到法院内部或者法院外部的影响和干预。比如，我国《宪法》第一百二十六条规定："人民法院依照法律规定独立行使审判权，不受行政机关、社会团体和个人的干涉。"美国《宪法》第五条规定："合众国的司法权，属于最高人民法院以及国会随时规定和设立的低级法院。"

1. 司法独立的起源

近代以来，司法独立已经成为现代国家制度的一项基本的原则。作为国家权力运行的重要原则，司法独立理念源于权力分立与制衡的思想。第一次明确提出三权分立主张的是法国启蒙思想家孟德斯鸠，他主张在国家权力中应当赋予司法权一席重要之地，并明确指出："如果司法权不同立法权和行政权分立，自由也就不存在了。如果司法权同立法权合而为一，则将对公民的生命和自由施行专断的权力，因为法官就是立法者。如果司法权同行政权合而为一，法官便将握有压迫者的力量。"❶ 1688 年英国议会第一次确立了司法独立原则。1791 年法国宪法规定，司法权无论在何种情况下都只能由法院独立行使。德国 1919 年《魏玛宪法》中也规定了法官在司法活动中只需要服从法律的内容。

2. 司法独立的含义

司法独立有两个层面的内涵：一是在法院内部，法官不受到其他法官意见的影响和干预，根据庭审的实际情况独立裁判，即法官独立；二是在法院以外，法院不受其他国家机关、社会团体、个人的影响和干预，独立行使司法权。随着我国全面依法治国的不断推进，对于法官独立这一司法独立制度的核心内涵也在不断明确，并且予以制度保障，如推进法官员额制改革，法院系统人财物管理脱离地方收归省、自治区、直辖市高级人民法院等一系列措施，有力地保障了法院系统在国家机构中的独立性和法官在法院内部的独立性。

（三）控审分离原则

法谚有云："人不能做自己的法官。"近代以来，随着分权制衡宪政制度的建立，在封建社会中控诉与审判合一的制度遭到了废除，司法权从行政权中分离了出来，二者在客观上起到了相互制衡与监督的效果。在联合国《关于检察官作用的准则》第十条中规定，检察官的职责应当与司法职责严格分开。我国宪法第一百二十三条规定："中华人民共和国人民法院是国家的审判机关。"第一百二十九条规定："中华人民共和国人民检察院是国家的法律监督机关。"

控审分离是指国家的控诉职能与审判职能分离，但随着社会发展，其内涵也在不断丰富。具体来讲有形式内涵和实质内涵两个层面。

1. 形式的控审分离

形式的控审分离指的是国家的控诉职能与审判职能分别交由不同的国家机关行使，法院行使审判职能，行政机关或者专门的法律监督机关来行使控诉职能，二者不能交叉、替代。控审分离的关键在于明确检察机关与审判机关二者的职权范围。控诉职能是指控诉机关为了追究犯罪嫌疑人的刑事责任向审判机关提出质控，要求审判机关对被告人依法进行审判。而审判职能指的是，在检察机关提起控诉之后，根据双方提交的证据，准确认定事实，适

---

❶ [法] 孟德斯鸠. 论法的精神 [M]. 张雁深，译. 商务印书馆，1961：156.

用法律，裁判被告人罪与非罪、犯何种罪、是否判处刑罚、判处何种刑罚的职责。

2. 实质的控审分离

实质的控审分离包括两方面的含义：一是法院的审判权是消极的国家权力。这区别于检察权积极主动查处犯罪的属性，要遵循不告不理的原则，只有保持其被动型，才能保证法官在判处案件时的公正无私。同样，只要检察机关或者自诉人没有提起诉讼，进入诉讼程序，法院无权主动启动审判程序，追究当事人责任。二是法院的审判范围受到检察机关控诉范围的限制。法院不能对检察机关或者自诉人没有起诉的犯罪行为或者被告人进行刑事审判，主要包括不能对没有起诉的对象审判和对检察院没有起诉的罪名进行审判。

三、诉讼法的基本制度

（一）合议制度

合议制度是相对于独任制度而言的，区别于独任制由一名审判员对案件进行审理并裁判。合议制度要求由 3 名以上的审判人员组成合议庭，代表法院行使审判权，对案件进行审理并裁判。合议制度是法院审理案件时审判组织的基本形式，除非法律另有规定，都要实行合议制度。因为合议制度能够发挥集体的智慧，弥补个人能力的不足，保证正确地处理案件，提高办案质量。同时，合议制度也是一种监督和制约，避免法官个人对审判权的滥用，影响司法公正。❶

合议庭的组成有两种形式，可以由审判员和陪审员共同组成，也可以全部由审判员组成，但是合议庭的成员必须是单数。此处应当强调的几点如下。一是我国实行两审终审制度。在人民法院审理的第二审案件中，必须由审判员组成合议庭，而不能有陪审员参加。二是在第二审人民法院发回重审的案件中，原审法院要按照第一审程序另行组成合议庭审理。这就要求不论原来是否有合议庭，重审时都要另行组建合议庭，并且原审合议庭成员不能是重审合议庭的成员，重审合议庭不受原审合议庭人员构成的影响，可以有也可以没有陪审员参加。三是法院依照审判监督程序即再审程序审判的案件，原来是第一审的按照第一审程序组成合议庭，原来是第二审或者是上级法院提审的，要按照第二审程序另行组成合议庭。

---

❶ 江伟、肖建国. 民事诉讼法［M］. 北京：中国人民大学出版社，2013：61.

式：一是一审判决事实清楚，适用法律正确，判决驳回上诉，维持原判；二是一审判决事实认定错误或者适用法律错误依法改判；三是一审判决基本事实不清，二审法院查明事实之后依法改判；四是一审判决认定的事实不清或者违反法定程序而裁定撤销原判决，发回重审；五是一审中的案件不属于该法院民事诉讼的受案范围，属于不合法之诉，裁定撤销原判决，驳回起诉。

（四）审判监督制度

1. 审判监督的含义

审判监督程序又称为再审程序，是为了纠正已经生效裁判的错误而对案件在此进行审理的程序，这并不是每个民事诉讼程序的必经程序，仅适用于符合再审条件的判决、裁定、调解书。

再审程序是一项补救制度，具有以下四个特点。一是补充性。再审程序不是第一审、第二审程序的继续和发展，是一种救济程序。❶ 二是启动主体的特殊性，只能由特定的机关和人员启动再审程序，比如各级法院院长、上级法院、最高人民法院提起再审，或者是有监督权的人民检察院提起抗诉，当事人或者案外人依照法定条件也可以申请再审。三是启动再审程序必须符合法定程序。四是再审程序分为两个阶段，即再审审查程序和再审审理程序。只有经再审审查程序裁定再审的案件，才能进入对于实体权利争议的再审审理程序。❷

2. 审判监督程序启动的法定事由

再审程序的启动条件必须由法律明确规定，可以分为裁判主体不合法、裁判根据不合法和裁判程序不合法三个方面。

（1）裁判主体不合法。比如审判组织的组成不合法或者依法应当回避的审判人员没有回避的；审判人员审理该案件时有贪污受贿，徇私舞弊，枉法裁判行为的。

（2）裁判根据不合法。比如有新的证据，足以推翻原判决、裁定的；原判决、裁定认定的基本事实缺乏证据证明的；原判决、裁定认定事实的主要证据是伪造的；原判决、裁定认定事实的主要证据未经质证的；对审理案件需要的主要证据，当事人因客观原因不能自行收集，书面申请人民法院调查收集，人民法院未调查收集的；原判决、裁定适用法律确有错误的。

---

❶ 李浩. 再审的补充性原则与民事再审事由 [J]. 法学家，2007（6）.
❷ 江伟，肖建国. 民事诉讼法 [M]. 北京：中国人民大学出版社，2013：336.

(3) 裁判程序不合法。诉讼行为能力人未经法定代理人代为诉讼，或者应当参加诉讼的当事人因不能归责于本人或者其诉讼代理人的事由，未参加诉讼的；违反法律规定，剥夺当事人辩论权利的；未经传票传唤，缺席判决的；原判决、裁定遗漏或者超出诉讼请求的；据以作出原判决、裁定的法律文书被撤销或者变更的。❶

四、诉讼法的制度价值

诉讼程序是指司法机关在当事人和其他诉讼参与人的参与下，按照一定顺序、方式和手续作出裁决的过程。其运作的直接目的在于准确认定事实，正确适用法律，对案件作出裁决，判定刑事被告人是否构成犯罪以及如何处刑，或者解决民事纠纷、行政纠纷。❷

（一）诉讼法对实体法律的保障作用

在现代法治国家，实体法律如刑法、民法、行政法对于国家、公民、社会组织、国家机关的权利义务和行为规则都做了具体的规定。但是徒法不足以自行，只有采用种种措施才能保证实体法律得到遵守和执行。其中诉讼法中的诉讼程序就是保证实体法正确实施的重要的和最终的手段。诉讼法对于实体法律的保障作用主要体现在以下几个方面。

1. 诉讼法明确了诉讼中的专门机关及其分工

专门机关有专门法定的职权并拥有受过法律和其他专门训练的人员和必要的手段，为实体法的事实提供了组织和人员的保证。

2. 诉讼法规定了一系列基本原则和规则

诉讼法保证专门机关职权的行使以及相互之间权利的制约，促进司法公正的实现。比如，我国三大诉讼法均规定，司法机关独立行使司法权，不受任何行政机关、团体、个人的干涉。同时，我国刑事诉讼法也规定，法院、检察院和公安机关进行刑事诉讼时，要坚持分工负责、互相配合、互相制约的原则。

3. 诉讼法规定了运用证据的一系列科学规则

证据是诉讼的核心问题，因为诉讼是对案件事实的事后认定，法官只能通过证据来认定案件事实，并在此基础上进行判决。诉讼法中详细规定了证据种类、举证责任、证明标准、非法证据排除规则等内容，从制度上保证了

---

❶ 《中华人民共和国民事诉讼法》第二百条。
❷ 陈光中，王万华. 论诉讼法与实体法的关系——兼论诉讼法的价值 [J]. 诉讼法论丛，1998 (1).

法官认定的法律事实尽可能接近事实真相。

4. 诉讼法保障实体法的高效率实施

迟到的正义不是正义。诉讼法中规定了期限制度、简易程序、调解制度等各项措施，有力地保证了社会秩序得到及时维护，让公平正义及早到来。

(二) 诉讼法的独立价值

1. 诉讼法规定的程序保证了当事人的人格尊严和法律关系主体地位，体现了公正、民主和法治的观念

诉讼活动本身就体现了一个国家的司法制度是否公正。诉讼法通过确立当事人尤其是刑事诉讼被告人的诉讼主体地位，赋予其一系列诉讼权利，例如得到辩护、公开审判、法庭辩论的权利，使得法院在充分听取当事人意见的基础上作出判决，使诉讼活动成为公正、民主、法治的活动。

2. 诉讼法在制度上也起到弥补实体法不足的作用

诉讼法的工具价值是以实体法的完善为基础的，在诉讼活动中，通过法官的判决填补实体法的空白，解释实体法不明确、不具体之处，在客观上弥补了实体法的不足。[1]

第二节　民事诉讼法

民事诉讼是指自然人、法人、非法人组织这些平等的民事主体之间认为对方的行为侵犯其合法权益，依照法定程序向人民法院提起诉讼，人民法院在当事人及其他诉讼参与人的参加下，对其争议的民事实体权利义务进行审理并做出裁判的活动。我们将从民事诉讼的主要原则和我国民事诉讼法的特有制度两方面介绍民事诉讼法。

一、民事诉讼的主要原则

民事诉讼法的基本原则主要有当事人平等原则、辩论原则、诚信原则、处分原则和检察监督原则。笔者将着重介绍辩论原则与处分原则。

(一) 辩论原则

辩论原则是指民事诉讼的当事人就有争议的事实和法律问题，在法官的

---

[1] 陈光中，王万华. 论诉讼法与实体法的关系——兼论诉讼法的价值 [J]. 诉讼法论丛，1998 (1).

主持之下陈述自己的意见和主张，相互进行反驳，以达到维护自己利益的目的。辩论原则起源于19世纪自由主义思潮，主张保障当事人在民事诉讼领域的意思自治，反对法院的职权干预。

我国《民事诉讼法》第十二条规定："人民法院审理民事案件时，当事人有权进行辩论。"辩论权在诉讼程序中具有重要意义，一方面当事人可以通过表达己方主张，反对对方主张，为法官查明事实、适用法律提供依据；另一方面当事人行使辩论权也给了当事人充分体现程序主体地位的机会，积极参与到诉讼过程中，影响裁判结果。

辩论原则主要有四方面的内涵。一是辩论原则是民事诉讼的基本原则，贯穿于民事诉讼始终，对于第一审、第二审以及审判监督程度都适用，对于起诉、受理、庭审各个诉讼阶段都适用，但是双方当事人要在法定的程序中通过法定形式进行辩论。二是辩论可以围绕实体问题以及程序问题展开。实体问题比如案件事实的认定、法律适用是否准确等。程序问题比如法院有无管辖权、法官是否需要回避、当事人是否适格等。但是，并不是每个问题都需要辩论，只需要针对双方有争议的事实或者程序问题进行辩论，这有利于提高司法效率，避免司法资源的浪费。三是辩论可以采用口头形式或者书面形式，为了保障当事人辩论的权利，使双方充分质证观点和主张，在诉讼中辩论基本不受限制。❶

（二）处分原则

处分原则是指在民事诉讼程序中，当事人可以在法律规定的范围内，自由支配和处置自己依法享有的民事权利和诉讼权利，包括主张权利、行使权利和放弃权利。我国《民事诉讼法》第十三条规定："当事人有权在法律规定的范围内处分自己的民事权利和诉讼权利。"当事人可以选择是否行使以及如何行使自己的诉讼权利和民事权利，法院不能干涉。

处分原则主要有四方面的内容。一是处分权的主体是当事人。民事诉讼中只有当事人有处分权，其他的诉讼参与人比如委托代理人、证人、鉴定人没有处分权。但是委托代理人在经过当事人明确授权之后可以代当事人实施处分行为。二是处分权的对象是民事权利和诉讼权利。这种处分有积极的处分和消极的处分两种，积极的处分表现为提起诉讼、申请执行等，消极的处分表现为不提起上诉、不申请回避等。三是处分权的形式不得违反法律的禁

---

❶ 江伟，肖建国：民事诉讼法 [M]．北京：中国人民大学出版社，2013：51.

止性规定。处分权并不是没有限制的,应当在法律规定的范围内行使,不允许违反法律的禁止性规定,不得损害国家利益、社会利益和他人的合法权益。人民法院有权代表国家进行干预,裁判确认当事人的处分行为无效。❶

二、民事诉讼法的特有制度

(一) 陪审制度

陪审制度,是指审判机关吸收法官以外的公民参与案件审判活动的制度。现代意义的陪审制度起源于英国,成熟于美国。在英美法系国家通常是陪审团制度,即陪审团负责案件事实的认定,法官负责在经陪审团认定的事实的基础上适用法律。在大陆法系国家通常是混合陪审制,即由陪审员和法官共同组成合议庭,二者共同认定事实,适用法律。❷

我国的陪审制度又称为人民陪审员制度。早在革命根据地时期就已经实行了这一制度。2015年4月24日,最高人民法院、司法部印发《人民陪审员制度改革试点方案》,主要内容如下。

1. 陪审员的条件限制进一步严格

(1) 道德及权利能力条件:拥护中华人民共和国宪法、品行良好、公道正派、身体健康,具有选举权和被选举权。

(2) 年龄条件:年满28周岁的公民。

(3) 文化条件:担任人民陪审员一般应当具有高中以上文化学历,但是农村地区和贫困偏远地区公道正派、德高望重者不受此限。

(4) 限制性条件:人民代表大会常务委员会组成人员,人民法院、人民检察院、公安机关、国家安全机关、司法行政机关的工作人员和执业律师不能担任人民陪审员;因犯罪受过刑事处罚的或者被开除公职的,以及不能正确理解和表达意思的人员,不得担任人民陪审员。

2. 陪审员参审范围进一步扩大

涉及群体利益、社会公共利益的,人民群众广泛关注或者其他社会影响较大的第一审刑事、民事、行政案件,以及可能判处十年以上有期徒刑、无期徒刑的第一审刑事案件,原则上实行人民陪审员制度审理。第一审刑事案件被告人、民事案件当事人、行政案件原告申请由人民陪审员参加合议庭审

---

❶ 江伟,肖建国. 民事诉讼法 [M]. 北京:中国人民大学出版社,2013:56.
❷ 江伟,肖建国. 民事诉讼法 [M]. 北京:中国人民大学出版社,2013:73.

判的，可以实行人民陪审员制度审理。

3. 陪审员在诉讼中的职权进一步明确

人民陪审员在案件评议过程中独立就案件事实认定问题发表意见，不再对法律适用问题发表意见。审判长应将案件事实争议焦点告知人民陪审员，引导人民陪审员围绕案件事实认定问题发表意见，并对与事实认定有关的证据资格、证据证明力、诉讼程序等问题及注意事项进行必要的说明，但不得妨碍人民陪审员对案件事实的独立判断。

人民陪审员和法官共同对案件事实认定负责，如果意见分歧，应当按多数人意见对案件事实作出认定，但是少数人意见应当写入笔录。如果法官与人民陪审员多数意见存在重大分歧，且认为人民陪审员多数意见对事实的认定违反了证据规则，可能导致适用法律错误或者造成错案的，可以将案件提交院长决定是否由审判委员会讨论。❶

（二）法院调解制度

法院调解，又称为诉讼调解，是指在人民法院审判人员的主持下，双方当事人就民事权益争议自愿、平等地进行协商，以达成协议，解决纠纷的诉讼活动。❷ 这是民事诉讼法特有的制度，因为在刑事诉讼中是国家检察机关对于行为人犯罪的追诉活动，在行政诉讼中要判断国家行政机关的具体行政行为是否合法，都是非黑即白的判断，没有可以调解的余地。而民事诉讼中发生争议的是平等主体之间的与人身或者财产相关的权利义务争议，具有可谈判可调解的特点。

1. 法院调解的原则

法院调解应当坚持自愿、合法的原则。❸ 第一，法院的调解活动必须以双方当事人自愿为前提，不能强制调解。要遵循程序上的自愿，即征得双方当事人的同意后，法官才能主持调解活动。要遵循实体上的自愿，即调解协议的内容必须出于双方当事人真实的意思表示，应当是双方自由处分实体权利的结果。第二，法院的调解活动必须坚持合法原则。法院调解不是诉外调解，在性质上也属于诉讼行为，必须严格按照法定的程序进行。同时，法官主持签订的调解协议在内容上不能违反法律的禁止性规定，必须合法有效。

---

❶ 最高人民法院，司法部. 人民陪审员制度改革试点方案. 2015.
❷ 江伟，肖建国. 民事诉讼法 [M]. 北京：中国人民大学出版社，2013：215.
❸ 江伟，肖建国. 民事诉讼法 [M]. 北京：中国人民大学出版社，2013：221.

2. 调解的适用

(1) 适用范围。法院调解的适用范围相当广泛,属于民事权益争议的案件通常都可以通过调解方式解决。有两点例外:一是适用特别程序、督促程序、公示催告程序、破产还债程序的案件;二是婚姻关系、身份关系确认案件以及其他依案件性质不能进行调解的民事案件。

(2) 适用简易程序。应当先行调解的案件有六类:一是婚姻家庭纠纷和继承案件;二是劳务合同案件;三是交通事故和工伤事故引起的权利义务关系较为明确的损害赔偿案件;四是宅基地和相邻关系的案件;五是合伙协议案件;六是诉讼标的额较小的案件。❶

第三节 刑事诉讼法

刑事诉讼是国家裁判机构在追诉机构(以及自诉人)的追诉活动与被指控者的防御活动之间实施审查,并展开理性争辩与说服,最终判决刑事案件的活动与过程。❷ 完整的刑事诉讼包括侦察机关的侦查活动,检察机关的起诉活动,法院的审判活动,还有犯罪嫌疑人、被告人自始至终的防御活动。接下来我们将从刑事诉讼的主要原则以及刑事诉讼法的特有制度两方面介绍刑事诉讼法。

一、刑事诉讼的主要原则

刑事诉讼法被称为"小宪法",因为规范公民的基本权利和义务是宪法的主要内容,而刑事诉讼的展开必须有当事人的积极参与,现代行使诉讼理论的突出特点就是充分尊重当事人的诉讼权利,强调当事人的程序参与。在刑事诉讼法中有一系列制度设计体现并贯彻着宪法中的公民基本权利。

(一) 程序法定原则

公法中的程序法定如同是私法领域的意思自治原则一样,是现代社会制度化的基石。而程序法定原则之于刑事诉讼法,就像罪刑法定原则之于刑法典,可以将其称为现代刑事诉讼法的首要原则、"帝王原则"。

---

❶ 参见《最高人民法院关于适用简易程序审理民事案件的若干规定》第十四条。
❷ 陈卫东. 刑事诉讼法 [M]. 北京:中国人民大学出版社,2012:4.

程序法定是指国家刑事司法机关的职权及其追究犯罪、惩罚犯罪的程序，都只能由作为民意代表的立法机关所制定的法律来加以规定，刑事诉讼法没有授权的行为司法机关不得行使，司法机关处理案件时必须严格按照刑事诉讼法所规定的程序规则进行。❶ 这是为了防止国家刑事司法权的扩张，保障犯罪嫌疑人的诉讼权利。凡是涉及国家司法机关权力配置和犯罪嫌疑人、被告人人身自由等事项，都只能由立法机关而且通常是最高立法机关通过法律来加以规定，称为"法律保留"。

程序法定原则着重强调三方面内涵。一是司法机关不得违反法律规定的程序进行选择性适用。二是司法机关不得僭越权力边界对程序规范做扩张解释，要坚持"法无明文规定即禁止"。例如，刑事诉讼法规定，证据不足不能认定被告人有罪的，应当作出无罪判决，但是在实践中，往往是对证据不足的案件作出有罪从轻处理的判决，这严重违反了程序法定原则。三是司法机关不得对禁止性规定进行规避或者变通，刑事诉讼法中的禁止性规定往往是对于案件嫌疑人或者被告人核心利益的保护，是"底线"，如明确规定严禁刑讯逼供等违法取证行为、上诉不加刑等。

（二）无罪推定原则

无罪推定指的是任何人在法院依法确定有罪以前，应被推定为无罪。这一思想最早被意大利刑法学家贝卡里亚在1764年的《论犯罪与刑罚》中提出。

1. 无罪推定的确立过程

无罪推定是相对于有罪推定而言的，有罪推定是专制社会野蛮司法的产物，而无罪推定是人类文明进步的标志。

有罪推定指的是，凡是受到刑事指控的被告人，首先假定其有罪，被告人一方必须拿出证据证明自己无罪，如果没有足够证据证实他本人无罪，那就会被判定为有罪。在专制社会，其制度逻辑在于，统治阶级认为犯罪侵害的不仅仅是被害人的利益，同时也破坏了社会秩序，威胁到统治的稳定性，因此严厉打击犯罪。法官既是追诉者又是审判者，刑讯逼供在当时是合法的办案手段，口供被认为是定罪最重要的证据，在这种残酷的司法制度之下，大量无辜的被告人遭受牢狱之灾，甚至付出生命。到了资产阶级革命时期，人的价值被充分强调，法国在1789年《人权宣言》中写明："任何人在其未

---

❶ 陈卫东. 刑事诉讼法 [M]. 北京：中国人民大学出版社，2012：73.

被宣告为犯罪以前应被推定为无罪,即使认为必须予以逮捕,但为扣留其人身所不需要的各种残酷行为都应受到法律的严厉制裁。"进入 20 世纪后,1948 年联合国《世界人权宣言》第十一条规定:"凡受到刑事控告者,在未经依法公开审判证实有罪之前,应视为无罪。"无罪推定原则被写入了现代各国刑事诉讼法甚至是宪法,成为国际刑事司法领域的重要原则。

2. 无罪推定的内涵

无罪推定的内涵包括:

(1) 任何人只有法官在经过法定的程序之后才能被判有罪。

(2) 任何人在法院没有作出有罪判决之前,应当被视为或者被推定为无罪。这并不是说被追诉人在事实上就是无罪之人,而是说他应该与无罪之人一样平等地享有法定的各项诉讼权利,维护自身的利益。

(3) 被告人不承担证明自己无罪的义务,只需要对控方的主张或者提交的证据进行反驳,达到控方指控不能成立的目的。

(4) 控方应当承担证明被告人有罪的举证责任。

(5) 疑罪从无,对于事实不够清楚、证据不够充分,不能证明被告人有罪的案件,应当作无罪判决,严禁作有罪从轻处罚的判决。❶

二、刑事诉讼法的特有制度

(一) 侦查制度

侦查是指公安机关、人民检察院在办理案件过程中,依照法律进行的专门调查工作和有关强制性措施。具体包括讯问犯罪嫌疑人,询问证人、被害人,勘验,检查,搜查,查封,扣押物证、书证,鉴定,技术侦查措施,通缉等。侦查机关在侦查活动中应当尤其强调比例原则,因为侦查活动或多或少会干涉到甚至侵害到公民的权利,比如限制公民的人身自由,限制公民对其财物的财产权等。对此,法律要求侦查活动必须在法律规定范围内选择侵害公民权利最小的方式。❷

普通公民接触刑事程序往往是从侦查程序开始的。我国刑事诉讼法中规定了各种侦查手段的法定条件,既是规范侦查人员的执法行为,也是保障侦查对象的合法权利。

(1) 在讯问犯罪嫌疑人时,只有检察机关或者公安机关的侦查人员才能

---

❶ 陈卫东. 刑事诉讼法 [M]. 北京:中国人民大学出版社,2012:72.
❷ 陈卫东. 刑事诉讼法 [M]. 北京:中国人民大学出版社,2012:209.

负责讯问,并且不得少于2人。传唤、拘传持续时间不得超过12小时;案情特别重大、复杂,需要采取拘留、逮捕措施的,传唤、拘传时间不得超过24小时。两次传唤时间的间隔一般不得少于12小时。同时不得以连续传唤、拘传的形式变相拘禁犯罪嫌疑人,应当保证犯罪嫌疑人的饮食和必要休息时间。对于可能判无期徒刑、死刑的案件或者其他重大犯罪案件,应当对讯问过程进行录音或者录像。❶

(2) 在询问证人、被害人时同样只能由检察机关或者公安机关的侦查人员进行,可以在现场也可以到证人所在的单位、住处或者证人提出的地点,在现场询问证人时应当出示工作证件。询问女性未成年人时应当有女性工作人员在场。在搜查身体时,应当由女性工作人员进行,搜查时应当有被搜查人或者他的家属、邻居或者其他见证人在场。对于查封扣押的财物或者文件,应当会同在场见证人和被查封扣押财物、文件的持有人查点清楚,当场开列清单一式两份。

(3) 技术侦查,是国家安全机关和公安机关为了侦查犯罪而采取的特殊侦查措施,包括电子侦听、电话监听、秘密拍照或录像、秘密获取某些证物、邮件等秘密的专门技术手段。技术侦查因为严重关系到公民个人隐私以及个人权利,因此仅仅适用于最严重的犯罪行为。例如,对于危害国家安全犯罪、恐怖活动犯罪、黑社会性质的组织范围、重大毒品犯罪或者其他严重危害社会的犯罪案件,根据侦查犯罪的需要,经过严格的批准手续,可以采取技术侦查措施。❷

(二) 死刑复核制度

1. 死刑复核程序的含义

死刑复核程序是指人民法院经一、二审程序已经判处死刑的案件并不能生效执行,还需报请对死刑有核准权的人民法院进一步审查以最终决定已作出的死刑判决正确与否以及死刑判决是否执行的一种特别程序。此处的死刑包括判处死刑立即执行和判处死刑缓期二年执行的案件。在我国,死刑除依法由最高人民法院判决的以外,均应当报请最高人民法院核准。

死刑是剥夺犯罪分子生命、惩罚犯罪的最严厉的一种刑罚,具有不可逆的特点。死刑复核程序是我国刑事诉讼程序中的特别程序,虽然审理案件的

---

❶ 参见《中华人民共和国刑事诉讼法》第一百一十八至一百二十三条。
❷ 参见《中华人民共和国刑事诉讼法》第一百五十条。

数量不多，但是对于保证死刑案件审判质量，严惩极少数罪大恶极的犯罪分子，保障公民的合法权益，防止冤假错案，具有重大意义。

2. 复核程序的内容

（1）复核庭成员组成。死刑复核庭必须由3名审判员组成合议庭，不得由人民陪审员参加。合议庭的成员不仅应当有丰富的法律知识和司法实践经验，而且要坚持回避的原则，曾经参加过本案的侦查、起诉、辩护及审判工作的人员均不能参加合议庭。

（2）复核程序。死刑复核过程中应当讯问被告人。辩护律师提出要求的，应当听取辩护律师的意见。最高人民检察院可以向最高人民法院提出意见，最高人民法院应当将死刑复核结果通报最高人民检察院。

（3）审查的内容。死刑复核应当全面查明被告人犯罪时的年龄和其他个人状况；原判认定的事实是否清楚，证据是否确实充分；犯罪情节、后果以及危害程度，衡量该犯罪是否达到了罪大恶极的程度；原判适用法律是否正确，是否必须判处死刑，是否必须立即执行；有无法定、酌定从重、从轻或者减轻处罚的情节；诉讼程序是否合法；等等。

3. 死刑复核后的处理

（1）直接核准死刑。原判认定事实和适用法律正确、量刑适当、诉讼程序合法，应当直接核准死刑。

（2）纠正后核准死刑。原判认定的某一具体事实或者应用的法律条款等存在瑕疵，但判处被告人死刑并无不当，应当纠正后核准死刑。

（3）裁定不予核准，并撤销原判，发回重审。复核后认为原判事实不清、证据不足的；复核期间出现新的影响定罪量刑的事实、证据的；复核后认为原判认定事实正确，但是依法不应当判处死刑的；复核后认为原审违反法定诉讼程序，可能影响公正审判的，应当裁定不予核准，并撤销原判，发回重审。

（4）部分改判。对于一人有两罪以上被判处数罪并罚的案件，或者有两名以上被告人被判处死刑的案件，经最高人民法院复核认为，其中部分犯罪或者部分被告人的死刑判决、裁定认定事实正确，但不应当判处死刑的，可以在对应当判处死刑的犯罪或者被告人作出核准死刑的判决的前提下，予以部分改判。❶

---

❶ 参见《刑事诉讼法司法解释》第三百五十条。

第四节　行政诉讼法

行政诉讼是指公民、法人或者其他组织认为行政机关和法律、法规或规章授权组织的行政行为侵犯其合法权益，依法定程序向人民法院起诉，人民法院在当事人及其他诉讼参与人的参加下，依法对被诉行政行为进行审查并作出裁判，从而解决行政争议的制度。❶

一、行政诉讼法的基本原则

行政诉讼法有区别于其他诉讼法的五个主要特点。

（一）选择复议原则

选择复议原则是指在法律法规没有明确规定必须经过复议的情况下，当事人对行政处理决定不服时，既可以先向上一级行政机关或者法律规定的特定机关申请复议，对复议不服，再向法院起诉，也可以不经复议直接向法院起诉。即便法律法规没有设置复议程序，也可以选择复议。我国《行政诉讼法》第四十四条规定："对属于人民法院受案范围的行政案件，公民、法人或者其他组织可以先向行政机关申请复议，对复议决定不服的，再向人民法院提起诉讼；也可以直接向人民法院提起诉讼。法律、法规规定应当先向行政机关申请复议，对复议决定不服再向人民法院提起诉讼的，依照法律、法规的规定。"

（二）合法性审查原则❷

具体行政行为是指行政机关在行使行政权过程中，针对特定的人或事件做出影响对方权益的具体决定或者措施的行为。这是相对于抽象行政行为而言的。抽象行政行为指的是特定的国家机关制定法律规范的行为。不论是抽象行政行为还是具体行为都可能损害公民、法人或者其他组织的合法权益，基于我国政治体制和法院的地位，我国行政诉讼法规定，只有在具体行政行为侵犯公民、法人或者社会组织的合法权益时，才可以向法院提起诉讼。

理论上对于具体行政行为的审查应当包括合理性与合法性两个方面，因

---

❶　莫于川. 行政法与行政诉讼法［M］. 北京：中国人民大学出版社，2015：344.
❷　莫于川. 行政法与行政诉讼法［M］. 北京：中国人民大学出版社，2015：346.

为不论是属性还是程度上的错误都可能导致行政相对人的合法权益受损。但是很多具体行政行为涉及行政机关的专业性领域，而不是法律问题，因此我国行政诉讼法规定，人民法院仅对具体行政行为是否合法进行审查。

（三）具体行政行为不因诉讼而停止执行原则

行政机关做出具体行政行为的依据是国家制定的法律法规，一旦做出就推定为合法，具有相应的约束力、确定力和执行力。即便当事人因具体行政行为而向法院起诉，要求改变或者撤销具体行政行为，但只要是在法院依法作出生效判决之前，具体行政行为仍然被推定为合法有效，可以强制执行。

但是这一原则并不是绝对的，在某些情况下，具体行政行为应当停止执行，因为否则可能造成难以弥补或者难以挽回的损失。我国《行政诉讼法》第五十六条规定："诉讼期间，不停止行政行为的执行。但有下列情形之一的，裁定停止执行：（1）被告认为需要停止执行的；（2）原告或者利害关系人申请停止执行，人民法院认为该行政行为的执行会造成难以弥补的损失，并且停止执行不损害国家利益、社会公共利益的；（3）人民法院认为该行政行为的执行会给国家利益、社会公共利益造成重大损害的；（4）法律、法规规定停止执行的。"

（四）不适用调解原则

不适用调解原则是指法院在审理行政诉讼案件时，既不能把调解作为行政诉讼的必经程序，也不能把调解作为结案的方式。其原因在于，具体行政行为是行政机关依法作出的，是在履行法定职责，是不可以放弃或者让步的。因此，具体行政行为要么合法，要么违法。而调解的前提之一便是，当事人对争议的权利义务有处分的权利，可以对该项权利或者义务放弃或者让步。但是显然，行政机关的具体行政行为不存在这种可能性。

（五）司法变更权有限原则

司法变更权是指法院经过审理后裁定具体行政行为不合法，改变具体行政行为的权利。有的学者认为，法院变更具体行政行为本质上就是代行行政机关的职权，严重超出了法律对法院的授权范围，属于侵犯行政权。但是也有观点认为，适当的司法变更权有利于维护行政相对人的合法利益，因为不能改变合法而不合理的具体行政行为，显然不利于实现行政诉讼的目的。如前文所述，我国法院只能审查具体行政行为的合法性而不能审查其合理性，但是基于行政诉讼目的，从维护行政相对人合法利益的角度考虑，我国《行政诉讼法》规定："行政处罚显失公正的，可以变更"，赋予了法院有限的司法变更权。

二、行政诉讼法的特有制度

(一) 行政诉讼的法律适用制度

我国行政诉讼程序的法律适用问题，规定在我国《行政诉讼法》第六十三条。人民法院设立行政案件，以法律和行政法规、地方性法规为依据。地方性法规适用与本行政区域内发生的行政案件。人民法院审理民族自治地方的行政案件，并以该民族自治地方的自治条例和单行条例为依据。据人民法院审理行政案件，参照规章。其核心在于"依据"和"参照"两个词。

1. 依据

"依据"指的是法院在审判时所必须遵循的、不得拒绝适用的根据。也就是说，法院在审理行政案件时，如果法律和法规已经对于该案件有关的某个问题做出了规定，就必须适用它。法院审理行政案件，适用的主要是行政法律规范。但是，在审理行政协议案件中，还可以同时适用不违反行政法强制性规定的民事法律规范。❶

2. 参照

"参照"指的是法院对于行政规章并不是无条件适用，而是有其判断选择的余地，法院可以对行政规章的内容加以审查鉴定。经审查鉴定认为内容合法的规章，法院自然必须适用；经审查鉴定认为不合法的规章，法院有权"灵活处理"，不予适用。❷

行政规章之所以被参照适用而不是强制适用，原因如下。第一，规章制定的主体是国务院各部门以及地方人民政府，它们都可能成为行政诉讼的被告人，如果以它们制定的规章为裁判依据显然是不合理的。第二，规章是由国务院各部门和有权的地方政府制定的，领域范围难免交叉，规章内容难免有不一致甚至冲突的地方，所以不应该无条件适用，而应该交由法院来判断。

3. 法律的适用规则

(1) 层级冲突适用规则。我国法律体系内部等级效力的顺序是：宪法、法律、行政法规、地方性法规、规章。部门规章低于宪法、法律、行政法规，地方政府规章低于宪法、法律、行政法规、地方性法规、上级政府规章。对

---

❶ 莫于川. 行政法与行政诉讼法 [M]. 北京：中国人民大学出版社，2015：381.
❷ 莫于川. 行政法与行政诉讼法 [M]. 北京：中国人民大学出版社，2015：382.

于不同层级之间规范冲突的使用规则是"上级优先于下级，人大优先于政府"。

(2) 平级冲突适用规则

当部门规章之间、部门规章与地方政府规章之间效力等级相同，遇到它们不一致的时候，应当由最高人民法院送国务院作出解释或者裁决。部门规章与地方性法规之间不一致的，也送国务院裁决，若国务院裁决适用地方性法规的，即为最终裁决；若国务院裁决适用部门规章的，应将其意见和理由上报全国人大常委会，由全国人大常委会作出最终裁决。

(二) 附带审查制度

我国的附带审查制度规定在《行政诉讼法》第五十三条，公民、法人或者其他组织认为行政行为所依据的国务院部门和地方人民政府及其部门制定的规范性文件不合法，在对行政行为提起诉讼时，可以一并请求对该规范性文件进行审查。前款规定的规范性文件不含规章。

1. 附带审查的范围

附带审查的范围仅限于一部分抽象行政行为，具体而言是指国务院部门和地方人民政府部门制定的规范性文件，不包括规章。

2. 附带审查的方式

审查的方式，只能是附带审查，而不能就某一个抽象行政行为单独要求人民法院予以审查。

3. 附带审查的提出时限

关于提出的时间，最高人民法院司法解释规定，公民、法人或者其他组织请求人民法院一并进行审查行政诉讼法规定的规范性文件，应当在第一审开庭审理前提出，有正当理由的，也可以在法庭调查中提出。

4. 附带审查的处理

(1) 规范性文件不合法的，人民法院不作为认定行政行为合法的依据，并在裁判理由中予以阐明。法院可以审查这些规范性文件，但是不能判决撤销或者改变这些规范性文件，就是"审而不判"。

(2) 法院判断规范性文件是否合法的标准有三：第一看其是否超出了制定机关的权限；第二看规范性文件是否与上位法相抵触；第三看规范性文件

的出台是否符合法定的程序和形式。❶

（3）规范性文件不合法，并不一定意味着被告人作出的行政行为必定不合法。

（4）作出生效裁判的人民法院应当向规范性文件的制定机关提出处理意见，并可以抄送制定机关的同级人民政府或者上一级行政机关。❷

---

❶ 莫于川. 行政法与行政诉讼法 [M]. 北京：中国人民大学出版社，2015：383.
❷ 莫于川. 行政法与行政诉讼法 [M]. 北京：中国人民大学出版社，2015：383.

后 记

党的十八届四中全会通过的《中共中央关于全面推进依法治国若干重大问题的决定》提出，坚持把全民普法和守法作为依法治国的长期基础性工作，深入开展法治宣传教育，引导全民自觉守法、遇事找法、解决问题靠法；把法治教育纳入国民教育体系，从青少年抓起，设立法治知识课程。教育部、司法部和全国普法办共同印发《青少年法治教育大纲》，在国民教育体系中系统规划和科学安排法治教育的目标定位、原则要求和实施路径，从小学到大学分不同阶段对法治教育提出了不同要求。党的十九大报告提出了中国发展新的历史方位——中国特色社会主义进入了新时代。新时代是承前启后、继往开来、在新的历史条件下继续夺取中国特色社会主义伟大胜利的时代。进入新时代，是从党和国家事业发展的全局视野、从改革开放40年历程和党的十八大以来取得的历史性成就和历史性变革的方位上，所作出的重大科学判断。党的十九大报告明确指出："加大全民普法力度，建设社会主义法治文化，树立宪法法律至上、法律面前人人平等的法治理念。"

根据党中央精神，需要编写法治教育教材，设立法治课程，开展普法教育，推进法治文化建设，增强全民法治观念，切实把法治教育纳入国民教育体系。《新时代大学生法治教育概论》就是按照党中央要求，根据我国法治建设与法治教育情况，结合大学生学习实际，为大学生群体编写的专门教材，旨在大学生群体中普及法律知识，培养法治意识，提高法律素养，提升法治能力，为全面推进依法治国提供观念基础和人才保障。

本书由李战国担任主编，党玺、姚荣、秦强担任副主编，分工负责全书的策划组稿和整理统稿工作。根据章节撰写顺序，编者分工如下：绪论（中国政法大学刘坤轮、中国计量大学李战国）、第一章（中国政法大学李红勃）、第二章（全国宣传干部学院秦强）、第三章（国家开放大学姚文建）、第四章（中国计量大学李战国）、第五章与第六章（陕西师范大学祁占勇）、第七章

(西北政法大学管华)、第八章（华东师范大学姚荣）、第九章（中国计量大学徐楠轩）、第十章与第十二章（中国人民大学姜晓妍）、第十一章（浙江理工大学党玺）。

  本书各位作者克服时间紧、任务重、课题新等重重困难，认真学习，深入研究，数易其稿，对他们的辛勤付出和通力合作表示由衷感谢。同时，衷心感谢浙江省新型高校智库中国计量大学质量发展法治保障研究中心资助。由于编者学识水平有限，书中肯定存在不少疏漏甚至错误之处，恳请广大读者和有关专家不吝批评指正，以便不断修订完善。

李战国

2020 年 7 月 30 日